中炮过河车七路马对屏风马左马盘河

象棋大师实战集锦

方长勤 编著

经济管理出版社
ECONOMY & MANAGEMENT PUBLISHING HOUSE

图书在版编目(CIP)数据

中炮过河车七路马对屏风马左马盘河:象棋大师实战集锦/方长勤编著.—北京:经济管理出版社,2011.2

ISBN 978-7-5096-1281-1

Ⅰ.①中… Ⅱ.①方… Ⅲ.①中国象棋－对局(棋类运动) Ⅳ.①G891.2

中国版本图书馆 CIP 数据核字(2011)第 014337 号

出版发行:经济管理出版社
北京市海淀区北蜂窝 8 号中雅大厦 11 层
电话:(010)51915602　　邮编:100038
印刷:三河文阁印刷厂　　经销:新华书店
组稿编辑:郝光明　　责任编辑:郝光明　郑学文
责任印制:黄　铄　　责任校对:超　凡

880mm×1230mm/32　9 印张　249 千字
2011 年 3 月第 1 版　2011 年 3 月第 1 次印刷

定价:20.00 元
书号:ISBN 978-7-5096-1281-1

·版权所有　翻印必究·

凡购本社图书,如有印装错误,由本社读者服务部负责调换。联系地址:北京阜外月坛北小街 2 号
电话:(010)68022974　　邮编:100836

前　言

经过象棋大师和众多高手的实践和研究，象棋布局不断革新、发展，如今已经走向复杂化和系统化。

对布局的研究，要更多地从实战中去了解它的不同变化，加以综合分析，逐渐上升为理论。青少年棋手要提高水平，首先就要把布局学好，认真研究各种变化，能够牢记变例的主流，掌握好变化的规律，并能创造性地运用到实战中去。

"中炮过河车七路马对屏风马左马盘河"是当前非常流行的布局。其特点是灵活善变，攻杀激烈、复杂，防守含蓄、稳健。要想更好地发挥这一布局的特点，必须具备一定的实力。

象棋特级大师吕钦、赵国荣、刘殿中、李来群、许银川、胡荣华、柳大华等对此布阵都有研究和体会，有不同的见解和创新，为此种布局增添了丰富的内容。

本书收集了象棋大师的典型对局，加以全面整理，供读者研究。

方长勤

2011 年 1 月 1 日

目　录

第 1 局　　孟立国负杨官璘…………………………………… 1
第 2 局　　王嘉良负胡荣华…………………………………… 2
第 3 局　　陈孝坤负杨官璘…………………………………… 4
第 4 局　　邓颂宏负刘殿中…………………………………… 6
第 5 局　　薛占金负杨官璘…………………………………… 8
第 6 局　　郭长顺负刘殿中…………………………………… 9
第 7 局　　胡远茂负杨官璘…………………………………… 11
第 8 局　　吴贵临负曾益谦…………………………………… 13
第 9 局　　柳大华胜钱洪发…………………………………… 14
第 10 局　　卜凤波负王晓华…………………………………… 16
第 11 局　　何连生胜甘奕祐…………………………………… 18
第 12 局　　蒋全胜胜蔡伟林…………………………………… 19
第 13 局　　孙勇征负洪智……………………………………… 20
第 14 局　　言穆江胜何连生…………………………………… 22
第 15 局　　林恩德负蒋川……………………………………… 23
第 16 局　　赵国荣胜卜凤波…………………………………… 25
第 17 局　　徐天红胜刘殿中…………………………………… 26
第 18 局　　甘奕祐胜韩福德…………………………………… 28
第 19 局　　朱玉龙和陈奇……………………………………… 29
第 20 局　　蒋全胜和蔡福如…………………………………… 32
第 21 局　　臧如意和言穆江…………………………………… 33
第 22 局　　孟立国胜言穆江…………………………………… 35
第 23 局　　邹立武负刘殿中…………………………………… 37

第 24 局	臧如意胜李旭英	38
第 25 局	邬正伟负王金海	39
第 26 局	李来群和柳大华	42
第 27 局	景文仁胜赵庆阁	43
第 28 局	龚晓民和宋国强	45
第 29 局	高郑生负吕钦	46
第 30 局	刘殿中胜吕钦	48
第 31 局	胡荣华胜吕钦	50
第 32 局	许波负王贵福	52
第 33 局	徐天红和赵汝权	53
第 34 局	徐天红胜黄景贤	54
第 35 局	何连生负胡一鹏	56
第 36 局	黎少坡胜梁奕成	57
第 37 局	杨国璋负张百嵩	58
第 38 局	郭瑞霞负王琳娜	60
第 39 局	谢卓水负陈寒峰	61
第 40 局	王琳娜负张国凤	62
第 41 局	胡荣华胜陈寒峰	63
第 42 局	王斌负许银川	64
第 43 局	孟立国胜刘忆慈	66
第 44 局	周剑武胜刘武鸣	68
第 45 局	牛保明胜王志锋	69
第 46 局	刘剑青胜何顺安	71
第 47 局	许银川胜卜凤波	72
第 48 局	金启昌负杨官璘	74
第 49 局	季本涵负杨官璘	75
第 50 局	言穆江和杨官璘	76
第 51 局	郭长顺胜陈孝坤	78
第 52 局	景学义胜聂铁文	79
第 53 局	许银川胜刘殿中	81

第 54 局	胡建生负郑日福	82
第 55 局	钱洪发和韩福德	83
第 56 局	丁如意负李望祥	85
第 57 局	郭裕隆胜赵汝权	86
第 58 局	蔡忠诚负杨官璘	88
第 59 局	张影富胜刘殿中	90
第 60 局	郑乃东负金波	92
第 61 局	刘伯良胜刘永德	93
第 62 局	李义庭和杨官璘	94
第 63 局	许贤良负王金海	96
第 64 局	王嘉良负杨官璘	97
第 65 局	何顺安胜杨官璘	98
第 66 局	胡荣华和蔡福如	99
第 67 局	胡荣华负王嘉良	101
第 68 局	刘殿中负杨官璘	102
第 69 局	吕钦胜刘殿中	104
第 70 局	卜凤波和刘殿中	105
第 71 局	陈孝坤胜臧如意	107
第 72 局	胡荣华胜陈柏祥	108
第 73 局	胡荣华负蔡福如	109
第 74 局	王斌胜迟新德	111
第 75 局	胡荣华胜周顺发	113
第 76 局	胡荣华胜金启昌	114
第 77 局	杨官璘负胡荣华	116
第 78 局	陆玉江负蒋志梁	117
第 79 局	孟立国负胡荣华	119
第 80 局	李智平负杨剑	121
第 81 局	卜凤波和于红木	122
第 82 局	张惠民负刘殿中	123
第 83 局	张录负牛保明	124

第 84 局	郭福人胜王嘉良	126
第 85 局	季本涵胜朱剑秋	128
第 86 局	陈新全负杨官璘	129
第 87 局	王德发负杨官璘	130
第 88 局	傅光明负刘殿中	131
第 89 局	臧如意和杨官璘	133
第 90 局	胡远茂胜杨官璘	134
第 91 局	赵国荣负杨官璘	137
第 92 局	邹立武负李来群	139
第 93 局	胡玉山胜刘殿中	140
第 94 局	郑乃东负陶汉明	142
第 95 局	秦河胜沈荣芳	144
第 96 局	罗中才和何连生	145
第 97 局	喻之青和丁如意	147
第 98 局	刘健和甘奕祜	148
第 99 局	邹立武胜蔡福如	149
第 100 局	于红木胜杨官璘	150
第 101 局	臧如意和刘殿中	153
第 102 局	傅光明负杨官璘	154
第 103 局	刘星胜赵汝权	156
第 104 局	蒋志梁胜万跃明	157
第 105 局	刘君负黄薇	159
第 106 局	蒋志梁负蔡忠诚	160
第 107 局	臧如意胜黄少龙	162
第 108 局	廖二平负许波	163
第 109 局	邓颂宏胜孙树成	165
第 110 局	徐天红胜刘殿中	166
第 111 局	张惠民胜卜凤波	168
第 112 局	柳大华和傅光明	169
第 113 局	葛维蒲负陈富杰	171

第114局	柳大华负徐健秒	172
第115局	孟立国胜韩福德	174
第116局	黄勇负李忠雨	175
第117局	钱洪发和蔡忠诚	176
第118局	孙树成胜陶汉明	178
第119局	翁德强胜傅光明	180
第120局	陈启明负徐健秒	181
第121局	臧如意胜徐健秒	182
第122局	陈信安负陶汉明	184
第123局	陆峥嵘负牛保明	185
第124局	凌正德胜邓颂宏	186
第125局	卜凤波胜傅光明	188
第126局	柳大华胜蒋志梁	190
第127局	何连生胜于幼华	191
第128局	卜凤波负柳大华	193
第129局	臧如意胜林宏敏	194
第130局	李来群胜郭福人	196
第131局	吴贵临和柳大华	197
第132局	朱祖勤负李智屏	199
第133局	孟立国负林宏敏	201
第134局	于幼华负林宏敏	203
第135局	许银川和郑亚生	204
第136局	钱洪发胜蔡福如	206
第137局	徐健秒胜傅光明	208
第138局	吕钦负刘殿中	209
第139局	黄海林胜徐天红	211
第140局	李望祥负刘殿中	212
第141局	郭长顺负陶汉明	214
第142局	刘殿中胜蒋志梁	215
第143局	臧如意负杨官璘	217

第144局	熊学元负傅光明	219
第145局	赵剑胜党斐	220
第146局	吴贵临负陶汉明	222
第147局	蒋川和陈富杰	223
第148局	蒋川胜黄海林	225
第149局	李家华负刘殿中	227
第150局	胡荣华胜朱永康	228
第151局	王嘉良负胡荣华	229
第152局	王嘉良胜胡荣华	231
第153局	郑乃东负柳大华	232
第154局	蒋全胜和李望祥	233
第155局	彭建军和孙树成	235
第156局	李来群和柳大华	236
第157局	左永祥和丁晓峰	237
第158局	胡荣华胜柳大华	239
第159局	王嘉良和杨官璘	241
第160局	孟祥阁负张晓平	243
第161局	孙勇征胜陈富杰	244
第162局	王琳娜负张国凤	245
第163局	徐超负蒋川	246
第164局	陈鱼负蒋志梁	248
第165局	谢业枧负许银川	250
第166局	王嘉良负于幼华	252
第167局	万春林负黄海林	253
第168局	赵国荣胜邓颂宏	254
第169局	何连生胜陈明生	256
第170局	吴贵临负吕钦	257
第171局	王嘉良胜杨官璘	259
第172局	李智屏胜傅光明	261
第173局	王平胜李明	263

第174局	尚威负邱东	264
第175局	赵国荣胜刘星	266
第176局	喻之青负柳大华	267
第177局	张惠民和蒋志梁	268
第178局	董旭彬负傅光明	270
第179局	柳大华胜刘殿中	272
第180局	孙志伟负刘殿中	273

第1局　孟立国负杨官璘

1. 炮二平五　马8进7
2. 马二进三　车9平8
3. 车一平二　马2进3
4. 兵七进一　卒7进1
5. 车二进六　马7进6
6. 马八进七　象3进5
7. 车九进一　士4进5
8. 车九平六　卒7进1
9. 车二平四　马6进8
10. 马三退一　卒7进1
11. 炮八进二　马8进6

红方可炮八进一打卒，形势比较平稳。以下如马8进6，则炮八平四，卒7平6，车四退三，炮8平7，马一进二，红方主动。

12. 车四平二　车8进1
13. 马七进六　马6退7
14. 马六进四　车8平6（图1）

黑方平车捉马，摆脱车炮牵制，并可使车投入战斗，灵活有力。如卒7平6，马一进二，马7进8，车二退三，红方占优势。

15. 马四退三　车6进5

红方如马四进六，则车1进1，红方难占便宜。

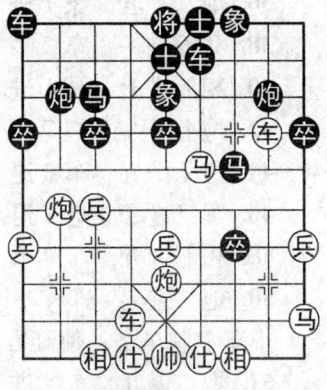

图1

16. 马三进一　马7进9
17. 兵一进一　炮8平6
18. 车二退三　车6退2
19. 车二进一　卒1进1
20. 车六进三　炮2平1

红方可仕四进五，等待变化。

21. 马一进三　车1平2

可炮1进4打边兵，比较有利于控制右路。

22. 兵七进一　车6平3
23. 炮五平八　车2平4
24. 车六进五　士5退4
25. 相三进五　炮1进4
26. 后炮平九　炮1平2
27. 炮八进三　炮2进3

28. 炮九平六　炮2平1　　29. 车二平八　炮6平9
30. 仕四进五　车3平7　　31. 马三进一　卒9进1

红方进边马，反而给了黑方进边卒的机会，不如炮六平七，看一下黑方如何应付，再作打算。

32. 马一退三　卒9进1　　33. 车八平一　炮9平7
34. 马三进四　车7平2

红方上马失误，应炮八退五保马。虽然局势落后，但不至于失子，仍可坚持下去。

35. 车一平三　炮7进2

红方如炮六进五，则炮7平4，炮八平六，车2进1，炮六退二，炮1退4，红方仍然不好应付。

36. 炮八平五　象7进5　　37. 马四进三　象5退7
38. 兵五进一　车2平6　　39. 炮六平七　马3进1
40. 相五进七　马1进3　　41. 马三进二　象7进5
42. 炮七平一　炮7退4　　43. 兵五进一　卒5进1
44. 炮一平五　车6进3　　45. 马二退一　车6平9
46. 车三进二　炮1退3　　47. 炮五平一　炮1平5
48. 相七进五　车9平4　　49. 炮一平二　卒5进1
50. 炮二进七　车4平9

平车牵制车马，使红方无机可乘，走得相当老练。

51. 炮二退九　车9进1　　52. 车三平四　车9平8
53. 炮二平三　车8进7　　54. 炮三平四　士4进5
55. 马一进三　炮5平9

黑方多子多卒，黑胜定。

第2局　王嘉良负胡荣华

1. 炮二平五　马8进7　　2. 马二进三　卒7进1
3. 车一平二　车9平8　　4. 车二进六　马2进3
5. 兵七进一　马7进6　　6. 马八进七　象7进5

上左象而不上右象，可避开红方的多种攻法，是一步战略性的下法。

7. 车二退二　车1进1

红方退车河口稳健。如兵五进一，卒7进1，双方展开对攻，局势比较复杂。此刻黑方进右车加强攻击能力，但不如炮2退1，车九进一，炮2平6，马七进八，卒7进1，车二平三，炮8平7，各有千秋。

8. 车二平四　马6退7　　　　9. 炮八平九　炮2进4

红方及时平炮，加快左车的出动，是扩大先手的好着。

10. 兵五进一　炮8进4

红方可车九平八捉炮，则炮2平7，相三进一，黑方右路仍受压力，红方好走。

11. 车九平八　车1平4

12. 兵三进一（图2）　炮2平7

双方的主力已经出动，形成了力求抢夺攻势的多变阵型。此刻红方进三路兵过于着急，不如马三退一，伏下炮五平二打车的妙着，并可摧毁黑方双炮的封制。如能兑去一炮，黑方双马的弱点即可出现，红方可利用这一点展开攻势，形势比较有利。

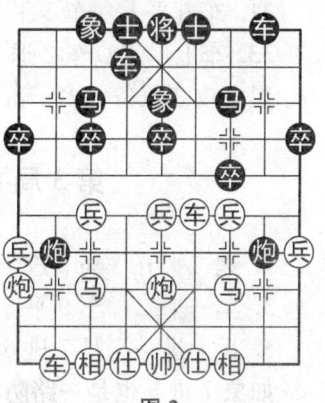

图2

13. 相三进一　车4进7

14. 仕四进五　车8进5　　　　15. 车八进七　卒7进1

进车捉马冒进，反而被黑方抢得机会。不如马七进五，炮8平5，马三进五，车4退2，马五退三，卒7进1，车四平三，车8平7，相一进三，双方各有攻守，红方不吃亏。

16. 车四进四　炮7平3

平炮要杀使7路卒乘势捉马抢先，各子形成了夹击之势，黑方形势非常乐观。

17. 马七进五　卒7进1　　　　18. 炮五平六　炮8平5

19. 马三进五　车 4 平 3　　　20. 相七进五　卒 7 平 6
21. 车八平七　卒 6 平 5　　　22. 相五退三　车 3 平 2

红方如车四平六，前卒进 1，炮九平五，车 8 进 4，仕五退四，炮 3 平 5，炮五平三，车 8 退 1，黑方胜势。

23. 炮九平七　士 6 进 5　　　24. 炮六进六　车 2 平 4
25. 炮六平九　车 8 平 5

红方平炮竭力一拼，无可奈何。如车七平五，马 7 退 6，帅五平四，车 8 退 5，红方六路炮必丢，黑方胜势。

26. 炮九进一　卒 5 进 1　　　27. 相三进五　车 5 进 2
28. 帅五平四　车 4 退 4

红方不能车七平五吃中象，因黑方有炮 3 平 5 的反击手段。

29. 车七平五　车 4 平 6　　　30. 车四退三　马 7 进 6
31. 车五平七　车 5 平 3　　　32. 车七进二　车 3 平 2
33. 车七退三　车 2 退 7

黑方攻守兼备，多子占势，胜局已定。

第 3 局　陈孝坤负杨官璘

1. 炮二平五　马 8 进 7　　　2. 马二进三　卒 7 进 1
3. 车一平二　车 9 平 8　　　4. 车二进六　马 2 进 3
5. 兵七进一　马 7 进 6　　　6. 马八进七　象 3 进 5

如象 7 进 5 也是一路防守方法。以下红方可兵五进一，则卒 7 进 1，车二平四，马 6 进 7，兵五进一，士 4 进 5，兵五进一，炮 2 进 1，马三进五，炮 8 进 5，车四退四，双方各有攻守。

7. 车九进一　卒 7 进 1

进 7 路卒捉车，采取反击手段，力争抢夺主动。可士 4 进 5，车九平六，炮 2 进 2，兵五进一，卒 7 进 1，车二平四，马 6 进 7，马三进五，形成对攻之势。

8. 车二平四　马 6 进 7

马踏三路兵稳健。如卒 7 进 1，马三退一，马 6 退 4，车四平二，马4进3，炮八进一，红方较为好走。

9. 炮五平四　　士4进5
10. 车九平六（图3）　　炮8进2

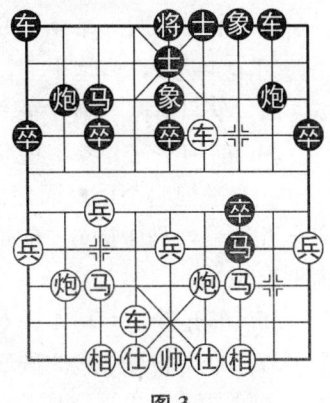

图3

红方平车控制六路要道，紧凑。如炮八进二，炮2进1，炮八平三，卒3进1，车四退三，卒3进1，车四平三，炮8平7，炮三平四，炮7进5，车三退一，卒3进1，黑方失子但有攻势，红方并不合适。

11. 炮八进一　　炮2平1
12. 车六进三　　车1平2
13. 炮八进一　　卒7平8

红方如马七退九，则炮8平1，车六平三，马7进9，炮四平一，前炮进4，红方形势不好。

14. 兵七进一　　卒3进1

红方弃兵捉卒争先。如车六平二吃卒，车2进5，马七进八，炮8平5，黑方得一炮，形成胜势。

15. 炮八平二　　炮8平5　　**16.** 仕四进五　　车2进6
17. 车四退三　　车2平3　　**18.** 相三进五　　卒3进1
19. 车六平三　　炮5平7

红方平车捉马，造成得子失势的不利局势。不如炮二平七打卒，则马3进2，车六进一，马2进1，车四平三，马1退3，相五进七，车3进1，相七退五，车3退1，形成平稳之势。

20. 炮二退二　　马3进2　　**21.** 车四进三　　车8进4
22. 车三退一　　马2进4　　**23.** 马七退八　　炮1进4
24. 马八进九　　车3平4　　**25.** 车三进一　　炮7进3
26. 车三退二　　炮1平5

黑方虽然少一子，但控制了局势，1路边卒可以前进威胁红方边马，形势有利。

27. 炮四退二　　炮5退2　　**28.** 炮四平二　　车8平9

29. 车四进二　车9平7　　**30.** 车三进三　象5进7
31. 车四退四　车4平9
如车4进2,后炮平三,象7退5,炮三进二,双方各有攻守。
32. 车四平五　炮5平3　　**33.** 前炮进二　卒5进1
34. 前炮平三　象7退5
红方平炮叫杀,反而使黑方白走了一步棋,占得一定的便宜。应车五进一,马4进6,前炮平四,象7退5,炮二平四,局势较为平稳。
35. 车五进一　马4进6　　**36.** 车五平四　车9平7
37. 帅五平四　炮3进5
出帅是重大失误,应炮二进一加强防守,黑方一时难有取胜的机会。
38. 相五退七　车7进3　　**39.** 帅四进一　马6进8
40. 炮三退二　车7退2　　**41.** 车四平二　车7进1
42. 帅四进一　马8进7
黑方进底马巧妙,伏下要杀抽子之着,胜局已定。

第4局　邓颂宏负刘殿中

1. 炮二平五　马8进7　　**2.** 马二进三　卒7进1
3. 车一平二　车9平8　　**4.** 车二进六　马2进3
5. 马八进七　卒3进1　　**6.** 车九进一　士4进5
上士巩固中路防守,等待机会,平稳的应法。如炮2进1,车二退二,象3进5,兵七进一,炮8进2,兵三进一,炮2进1,车九平六,士4进5,兵五进一,车1平3,马七进五,红方仍有先行之利。

7. 车九平六　马7进6
跃马河口,蓄意反击。如炮8平9,车二平三,炮9退1,兵五进一,炮9平7,车三平四,卒7进1,形成复杂的对攻形势。

8. 兵五进一　卒7进1　　**9.** 车二平四　马6进7

10. 马三进五　炮8平7

平炮对7路加强控制，创新走法。以往多走炮8进5或炮8进7。

11. 马五进三　马7退5

进马吃卒是简明的走法。如车四平三，马7进5，炮八平五，卒7平6，红方不占便宜。

12. 车四平二　车8进3

直接兑去二路车稳健。如炮打底相对防守不利。

13. 马三进二　炮7平8　　　**14.** 马七进五　马5退7

15. 兵七进一　象3进5　　　**16.** 炮八平七　车1平4

17. 车六进八　马3退4　　　**18.** 兵七进一　象5进3

19. 马二退四　象3退5　　　**20.** 炮五进四　马4进3

红方兑车之后，得到炮打中卒的机会，形成均等形势。

21. 炮五平二　马3进2　　　**22.** 马五进三　马2进1

23. 炮七平三　马1退2　　　**24.** 相三进五　马2进3

红方上中相没有作用。可炮三进三，象5进7，马三进五，象7退5，马五进七，形成和势。

25. 仕四进五　卒1进1

26. 炮三进三　象5进7

27. 马四进六　炮2进7（图4）

28. 马六进七　将5平4

红方进马打将毫无作用，反而削弱了防守能力，导致败局。应相五进七加强防守，黑方一时没有什么好的攻击方法，而红方子力占位较好，不难守和。

29. 炮二平六　炮8退1

30. 马七退九　马3进5　　　**31.** 马三进五　马5进3

32. 帅五平四　将4平5　　　**33.** 马五退七　炮2退7

34. 炮六平五　将5平4　　　**35.** 炮五平七　马3退4

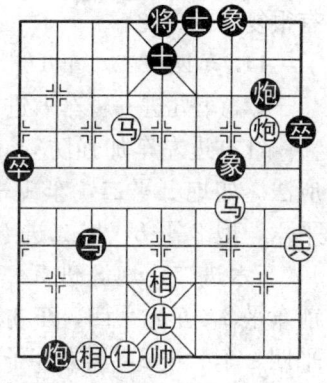

图4

36. 马九退八　炮2平6　　　　**37.** 帅四平五　炮6平5

平帅是无奈之举。如仕五进六，马4进6，炮七平四，炮8平6，红方仍要失子，也是败势。

38. 仕五进六　马4退5

黑方得子胜。

第5局　薛占金负杨官璘

1. 炮二平五　马8进7　　　　**2.** 马二进三　马2进3
3. 车一平二　车9平8　　　　**4.** 兵七进一　卒7进1
5. 车二进六　马7进6　　　　**6.** 马八进七　象3进5
7. 炮八进二　卒7进1

红方进炮河口并不能制约河口马的反击，所以以后很少有人这样走。为了探索这着棋的变化，所以选入，以利参考研究。

8. 车二平四　卒7进1　　　　**9.** 马三退五　马6退4
10. 车四退二　炮2进2

红方可车四平二或相七进九，仍有很复杂的变化。

11. 车四平二　车1进1
12. 车九进一　车8进1（图5）

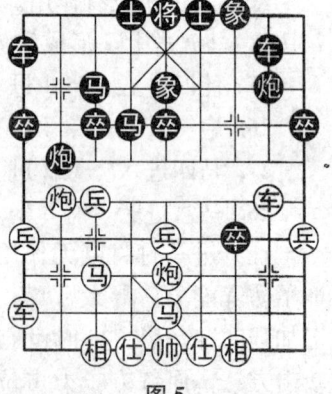

图5

红方进左车加强防守，是平稳的应法。如炮五平二，车1平8，车二平六，炮2平8，炮二进五，前车进1，车六进二，炮8进5，车六退二，前车平6，车六平四，车6进3，炮八平四，车8进8，黑方弃子有攻势，红方不合算，所以没有走平炮得子的变化。

13. 车九平六　马4进3

进马强行吃兵是抢夺攻势的好着。

14. 车六进三　卒3进1

如车二平七贪吃黑马，车1平6，车七平二，车6进7，黑方伏下很大的攻力，红方局势危险。

15. 相七进九　马3进2　　　16. 炮五平八　炮2进3

红方不如马五退七兑马，形势较为平稳。

17. 车六平三　炮2退1　　　18. 炮八平五　卒5进1
19. 炮五进三　象7进5　　　20. 车三进三　马3进4

由于黑方多卒，所以先进马保中象，兑子后黑方胜势。

21. 车三平二　车8进1　　　22. 车二进三　卒3进1
23. 车二退三　卒3进1　　　24. 车二平六　车1平4

平车保马是似笨实佳的好着，由此抢得攻势。

25. 马七退八　炮2平5　　　26. 马五退七　车4进1
27. 马七进六　马4退2　　　28. 车六进三　马2退4
29. 马六进七　炮5平9　　　30. 马八进六　卒7平6
31. 马七进六　士6进5　　　32. 后马进八　马4进2
33. 马八退七　卒3进1　　　34. 马七进九　卒3平2
35. 马九退七　卒2平3　　　36. 马七进九　卒3平4
37. 仕六进五　炮9平1　　　38. 相九退七　卒4进1

黑方马炮多卒，力量强大，黑方胜。

第6局　郭长顺负刘殿中

1. 炮二平五　马2进3　　　2. 马二进三　马8进7
3. 车一平二　车9平8　　　4. 兵七进一　卒7进1
5. 车二进六　马7进6　　　6. 马八进七　象3进5
7. 车九进一　士4进5　　　8. 车九平六　炮2进2
9. 马三退一　卒3进1

红方退马是新变着，下一步准备走炮五平二得子，但是否能达到理想，还要看变化的效果。黑方兑3路卒是平稳之着。如卒7进1，车二平四，马6进7，车四平二，卒7平6，炮八进一，红方先手。

10. 兵七进一　象 5 进 3
11. 炮五进四　马 3 进 5
12. 车二平五　象 3 退 5（图 6）

黑方退中象是有计谋的应着，可使子力产生相互联系，使局势更加灵活，下一步可车 1 平 3 捉马，抢占先手，对红方构成威胁。如果红方应对不好，黑方将占先。

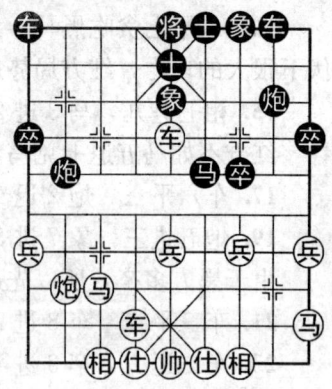

图 6

13. 车六进一　车 1 平 3

红方可车五退一捉马炮，炮 8 进 2，车五平八，马 6 进 5，马七进五，炮 8 平 2，炮八平五，车 1 平 4，车六平八，各有攻守，红方足可对抗。

14. 仕六进五　炮 8 进 5

应炮 8 进 7 展开对攻，车五平八，炮 2 平 5，兵五进一，炮 5 进 4，黑方得仕占优势。

15. 车五平八　炮 8 平 3

红方应车六平二，车 8 进 7，炮八平二，车 3 进 7，相七进五，车 3 退 1，炮二进三，马 6 进 4，车五平六，炮 2 平 8，车六退二，双方局势平稳。

16. 车八退一　马 6 进 7　　17. 炮八退一　车 8 进 3
18. 车八退三　炮 3 退 3　　19. 相三进五　马 7 进 8
20. 兵五进一　卒 7 进 1　　21. 兵五进一　卒 7 进 1

红方进中兵失去良机。应相五进三吃卒，炮 3 平 9，车六平七，车 3 平 4，车七平六，车 4 平 3，车六平七，车 3 进 7，车八平七，炮 9 进 4，车七平一，形成和局之势。

22. 车六进一　炮 3 进 4　　23. 车八进一　卒 9 进 1
24. 兵五平六　车 8 平 3　　25. 兵六进一　前车进 4
26. 兵九进一　后车进 4

此时黑方虽然局势较好，但红方防守比较稳固，黑方一时还没有机会，现在进车之后，准备调整士象，等待时机，徐图进取，是较好的应法。如炮 3 平 4 弃炮抢攻，车六退二，前车平 5，炮八平七，黑方不能达到目的，局势并不占优。

27. 车六退一　马 8 退 6

红方兑车失利。应兵六平五，黑方一时难进取。退马打将，一举夺得胜势。

28. 帅五平六　炮 3 平 9　　　　**29.** 车六平七　炮 9 进 1
30. 帅六进一　车 3 进 3　　　　**31.** 仕五进四　卒 7 进 1
32. 仕四进五　车 3 进 1　　　　**33.** 帅六退一　卒 7 进 1

黑方车炮卒形成杀势，黑胜。

第 7 局　胡远茂负杨官璘

1. 炮二平五　马 8 进 7　　　　**2.** 马二进三　卒 7 进 1
3. 车一平二　车 9 平 8　　　　**4.** 车二进六　马 2 进 3
5. 兵七进一　马 7 进 6　　　　**6.** 马八进七　象 3 进 5
7. 车九进一　卒 7 进 1　　　　**8.** 车二平四　马 6 进 7
9. 炮五平四　士 4 进 5

上士防守红方打士引起对攻，稳健。因为红方是车九进一，而不是炮八进一，黑方不能炮 8 进 5 兑炮，否则就要失利。

10. 炮八进二　炮 2 进 1

红方进炮准备打卒，容易引起对攻之势。可车四平三，炮 2 进 2，车九平二，炮 8 进 4，兵七进一，卒 3 进 1，车三退二，卒 3 进 1，车三退一，炮 2 平 5，炮四平五，炮 8 平 5，马七进五，车 8 进 8，炮五进三，卒 5 进 1，马五进七，车 1 平 4，仕六进五，形成平稳之势。

11. 炮八平三　卒 3 进 1　　　　**12.** 车四退三　卒 3 进 1
13. 车四平三　炮 8 平 7　　　　**14.** 炮三平四　炮 7 进 5

及时兑马是争先的必然走法。红方虽然多子，但受到攻击，并不合算。

15. 车三退一　卒 3 进 1　　　　**16.** 车九平八　马 3 进 4

红方平车捉炮，看似是抢先，但黑方跃马之后，反而受到了打击。不如马七退五等待变化，再作应着。

17. 前炮平九　车1平4
19. 炮九平三　卒5进1

进中卒伏下攻击手段，黑方已夺得主动权。

20. 炮四进二　车8进1
21. 炮四平六　车4平2
22. 炮三退一（图7）　卒5进1

18. 马七退九　车8进5

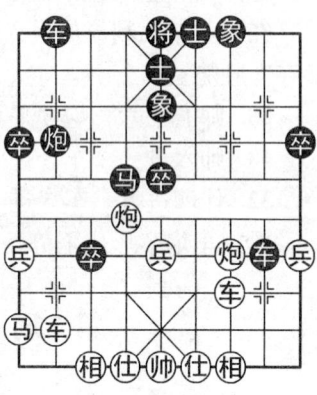

图7

退炮阻挡黑车吃中兵不是好的应法，使黑方有了冲中卒的机会。不如相七进五，车8平5，炮六退三，在防守中力争削弱黑方的有生力量，达到和势才是最好的应法。

23. 炮六退三　卒5进1

进炮可以控制左车的活动范围，使红方各子难以舒展，黑方占据了优势。

25. 炮三进一　车2进3
27. 后炮平三　象7进9
29. 炮五进一　车2平5
31. 炮二平四　士5退4
33. 炮四平一　象9进7
35. 相七进五　马4进6

24. 炮六平五　炮2进2

26. 炮三平五　车8平6
28. 仕六进五　车6退1
30. 炮五平二　车6平8
32. 炮四进三　士6进5
34. 车八进一　炮2平5

红方可车三平二兑车，尽力削弱黑方的进攻力量，然后再设法谋取和势。

36. 车三平四　车5平4
38. 车四平二　将5平6

37. 马九退七　马6进8

此时出将企图平车要杀，是强硬的攻击手段，使红方难以应付。

39. 炮三平二　车8平6

红方已难解救危局,只好平炮打马,看黑方如何应对。

40. 车八进二　卒5进1　　　41. 车八平五　卒5进1
42. 仕四进五　车6平5　　　43. 车二进一　车4平6
44. 炮二退一　卒3进1　　　45. 车二退一　卒3进1
46. 相三进五　车5退2　　　47. 马七进九　卒3平4
48. 马九进七　卒4平5　　　49. 帅五进一　车6进5
50. 帅五退一　车5平6

黑方胜。

第8局　吴贵临负曾益谦

1. 炮二平五　马8进7　　　2. 马二进三　车9平8
3. 车一平二　卒7进1　　　4. 车二进六　马2进3
5. 兵七进一　马7进6　　　6. 马八进七　象3进5
7. 车九进一　士4进5

上士防守稳健。如卒7进1,车二平四,卒7进1,车四退一,卒7进1,马七进六,炮8平7,相三进一,红方比较好走。

8. 车九平六　炮2进2　　　9. 兵五进一　卒7进1

进中兵是一种走法。如炮八进一,卒7进1,车二平四,马6进7,车四平二,炮2平7,炮八平三,卒7进1,马三退一。黑方虽然有卒过河,但还是红方比较好走。

10. 车二平四　马6进7　　　11. 兵五进一　卒5进1
12. 马三进五　卒7平6　　　13. 炮五进三　炮8进4

红方如车四退二吃卒,卒5进1,炮五进二,炮8平7,相三进五,马7退5,车四平五,车8进3,形成平稳之势。

14. 车六进六　车8进4

如车六平三捉马,卒6进1,马七进六,车1平4,炮八平二,马7退8,车四退三,车4进5,车四平二,车4进1,车三平六,车4进2,马五退六,车8进3,炮五退三,马3进5,形成平稳局势。

15. 炮五进一　车1平3　　　16. 马五进六　车8平5

17. 仕六进五（图8） 炮8退4

黑方如车5退1吃炮，则车六平七，车3进2，车四平五，车3平4，马六退四，各有千秋。

18. 车六退一 卒3进1
19. 兵七进一 炮2平4
20. 炮五平一 车5平9
21. 马七进八 炮4平7

红方不能兵七平六吃炮，否则黑方可马3进4吃兵捉车马，黑方得子胜势。

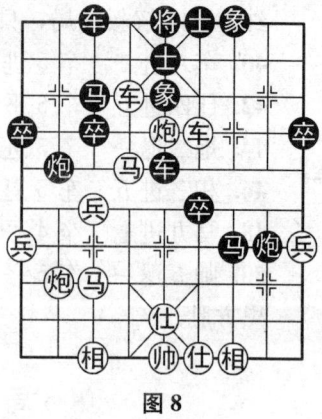

图8

22. 相七进五 马7退5
23. 兵七进一 马5退6
24. 车六平四 车9进2
25. 马八进六 炮7平5
26. 马六进八 车9平2
27. 炮八平六 车2进3
28. 炮六退二 车3平4

红方只好兵七平六阻挡要杀，车2退6，黑方多子胜定。

第9局 柳大华胜钱洪发

1. 炮二平五 马8进7
2. 马二进三 卒7进1
3. 兵七进一 马2进3
4. 马八进七 车9平8
5. 车一平二 象3进5
6. 车二进六 马7进6

左马盘河是一种流行的反击方法，经过近50年的发展，形成了非常复杂的变化。此时如士4进5，车二平三，炮2进4，兵三进一，卒7进1，车三进一，卒7进1，马三退五，炮8进7，炮五平二，车1平4，兵九进一，形成激烈的对攻，后果一时难以预料。

7. 车九进一 士4进5
8. 车九平六 炮2进2

如卒7进1，车二退一，马6退7，车二退二，卒7平6，兵三进一，卒6平7，炮八进二，卒7进1，车二平三，马7进8，车三进一，红方好走。

9. 兵五进一　卒7进1　　10. 车二平四　马6进7

如卒7进1，车四退一，卒3进1，车四退一，卒3进1，兵五进一，卒7进1，车四平七，红方主动。

11. 马三进五　炮2平7

如炮8进5，马五进三，炮8平3，车四平二，黑方虽然多得一子，但形势被动，并不合适。

12. 车六进四　马7进5　　13. 相七进五　车1平8
14. 车六平三　车2进7　　15. 车三平二　卒7进1

平车牵制车炮是控制局势的重要手段，红方由此争得了主动。

16. 仕四进五　卒3进1　　17. 兵七进一　象5进3
18. 马七进六　象7进5　　19. 兵五进一　卒5进1
20. 马六进四　车2退6　　21. 车四平六　马3退4
22. 马五进三　象5进7　　23. 车六平三　象3退5
24. 车三平一　卒5进1　　25. 车一平七　卒5平6
26. 马三进一　炮8退1　　27. 兵一进一　士5进4
28. 马四进六　车8平7（图9）

黑方平车摆脱牵制无可奈何。如车2平7，马六进四，车7平6，车二进二，士6进5，马四退五，红方伏下了平车跃马夺炮的攻势，黑方不好应付。

29. 马六进四　炮8平6
30. 车二进三　车7进2

红方进车牵住车炮，由此扩大了攻势。

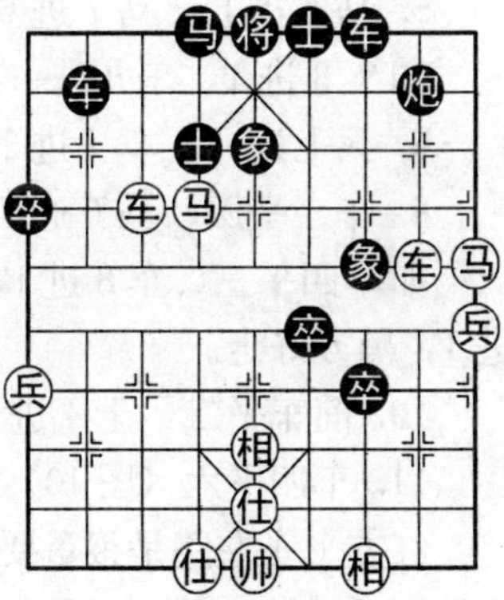

31. 马四退五　炮6平5　　32. 马五进六　车2平4
33. 车二平四　车4进1

红方弃马控制要道，是巧妙之着，由此冲开了黑方的防守。

34. 车七平四　车7退2

图9

如炮 5 平 2，前车进一打将，然后再后车平八，黑方也难以作持久的防守。

35. 马一进二　车 7 平 8　　　　**36.** 后车退二　炮 5 平 4
37. 马二退四　车 4 进 1　　　　**38.** 兵一进一　炮 4 平 2
39. 兵一平二　车 4 平 5　　　　**40.** 前车平六　车 5 平 6

红方伏下车四平六的攻杀手段，迫使黑方弃车吃马。

41. 车四进二　车 8 进 4　　　　**42.** 仕五退四　士 6 进 5
43. 仕六进五　车 8 退 3　　　　**44.** 车四平九　车 8 平 6

如车 8 退 1，还可坚持一阵。

45. 车九进三

黑方失子，败局已定。

第 10 局　卜凤波负王晓华

1. 炮二平五　马 8 进 7　　　　**2.** 马二进三　卒 7 进 1
3. 车一平二　车 9 平 8　　　　**4.** 车二进六　马 2 进 3
5. 马八进七　马 7 进 6

如卒 3 进 1，车九进一，形成另一路变化。

6. 兵七进一　车 1 进 1　　　　**7.** 车九进一　卒 7 进 1
8. 车二平四　马 6 进 7　　　　**9.** 车九平四　象 7 进 5

如车四平三，车 8 进 1，车三退二，车 1 平 7，炮八进二，卒 3 进 1，黑方好走。

10. 前车平二　士 4 进 5
11. 车四平六（图 10）　马 7 进 5

红方平车左路是很重要的控制手段。不但可以防止黑方右车开出，还可威胁右马，由此仍持先手。

12. 相三进五　卒 7 进 1

红方应炮八平五吃马，以下有马三退一再炮五平二的得子着法，可以扩大优势。

13. 马三退一　士 5 退 4

退士开通车路，支援左路子力。

14. 炮八进一　车1平8

弃卒联车摆脱牵制，明智。如车1平7**保卒**，一时难解困境。

15. 炮八平三　炮8平7

16. 车二进二　车8进1

17. 炮三进三　车8进2

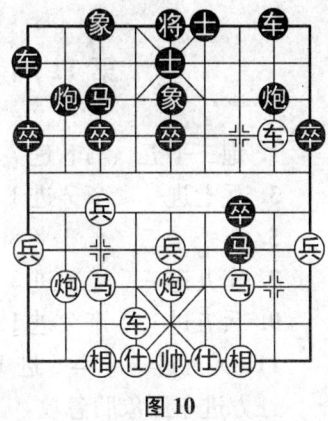

图10

红方进炮打卒力图先得好处，但形势上出现了弱点。应车六平八，炮2平1，炮三进三，车8进2，炮三平七，红方形势仍很乐观。

18. 炮三平七　卒5进1　　**19.** 马七进八　象3进1

红方进马保炮容易发生危险，不如车六平八捉炮，交换子力，红方并不落后。

20. 马一进三　炮2进2　　**21.** 炮七平六　士4进5

22. 兵九进一　炮2退4　　**23.** 炮六平七　炮2进4

24. 炮七平六　象5进7

上象打马，争得了局势的主动。

25. 马三进四　车8平6

红方应炮六退四保马，局势仍可应付。此刻黑方平车捉马，已经得势。

26. 兵七进一　车6进2

进车吃马过于着急，使局势趋于复杂。可象1进3吃兵，以下红方如车六进三，炮7平6，马四退二，炮6平4，黑方得子，形成胜势。

27. 炮六平八　炮2平1　　**28.** 车六平八　炮7平5

29. 车八进二　马3进5　　**30.** 炮八平一　士5退4

31. 马八进九　车6平1

红方超时判负。如正常走下去，红方少子，黑方胜势。

第 11 局　何连生胜甘奕祜

1. 炮二平五　马8进7
2. 马二进三　马2进3
3. 兵七进一　卒7进1
4. 马八进七　象3进5
5. 车一平二　车9平8
6. 车二进六　马7进6
7. 车九进一　士4进5
8. 车九平六　炮2进2
9. 兵五进一　卒7进1
10. 车二平四　马6进7
11. 兵五进一　卒5进1
12. 车四进二　马7退5

红方进车压象肋急攻，迫使黑方防守，然后再借机取势。

13. 炮五进三　车1平4

平车化解红方的攻势，正确。如卒3进1，炮五平八，马3进2，炮八进二，马5进3，马三进五，卒3进1，马五进四，红方先手。

14. 车六平四　象7进9
15. 马三进五　炮8进2

进炮河口稳健。如车4进4，炮五平八，车4平2，炮八进二，红方好走。

16. 炮八进二　马5退7
17. 炮五平二　车8进4
18. 马五进三　马7退6（图11）

形势渐趋于平稳，红方子力位置较好，仍有一定的先手。此刻黑方退马关车，不但可以打死红车，并为左车开通道路，一举两得，面对如此严峻的形势，红方如何应对，将是成败的关键。

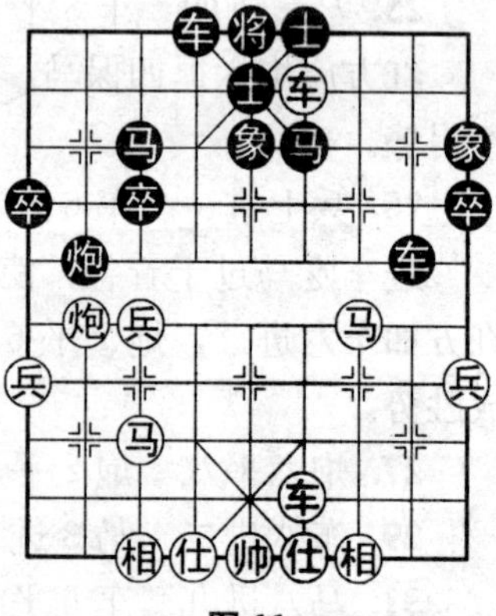

19. 兵七进一　炮2退3

红方冲七路兵，准备平中炮展开强攻，是紧凑有力的反击之着。

20. 后车进六　炮2平6
21. 车四平五　车8平7

平车吃中象，是有胆识的对攻之着，由此加强了攻击力度。

图 11

22. 相三进一　马3退1

红方为了控制中路，所以上边相保马。

23. 车五平八　炮6进2　　　　24. 炮八进一　炮6平5

红方进炮打车是攻击妙着，迫使黑方弃车立中炮勉强进行反击。

25. 炮八平三　象9进7　　　　26. 车八进一　车4进7

27. 马七进八　卒3进1

进卒失策。应车4退2，黑方形势并不落后。

28. 车八平九　卒3进1

如车4平5，仕六进五，车5平2，帅五平六，车2退2，车九进一，士5退4，车九平六，将5进1，马三进五，红方先手。

29. 马八进七　车4退4　　　　30. 马七进九　炮5退1
31. 马九进七　车4退2　　　　32. 帅五进一　士5退4
33. 马七退八　车4退2　　　　34. 马八退七　车4平5
35. 相七进五　士6进5　　　　36. 帅五平六　炮5平4
37. 车九平八　车5平4　　　　38. 帅六平五　炮4平5
39. 马七进五　车4进4　　　　40. 车八退二　车4平5
41. 帅五平六　车5退2　　　　42. 仕六进五　车5平4

红方化解了黑方车炮攻势，由此显示出多子的优势。

43. 仕五进六　炮5平3　　　　44. 车八平一　炮3退1
45. 车一进三　士5退6　　　　46. 马五进四　将5进1
47. 马四退三

红方攻势强大，已成胜局。

第12局　蒋全胜胜蔡伟林

1. 炮二平五　马8进7　　　　2. 马二进三　卒7进1
3. 车一平二　车9平8　　　　4. 车二进六　马2进3
5. 马八进七　卒3进1

红方不进七路兵，而是先上左马，企图加快左路子力的出动，然后视情况再进七兵或中兵，形成有利的布局阵型。

6. 车九进一　马7进6

可象3进5或炮2进1，形成比较稳健的局势。

7. 兵五进一　卒7进1

由于黑方的中路比较薄弱，及时进中兵展开攻击是较佳应法。

8. 车二退一　马6退7　　9. 车二平三　卒7进1

10. 车三退二　炮8退1　　11. 车三平二　炮8平5

红方增强中路攻击力量，取得了满意的效果。

12. 车二进六　马7退8

13. 车九平六　马8进7

14. 马七进五　马7进6（图12）

黑方在被动的形势中，为了阻挡红方的攻击，采取兑子的方法，减弱了红方的攻势。此时应象3进5，加强中路防守，对局势比较有利。

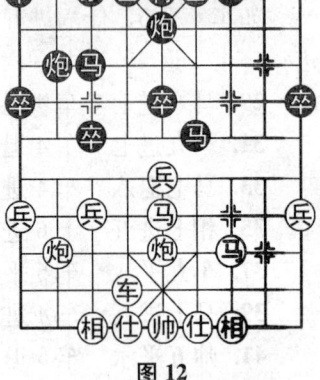

图 12

15. 兵七进一　卒3进1

16. 马五进七　炮5进4

炮打中兵容易被红方利用，不如马6退5，还能支持一阵。

17. 马三进五　炮5进2　　18. 马五进四　炮5退3

19. 马七进八　车1平2　　20. 炮八进五　士6进5

如用车吃炮，红方马八进六，将5进1，马四进三，将5进1，马六进七，红方要杀得车，胜局已定。

21. 马四进二　士5进6　　22. 马二进四　将5平6

23. 马四进六　士4进5　　24. 马六进八

红方得车，胜局已定。

第13局　孙勇征负洪智

1. 炮二平五　马8进7　　2. 马二进三　车9平8

3. 车一平二　马2进3　　4. 兵七进一　卒7进1

5. 车二进六　马7进6　　**6.** 马八进七　象3进5

7. 车九进一　士4进5

炮八平九也是对付左马盘河的一种变化。

8. 车九平六　炮2进2

进炮河口加强防守，是平稳的应法。如卒7进1，车二退一，马6退7，车二退二，卒7进1，车二平三，马7进6，车三进三，红方比较主动。

9. 马三退一　卒3进1

红方退马是一种缓慢的攻击方法，准备平炮打炮争先。不如兵五进一，开拓中路攻势。

10. 兵七进一　象5进3

平炮失策，应车二退三或炮五进四。

12. 车二退一　马6进5

13. 车二平七　马5进4

14. 炮二进七　马4退2

15. 车七进二（图13）　炮2平5

黑方平中炮弃子抢攻，果断有力，由此逐渐扩大了攻势。

16. 车七平三　车1平3

红方平车捉象展开对攻，是目前比较顽强的下法，但毕竟是车炮攻击，难以成事，黑方并不畏惧。如车七平二，车1平3，车二退五，卒7进1，黑方好走。

11. 炮五平二　卒7进1

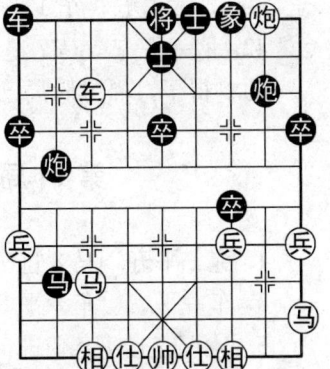

图13

17. 车三进二　士5退4　　**18.** 车三退五　士6进5

19. 车三进五　士5退6　　**20.** 车三退三　士6进5

21. 车三进三　士5退6

红方如车三平五，车3进7，车五退一，马2退3，黑方仍是胜势。

22. 马一进二　炮8进3

进炮阻挡红马的进路。可车3进7，马二进三，车3平6，黑方胜势。

23. 车三退五　士6进5　　24. 车三进五　士5退6
25. 车三退五　士6进5　　26. 车三平二　车3进7
27. 炮二平一　马2退3　　28. 帅五进一　车3进1
29. 帅五进一　马3进5　　30. 车二平五　车3退1
31. 帅五退一　车3平6

平车控制要道，攻守两利的佳着，红方已难防守。

32. 相七进五　马5进7　　33. 帅五平六　马7进6
34. 帅六平五　马6退7　　35. 帅五平六　车6退1
36. 仕六进五　车6平7　　37. 马二退三　车7平4
38. 仕五进六　炮5平4　　39. 车五平三　车4平1
40. 仕六退五　车1平4　　41. 仕五进六　将5平6
42. 炮一平三　马7退9　　43. 车三进一　车4平7

抽将得子，黑方胜局已定。

第14局　言穆江胜何连生

1. 炮二平五　马8进7　　2. 马二进三　卒7进1
3. 车一平二　车9平8　　4. 车二进六　马2进3
5. 马八进七　卒3进1
6. 车九进一　士4进5
7. 车九平六　马7进6
8. 兵五进一　卒7进1
9. 车二平四（图14）　炮2进2

黑方进炮保马，局势比较虚浮，难以作持久的对抗。不如马6进7，马三进五，炮8平7，马五进三，马7退5，车四平二，车8进2，相三进一，炮7进2，双方对抢攻势，黑方可以抗衡。

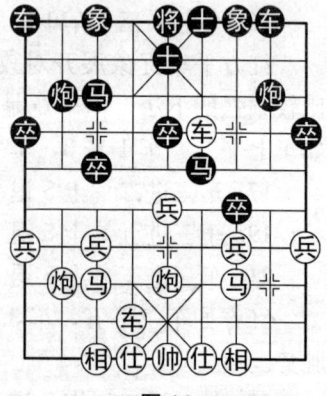

图14

10. 兵三进一	炮8平7	11. 兵七进一	象3进5

红方进七路兵，佳着。如炮7进5，炮五进四，马3进5，炮八平三，红方占优。

12. 兵七进一	象5进3	13. 兵三进一	马6进7
14. 马七进五	炮2平7	15. 车四平三	象7进5
16. 兵五进一	后炮平8		

如车三进一，马7退6，车三退二，象5进7，红方并不合算。

17. 兵五进一	炮8进4	18. 马五进三	马7进5
19. 相三进五	车1平2	20. 炮八平九	车2进7
21. 车六进五	炮7进3	22. 马三进四	炮8平5
23. 仕六进五	炮7平6	24. 马四进三	炮6退6
25. 车三平四	士5进6	26. 车四进一	车2退5
27. 兵五进一	车8进1	28. 兵五进一	将5进1

红方中路献兵打将，佳着，由此取得胜局。

29. 车四平七	车8平7	30. 车六平五	将5平4
31. 车五退三	车2平3	32. 车七平四	将4退1
33. 车四平六	车3平4	34. 炮九平六	

红方得车胜。

第15局　林恩德负蒋川

1. 炮二平五	马8进7	2. 马二进三	车9平8
3. 车一平二	卒7进1	4. 车二进六	马2进3
5. 马八进七	马7进6		

上左马于河口是对抗性较强的变化。如卒3进1，车九进一，炮2进1，车二退二，象3进5，红方先手。

6. 车九进一	车1进1		

如卒7进1，车二退一，马6进4，兵三进一，马4进3，车九平七，红方先弃后取，夺得优势。

7. 兵五进一	卒7进1	8. 车二退一	马6进7

9. 兵五进一　车1平7
10. 兵五进一　士6进5
11. 马三进五　卒7平6
12. 车二退一　卒6平5

红方从中路展开攻击，黑方力图通过兑子减轻压力，是较好的应法。

13. 炮五进二　马7退5
14. 车二平五　车7进8
15. 车九平四（图15）　车7退5

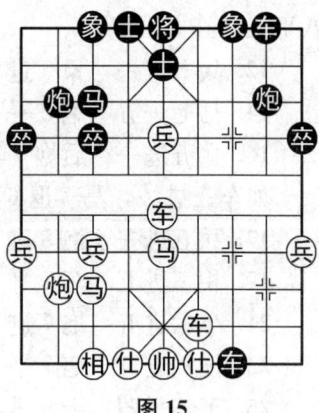

图 15

红方不顾底路的空虚而平车四路，容易受到黑方的反击。不如相七进五，车7退6，车九平二，车7平5，车五进二，马3进5，车二进三。红方虽然少相，但子力活跃，足可应付。

16. 兵五平六　炮8平5

如炮8进7，帅五进一，车7平2，炮八进五，车2退2，兵六进一，红方有一定的反击力。

17. 相七进五　炮2进2
18. 仕六进五　车8进6
19. 车四进五　炮2平5
20. 车五平三　前炮进3

红方如兵六平五，马3进5，车四平五，前炮进2，车五退一，炮5进4，马七进五。红方少相，局势不好。

21. 炮八平五　炮5进5
22. 仕五进四　车7进1
23. 马五进三　炮5退5
24. 兵六进一　士5进4
25. 车四平七　车8平5
26. 帅五平六　车5平4
27. 帅六平五　炮5退1

退炮巧妙，使红方更难防守。

28. 兵七进一　车4平5
29. 仕四退五　车5平3
30. 仕五进六　象3进5
31. 仕四进五　车3进1
32. 帅五平四　车3平2
33. 帅四进一　车3退3
34. 车七进一　车3平7

平车捉死红马，已成胜势。

35. 马三进二　车7退3　　36. 马二进一　炮5平6
37. 帅四退一　炮6进1　　38. 兵七进一　炮6平9

可以车7退2捉马，仍是胜势。

39. 车七退一　车7进6　　40. 帅四进一　车7退8
41. 马一进三　象5退7　　42. 车七平一　卒1进1
43. 车一平四　士4退5　　44. 兵一进一　炮9平6
45. 车四平九　车7进5

黑方得一兵，形成车炮卒攻势，胜局已定。

第16局　赵国荣胜卜凤波

1. 炮二平五　马8进7　　2. 马二进三　卒7进1
3. 车一平二　车9平8　　4. 车二进六　马2进3
5. 马八进七　卒3进1　　6. 车九进一　士4进5

上士巩固中路，保持平稳。此时多走炮2进1，车二退二，象3进5，兵三进一，卒7进1，车二平三，马7进6，兵七进一，卒3进1，车三平七，炮8平7，各有千秋。

7. 车九平六　炮2平1　　8. 兵五进一　车1平2
9. 马三进五　炮1进4　　10. 炮八平九　炮1平5

红方平边炮迫使黑方交换子力，是按计划行事。

11. 马七进五　马7进6
12. 车六进二（图16）　卒5进1

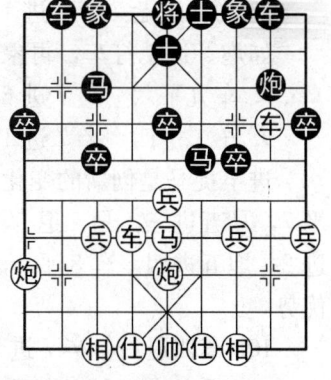

图16

红方升车保中马含蓄有力，使黑方不能进中马交换。如交换中马，车炮受制，中路受攻，局势颇为不利。如卒7进1，车二退一，马6进5，车六平五，卒7平6，兵五进一，车2进5，仕四进五，车2平4，炮五平三，象3进5，炮九平五，卒6平5，炮五进二，卒5进1，炮五平二，红方形势较好。

13. 兵五进一　马6进5　　　14. 仕四进五　车2进5

红方上中仕老练。如车六平五，炮8平5，车二进三，炮5进4，仕四进五，象3进5，红方失去先手，颇不合算。

15. 炮五平二　车2平5　　　16. 炮二进五　象3进5
17. 车六进三　马3进2

红方进车生根捉马，争先的佳着，由此扩大了先手。此刻黑方局势已相当被动，只好进马力图反扑，争取机会。

18. 车六平八　马2进3　　　19. 车八进三　士5退4
20. 车二平六　士6进5　　　21. 炮九平六　象5退3
22. 炮六进七　车8进2　　　23. 炮六平三　将5平6
24. 炮三平七　车8平4　　　25. 炮七退一　车4退2
26. 车六平一　将6平5　　　27. 炮七进一　车4进2

红方双车炮攻击巧妙，黑方已无力防守，红胜。

第17局　徐天红胜刘殿中

1. 炮二平五　马8进7　　　2. 马二进三　车9平8
3. 车一平二　卒7进1　　　4. 车二进六　马2进3
5. 马八进七　卒3进1　　　6. 车九进一　士4进5

如炮2进1打车，再象3进5，这样防守较为稳固。

7. 车九平六　马7进6　　　8. 兵五进一　卒7进1
9. 车二平四　卒7进1

进卒捉马是创新的变化。以往多走马6进7，马三进五，炮8平7，马五进三，马7退5，车四平二，车8进2，仕四进五，炮7进2，炮五进四，车8平5，车六进三，红方出子较快，可以抢占优势。

10. 车四退一　卒7进1　　　11. 车四平二　车8进1
12. 兵七进一　卒7平6

红方进七路兵兑卒，佳着。如马七进五，车8平7，马五退三，车7进5，黑方局势好。此时黑方平卒捉炮，已属必走之着。如卒3进1，马七进五，卒3进1，炮八平三，车8平7，炮三进二，炮8平5，相三进一，红方占优。

13. 兵七进一　卒6平5　　　**14.** 兵七进一　马3退4

15. 车六进七　前卒进1

红方弃子之后达到了取势的目的，有力地控制了局势。此时进车压马可以削弱黑方的防守能力，为进攻创造条件。如炮八平五，象3进5，黑方担子炮的防守功力较强。两种走法对比，还是进车压马较好。

16. 仕六进五　炮2平7　　　**17.** 炮八进四　卒5进1

红方进炮打中卒，忽略了黑方的反击手段。应相七进五，炮7退1，车六退四，红方占优。

18. 炮八平一　炮7进1　　　**19.** 炮一退一　卒5进1

进卒吃兵正确。如炮8平7，炮一平五，士5进4，车六平五，将5进1，车二进三，将5退1，相三进五，红方大占优势。

20. 车二进一　炮7进1　　　**21.** 车二平三　象7进5

22. 相七进五　车1进2　　　**23.** 马七进八　车1平4

24. 车六退一　士5进4

25. 马八进六　炮8平6

26. 兵七进一（图17）　士4退5

退士防守，过低估计了红方七路兵的威力，不如马4进3，马六进七，士6进5，局势比较平稳。

27. 兵七进一　马4进3

28. 车三平七　炮7退2

29. 兵七平六　炮7平9

30. 炮一平五　象3进1

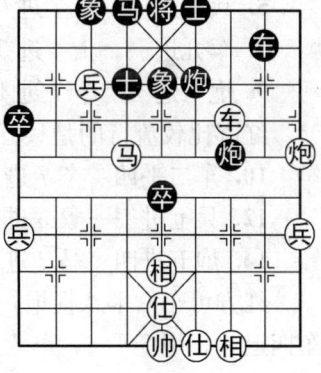

图17

上边象正确。如车8进3，车七进一，炮6平3，马六进五，炮9平6，马五退四，士5进4，炮五平二，黑方很难抵挡红方的攻击。

31. 马六进七　炮 6 平 3　　32. 车七平九　车 8 进 5
33. 车九进一　车 8 平 3　　34. 车九退一　炮 3 进 1

进炮拦阻红车的通路，看似是必然的应法，然而忽略了红方平兵要杀的巧妙手段。此时应炮 9 退 1 打兵，车九平六，炮 9 平 4，车六进二，车 3 退 2，炮五进一，车 3 平 5，黑方还有谋和希望。

35. 兵六平七　将 5 平 4

如炮 3 平 4，车九平六，车 3 退 5，帅五平六，车 3 退 1，兵九进一，黑方无法阻止红方的攻势。

36. 车九进三　象 5 退 3　　37. 车九退一　炮 9 平 5

应炮 3 平 5，还可支持一下。

38. 兵七进一　将 4 平 5　　39. 车九平六

平车要杀，红胜。

第 18 局　甘奕祜胜韩福德

1. 炮二平五　马 8 进 7　　2. 马二进三　车 9 平 8
3. 车一平二　卒 7 进 1　　4. 车二进六　马 2 进 3
5. 兵七进一　马 7 进 6　　6. 马八进七　象 3 进 5
7. 车九进一　士 4 进 5　　8. 车九平六　炮 2 进 2
9. 炮八进二　卒 7 进 1

红方比较流行的是兵五进一的攻法，左炮巡河较为少见。

10. 车二平四　卒 7 进 1　　11. 马三退一　卒 3 进 1
12. 兵七进一　象 5 进 3　　13. 炮八平七　象 7 进 5
14. 炮五进四　马 3 进 5

红方可车六平八捉炮，黑方如车 1 平 2，炮七进三，炮 8 平 3，车四退一，炮 2 平 6，车八进八，士 5 退 4，炮五进四，士 6 进 5，马七进六，红方占先。

15. 车四平五　炮 8 平 7

不如炮 8 进 7，车五平八，车 8 进 7，车六平七，车 1 平 4，车八退一，马 6 进 8，炮七平三，车 8 平 6，仕六进五，车 6 退 2，车八退一,车6平2,马七进八,车4进5,车七进一,车4平7,黑方占优。

16. 车五平八　车8进7
17. 车六平七　炮7进2
18. 相三进五　车1平4
19. 马一退三　车8退2

红方退马捉车正确。如车八退一,马6进5,车八退一,马5进3,车七进一,车8进1,黑方吃回一子,形势占先。

20. 马三进一　车4进6
21. 车八进三　士5退4
22. 炮七平五　士6进5
23. 车八退四　马6进5
24. 车八退一　车4平3
25. 马七进五　车3进2
26. 马五进三　车8进3
27. 仕六进五　车8平9
28. 车八进二　车9平6
29. 车八平一　将5平6(图18)

黑方出将没有必要。应车6退3,车一进三,车6退5,车一退三,车3平4,黑方形势较好。

30. 马三进一　车6退6

应炮7退4加强底路防守。

31. 马一进三　车6平7
32. 马三退五　车3退2

应车3平4,看住4路要道,仍是黑方好走。

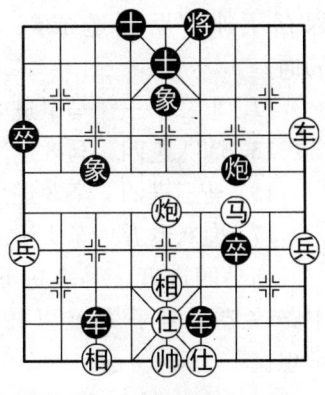

图 18

33. 车一平四　士5进6
34. 炮五平四　将6平5
35. 马五进六　将5进1
36. 车四平八　将5平4
37. 马六退五

黑方无法解围,红方胜定。

第19局　朱玉龙和陈奇

1. 炮二平五　马8进7
2. 马二进三　车9平8
3. 车一平二　卒7进1
4. 车二进六　马2进3

5. 兵七进一　马7进6　　　6. 马八进七　象3进5
7. 车九进一　士4进5
8. 车九平六　卒7进1
9. 车二退一（图19）　马6退7

红方退车捉马稳健。如车二平四，马6进8，马三退一，卒7进1，红方不能满意。

10. 车二退二　卒7进1

如卒7平6，兵三进一，卒6平7，炮八进二，黑方过河卒不但不能保存下来，反而造成红方有利的局面。

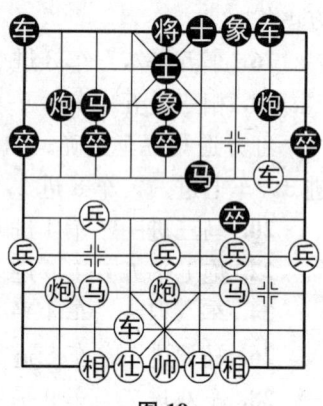

图19

11. 车二平三　马7进8　　12. 车三进三　炮8平6
13. 炮八进四　马8退9　　14. 车三退二　车8进4
15. 马三进四　卒3进1　　16. 车六进三　卒9进1
17. 炮八退五　车1平4

如马四进五，马3进5，炮五进四，车1平3，红方虽然有中路攻势，但子力难以较好配合，不易扩大优势，形势并不理想。

18. 车六进五　将5平4　　19. 马四进五　马3进5
20. 炮五进四　炮2平3　　21. 炮八平六　将4平5
22. 炮六平三　将5平4　　23. 车三平六　将4平5
24. 车六平三　将5平4　　25. 车三平六　将4平5
26. 马七进八　车8平5

如车8平7，炮三平五，炮6平7，相三进一，炮7平8，相七进五，车7退1，相五退三，黑方局势仍然不好。

27. 炮三平五　车5进2　　28. 相七进五　车5平8
29. 马八进九　卒3进1

红方不如兵七进一，马9进8，马八进六，马8退6，后炮平六，车6平5，马六进七，炮6平3，炮六平五，车5平3，兵七平六，红方占优。

　　30. 车六进一　车6平2　　31. 马九进七　炮6平3
　　32. 车六平七　炮3平4　　33. 车七进四　炮4退2
　　34. 车七退五　马9进8　　35. 车七平二　马8退7
　　36. 前炮平三　车2平4

此着走车2平1较好。

　　37. 兵九进一　车4平2　　38. 炮三退五　车4退2
　　39. 相五退七　马7进5

不如炮三进五，试探一下黑方的应法。现在退相以后，黑方马路活跃，造成失仕的不安局势，反而不好。

　　40. 炮五平八　炮4平9　　41. 相三进五　车4退2
　　42. 兵一进一　马5进7　　43. 车二平三　马7进9

运马吃兵失策，由此失去了三子配合作战的机会。如马7退6，炮八平六，也是和局。所以上一回合应炮4退3，还有一定的反击机会。

　　44. 车三平二　炮4退3　　45. 炮八进三　炮4平5
　　46. 炮三平五　炮5平2　　47. 炮五平一　炮2进3
　　48. 帅五进一　车4平7　　49. 炮一平四　车7进4

红方应相五进三，较为稳健。

　　50. 炮八平一　炮2退1　　51. 车二平八　炮2平6
　　52. 炮一平四　炮6退2　　53. 帅五退一　车7平4
　　54. 车八退一　炮6进2　　55. 炮四平五　将5平4
　　56. 仕四进五　车4退3　　57. 炮五进二　炮6退4
　　58. 车八进二　炮6平3

黑方不愿成和，所以不用车吃边兵，等待机会，乘机进取。

　　59. 兵九进一　卒9进1　　60. 兵九进一　炮3平7
　　61. 炮五平四　炮7平3　　62. 兵九平八　将4平5
　　63. 炮四平五　炮3退4　　64. 兵八平七　卒9进1
　　65. 兵七进一　车4退2　　66. 兵七进一　炮3平4
　　67. 炮五退二　卒9平8　　68. 车八进三　车4平5

69. 炮五平九	车5平1	70. 炮九平五	车1平5
71. 炮五平九	车5平1	72. 炮九平五	车1平4
73. 兵七平六	卒8平7	74. 炮五平七	车4平3
75. 炮七平五	车3平5	76. 炮五平九	车5平1
77. 炮九平五	车1平5	78. 炮五平七	车5平3
79. 车八进一	卒7进1	80. 炮七平九	车3平1
81. 炮九平五	车1平5	82. 炮七平九	车3平1
83. 炮九平七	车1平3		

双方均无法取胜，握手言和。

第 20 局　蒋全胜和蔡福如

1. 炮二平五	马8进7	2. 马二进三	车9平8
3. 车一平二	马2进3	4. 兵七进一	卒7进1
5. 车二进六	马7进6	6. 马八进七	象3进5

上右象有利于右车的出动。如象7进5，可以扩大左车的防守位置，对河口马能起到一定的保护作用。

7. 车九进一	卒7进1	8. 车二平四	马6进7
9. 车四平二	车1进1		

红方可以炮五平四，士4进5，车九平六，具有一定攻势。

10. 炮五退一	车8进1	11. 车九平六	炮8平9
12. 车二进二	车1平8	13. 车六进三	炮2进2

进河口炮好着，可以及时解救左马的被捉之势，并有一定的反击作用。

14. 兵七进一　卒3进1

献七路兵阻止黑炮左移，针锋相对。如车六平三，炮2平7，红方不利。

15. 车六平三　卒3进1

弃卒威胁红方左马，借机保护左马，解围的好着。

16. 车三平七	炮2退4	17. 车七平三	炮2平3

18. 炮五平三　炮3进7
19. 车三退一（图20）　车8平2

红方应炮三进二打马，河口车仍保持控制作用，并有炮三进七打象之着，形势比较有利。

20. 炮八平九　车2进5
21. 车三进一　车2平3
22. 炮三平二　车3平1
23. 车三平七　炮3平2
24. 车七进二　炮9平7
25. 相三进五　炮2平7

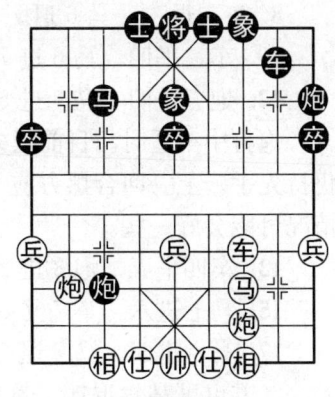

图 20

红方如马三进四，炮2退7，相三进五，炮2平3，车七平六，车1平5，仕四进五，炮7平6，黑方阵型较好，并且多卒，占有一定的优势。

26. 炮九平三　车1平5　　27. 炮二平七　马3退2
28. 炮七平五　车5平9　　29. 炮五进五　士6进5
30. 炮五平九　卒9进1　　31. 车七平三　炮7平8
32. 炮九平五　将5平6　　33. 车三平二　炮8平6
34. 炮三进六　车9平5　　35. 炮三平一　将6平5
36. 炮一进一　炮6退2　　37. 炮一平四　将5平6

和棋。

第 21 局　臧如意和言穆江

1. 炮二平五　马8进7　　2. 马二进三　车9平8
3. 车一平二　马2进3　　4. 兵七进一　卒7进1
5. 车二进六　马7进6　　6. 马八进七　象7进5
7. 车九进一　卒7进1

如车1进1，车九平四，炮8平6，车二平四，士4进5，炮五平四，黑方失士，局势不利。

8. 车二退一　马6退7
9. 车二进一　马7进6
10. 车二平四　马6进7
11. 车九平二　车1进1
12. 炮五进四　马3进5

炮打中卒适时。目前黑方虽然有卒过河，但车炮受牵制，红方仍持先手。上一回合黑方应马7进5兑去中炮，然后再卒7进1，情况可能会好一些。

13. 车四平五　炮8进2
14. 相七进五　车1平7
15. 马七进六　卒7平8
16. 车二平六　炮8平4
17. 马六进四　马7退6

红方也可马六退四，然后再进五路，也是好着。

18. 车六进四　马6进7
19. 兵七进一（图21）　士6进5

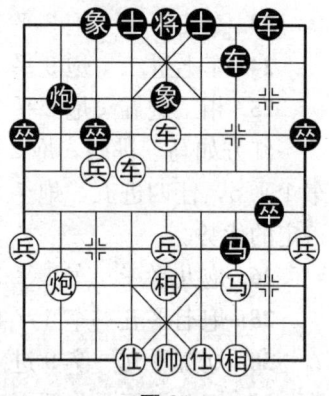

图21

献七路兵好着，争得了局势的主动。以下黑方如卒3进1，炮八平七，士6进5，车六进三，象3进1，车五进一，炮2进7，仕六进五，车8进3，帅五平六，将5平6，炮七平六。红方伏下打士的攻势，比较好走。

20. 兵七进一　车8平6
21. 兵七进一　炮2进4
22. 兵七进一　车7进3
23. 车六平三　象5进7

红方兑车稳健。如车六退二，车6进8，黑方有反击之势，比较主动。

24. 车五平八　炮2平4
25. 车八平三　象7退5
26. 仕六进五　卒8进1
27. 兵七平六　车6进4
28. 炮八进四　卒8进1
29. 兵五进一　车6平7
30. 兵六进一　将5平4

红兵换士佳着。以下利用车炮兵进攻车马卒缺士，具有一定优势。

31. 车三平六　将4平5
32. 车六退三　卒8平7

33. 兵五进一　马7退5　　34. 兵五平六　车7退1
35. 炮八进三　象3进1　　36. 车六平八　卒7进1
37. 炮八平九　将5平6　　38. 车八进六　将6进1
39. 炮九退一　士5退4　　40. 车八退一　将6退1
41. 炮九进一　士4进5　　42. 车八平一　将6进1
43. 车八退五　车7平5　　44. 炮九退三　车5平1

红方对黑卒的进入有些顾虑，所以主动兑子简化局势。其实暂时还不应这样走。应车八退一，马5退7，相五进三，士5进6，相三进五，黑方要求和非常不易。

45. 车八平五　车1进3　　46. 车五进三　车1平9
47. 车五平九　车9平6　　48. 兵六平五　士5进6
49. 车九进一　将6退1　　50. 车九退二　卒9进1
51. 车九平一　卒7平6　　52. 车一退一　将6进1
53. 相三进一　将6退1　　54. 相一进三　将6进1
55. 兵五进一　将6退1　　56. 兵五进一　车6退3
57. 车一退三　将6进1　　58. 仕五进四　车6平1
59. 仕四进五　车1退1　　60. 车一进六　将6退1
61. 车一进一　将6进1　　62. 车一平五

黑方有6路卒的防守，红方难以攻杀，终成和局。

第22局　孟立国胜言穆江

1. 炮二平五　马2进3　　2. 马二进三　马8进7
3. 车一平二　车9平8　　4. 兵七进一　卒7进1
5. 车二进六　马7进6　　6. 马八进七　象7进5
7. 车九进一　卒7进1　　8. 车二平四　马6进7
9. 炮五进四　马3进5

红方炮打中卒实惠，避开了黑马踏中炮交换的走法，又可打通卒林要道，在子力配合上也产生一定的好处。

10. 车四平五　炮8进5

进炮落空。应车1进1，马七进六，车1平6，马六进七，士6进5，黑方7路卒还有一定的潜在威力，仍可周旋。

11. 相七进五　炮2平4
12. 车九平六　车1平2
13. 炮八进二　士4进5
14. 车五平三　车8平7
15. 车三进三　象5退7
16. 车六平二（图22）　炮8平5

弃炮打相急躁。不如炮8平9先避一下，等待机会，红方如车二进五，再炮9平5打相，还可打乱一下局势，寻求机会。

17. 相三进五　马7进5
18. 炮八平三　炮4平5
19. 炮三平五　马5退7
20. 炮五进二　车2进7
21. 车二进二　马7退6

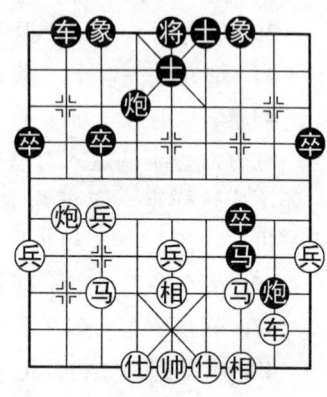

图22

红方进车捉马，企图以多子之势谋取胜势。如车二平七，仍是可以取胜的形势。

22. 马三退五　将5平4
23. 车二平四　车2退3
24. 车四进一　炮5平6

红方进车河口稳健。如兵七进一，车2平3，马五进六，车3进2，车四进二，车3平4，仕六进五，炮5进4，马七进五，车4平5，车四平六，士5进4，车六进二，将4平5，车六退一，卒3进1，兵九进一，红方多子占优。

25. 车四平三　车2平4
26. 车三进一　炮6平5
27. 马五进四　车4退1
28. 车三平四　车4平5
29. 仕四进五　炮5进4
30. 马七进五　车5进3
31. 兵九进一　象7进5
32. 车四进一　卒3进1
33. 兵七进一　象5进3
34. 马四进三　车5平9
35. 车四平九　象3退5
36. 车九平六　将4平5
37. 马三退五　卒9进1
38. 马五进四　车9平7

39. 兵九进一　卒9进1　　**40.** 兵九平八
红胜。

第23局　邹立武负刘殿中

1. 炮二平五　马8进7　　**2.** 马二进三　卒7进1
3. 车一平二　车9平8　　**4.** 车二进六　马2进3
5. 兵七进一　马7进6　　**6.** 马八进七　象3进5
7. 车九进一　士4进5　　**8.** 车九平六　炮2进2
9. 兵五进一　卒7进1　　**10.** 车二平四　马6进7
11. 车四平二　车8进1　　**12.** 兵五进一　卒5进1
13. 马三进五　卒7平6　　**14.** 炮五进三　卒6平5

如马五进六，车1平4，炮五平三，以下再帅五进一，红方仍有一定的攻势。

15. 马五进三　车8平7（图23）

红方炮镇中路，二路车控制卒林要道，河口马即可跃入阵地展开攻击，形势明显占优。但要想战胜黑方，还需很好的攻杀技巧。

16. 马三进四　炮8平6

红方进马捉车有些过急，不如相三进五，以后再车六进二捉马，形势占优。

17. 车二进一　车1平4

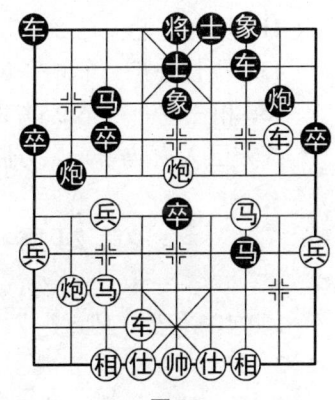

图23

平车兑车有力地化解了红方的攻势，由此红方的攻势受阻。

18. 车六平三　卒3进1　　**19.** 炮五平八　马3进2
20. 马四退五　马2进1　　**21.** 车二退五　马1退3

如炮八进七，车4平2，马五进六，马1进3，马六进七，将5平4，车三平六，士5进4，车二平四，士6进5，车六进六，士5进4，车四进二，将4进1，车四平八，马7退5，黑方比较好走。

22. 炮八进六　车4进1　　　23. 炮八退七　马7退5

退马吃马弃车，可以一车换双子，并可取得攻势，扩大优势的好着。

24. 车三进七　马3进4　　　25. 炮八平六　马4退6
26. 车二退一　马5进6

如车二平五，车4进7，车五进二，象5进7，黑方大占优势。

27. 车二平四　车4进7　　　28. 仕四进五　前马退4

退马是扩大攻势的关键。

29. 车四进二　马4进3　　　30. 车四进四　士5进6
31. 帅五平四　车4退2　　　32. 车三退六　车4平9
33. 马七进六　马3退4　　　34. 车三平六　卒3进1
35. 马六进七　士6进5　　　36. 相七进九　卒3进1
37. 马七退八　马4退3　　　38. 车六进四　卒1进1
39. 马八进七　车9平6　　　40. 帅四平五　马3进2
41. 相九退七　马2进3　　　42. 车六退五　卒3进1
43. 马七退五　车6平5　　　44. 马五退三　车5平7
45. 相三进一　卒9进1

红方已无力防守，黑方胜定。

第24局　臧如意胜李旭英

1. 炮二平五　马8进7　　　2. 马二进三　车9平8
3. 车一平二　马2进3　　　4. 兵七进一　卒7进1
5. 马八进七　象3进5　　　6. 车二进六　马7进6
7. 车九进一　士4进5　　　8. 车九平六　卒7进1

进7路卒捉车比较冒险，容易受到制约，不如炮2进2较为稳妥。

9. 车二退一　卒7进1

如马6退7，车二退二，卒7进1，车二平三，马7进8，车三进三，红方比较好走。

10. 车二平四　卒7进1　　　11. 车四平二　卒7平6

12. 炮五平六　车1平4　　13. 炮六进二　车8进1
14. 炮八平四　炮2退1　　15. 炮六进四　士5进4

红方进炮打车，企图不让黑方摆脱受牵局势，有力。此刻黑方应士5进6捉炮，迫使红方退炮，黑方并不难走。

16. 炮四平六　炮8平7　　17. 车二平八　车4平2
18. 车八进二　象5进7　　19. 相三进五　炮2平1
20. 车六平八　车2平3　　21. 后车平四　车3平2
22. 车四平八　车2平3　　23. 前炮平八　车3平2
24. 马七进六　马3退4

如炮7平5，马六进七，黑方局势仍然受困。

25. 前车平六　马4进5（图24）
26. 炮八平五　车2进8

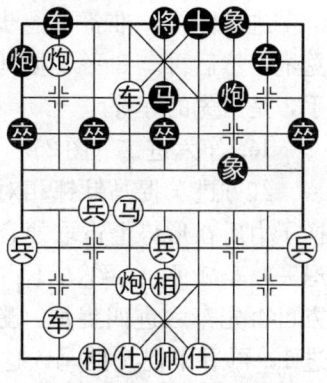

图24

红方走出极为巧妙的平炮中路的攻势。兑子之后，黑方各子受到威胁，形势受牵制，仍然难以防守。

27. 炮五退二　马5退7
28. 马六进四　炮7进1
29. 车六平五　炮1平5　　30. 车五平七　炮5进5
31. 马四退五　将5进1　　32. 马五进六　将5平6
33. 马六退四　炮7进1　　34. 仕六进五　车8进1
35. 车七进一　士6进5　　36. 炮六进六　将6退1
37. 车七进一　士5退4　　38. 车七平六　马7退5
39. 炮六退五　车2退2　　40. 炮五退三

红方胜。

第25局　邬正伟负王金海

1. 炮二平五　马8进7　　2. 马二进三　马2进3
3. 车一平二　车9平8　　4. 兵七进一　卒7进1

5. 车二进六　马7进6
6. 马八进七　象3进5
7. 车九进一　士4进5
8. 车九平六　炮2进2
9. 兵五进一　卒7进1
10. 车二平四　马6进7
11. 兵五进一　卒5进1
12. 马三进五　卒5进1

如炮8进5，马五进六，车1平4，炮五进五，象7进5，马七进五，红方弃子抢先，有一定攻势。

13. 马五进三　炮8平7
14. 车四平三　炮7进3
15. 车三退二　车8进6

进车保马，准备下一步马7进5兑炮，然后再车8平3捉马，抢夺先手，是争先的好着。

16. 车六进二（图25）　马7进5

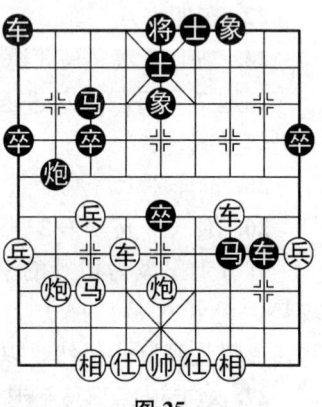

图25

红方进车捉马针锋相对，企图交换子力后在形势上占取便宜。如炮五退一，车1平4，红方不占好处。红方可否先车六进四捉炮，黑方如卒3进1，再退车捉7路马，这样可能比较好一些。

17. 车六平二　卒5平6
18. 炮八平五　卒6平7

如车三退二，炮2平5，仕六进五，马5进3，帅五平六，车1平4，仕五进六，炮5平4，车二平六，卒6平5，车三退一，卒5进1，车六进一，马3进5，车三平七，马5进4，马七进六，红方可以应付。

19. 车二进二　车1平2

红方应车二进三，准备捉卒压马，比较主动。

20. 仕四进五　卒7平6
21. 马七进六　卒3进1
22. 车二平七　卒6平5
23. 车七进二　卒5平4
24. 兵七进一　炮2进2
25. 兵七平六　炮2平5
26. 车七退一　卒4进1
27. 帅五平四　车2平5
28. 车七平九　车2平7
29. 相三进一　车7进2

| 30. 车九平一 | 车 7 平 9 | 31. 车一平四 | 车 9 退 1 |

红方平车四路要道，预防黑方有卒 4 进 1 捉炮的凶着。

32. 兵九进一	车 9 退 1	33. 兵九进一	车 9 平 3
34. 车四进二	车 3 进 4	35. 炮五进五	将 5 平 4
36. 炮五退二	车 3 退 4	37. 车四退二	象 7 进 5
38. 兵九平八	车 3 平 4		

红方应兵九进一，等待机会。

| 39. 兵八平七 | 象 5 进 3 | | |

如车四平六，将 4 平 5，兵八平七，与黑方对攻，可能没有黑方速度快。

| 40. 兵六平七 | 车 4 退 3 | 41. 士五进四 | 炮 5 进 1 |

不如兵七进一，观察一下黑方的意图，再作打算。

42. 炮五平六	将 4 平 5	43. 炮六平二	车 4 平 7
44. 炮三平五	车 7 平 5	45. 炮五平一	士 5 退 4
46. 车四平二	车 5 平 9	47. 炮一平三	车 9 进 2
48. 炮三进四	士 6 进 5	49. 兵七进一	炮 5 平 3
50. 车二进三	车 9 进 5	51. 帅四进一	车 9 退 1
52. 帅四退一	炮 3 进 2	53. 仕六进五	车 9 进 1
54. 帅四进一	车 9 平 7		

不如炮 3 退 4。红方如仕五退六，士 5 进 6，黑方比较好走。

55. 兵七平六	车 7 退 6	56. 炮三平六	士 5 退 6
57. 兵六进一	炮 3 退 1	58. 仕五退六	车 7 进 5
59. 帅四退一	车 7 平 1	60. 帅四进一	卒 4 平 5

平中卒准备要杀，迫使红方退车防守，可以借机取势。

61. 车二退六	车 7 进 1	62. 帅四进一	车 7 平 1
63. 帅四进一	车 7 平 5	64. 兵六进一	炮 3 退 6
65. 车二进三	卒 5 平 6	66. 炮六平七	炮 3 进 7

红方应车二平四防守，不至于丢炮形成败局。以下黑方如炮 3 进 7，仕四退五，炮 3 退 1，仕五进四，红方仍有胜机。

| 67. 仕六进五 | 炮 3 退 1 | 68. 仕五退六 | 车 5 退 2 |

69. 车二退五　将5平6　　70. 车二进七　将6进1
71. 帅四退一　卒6进1　　72. 车二退八　车5退2
73. 车二平七　车5平7

红方无法防守，黑方胜定。

第26局　李来群和柳大华

1. 炮二平五　马8进7　　2. 马二进三　卒7进1
3. 车一平二　车9平8　　4. 车二进六　马2进3
5. 马八进七　卒3进1　　6. 车九进一　士4进5
7. 车九平六　马7进6　　8. 兵五进一　卒7进1
9. 车二平四　马6进7　　10. 马三进五　炮8平7

红方也可车四平二牵制车炮，以下黑方如卒7平6，兵五进一，卒5进1，车六进二，马7进5，炮八平五，车8进1，马三进四，车8平6，马四进五，红方占优势。

11. 马五进三　马7退5　　12. 车四平二　车8进2

不用炮打相而先进车等待兑子，是保持局势平稳的应法。如炮7进7，仕四进五，车8进2，炮五进四，车8平5，炮五退一，炮2进2，马三进四，马5进6，炮八平四，炮2平5，炮四平五，红方占优势。

13. 仕四进五　炮7进2
14. 炮五进四　车8平5（图26）
15. 车六进三　车5进1

红方可炮五平一打边卒。以下黑方如炮7平5，相三进五，马5退7，炮一进三，红方比较有利。

16. 车二平五　马3进5
17. 车六平五　马5退7
18. 马七进五　象3进5
19. 炮八平五　炮2进1

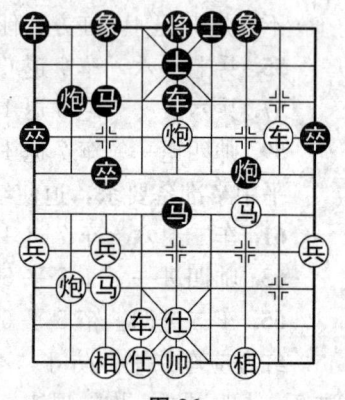

图26

红方可车五平四，还有较多变化。黑方乘机进炮平中兑子化解攻势，机智。

20. 车五平四　炮 2 平 5　　21. 车四进二　炮 5 进 4
22. 相三进五　卒 1 进 1　　23. 车四平三　马 7 退 8
24. 马五进六　马 8 进 9　　25. 车三平一　马 9 退 7
26. 车一平三　马 7 进 9　　27. 车三平八　车 1 平 4
28. 马六进七　车 4 进 1　　29. 兵一进一　炮 7 退 2
30. 马七退五　炮 7 退 1　　31. 马三进二　炮 7 平 6
32. 马五进三　车 4 进 3

双方无力进取，握手言和。

第 27 局　景文仁胜赵庆阁

1. 炮二平五　马 2 进 3　　2. 兵七进一　卒 7 进 1
3. 马二进三　马 8 进 7　　4. 车一平二　车 9 平 8
5. 车二进六　象 7 进 5　　6. 马八进七　马 7 进 6
7. 车二退二　炮 2 退 1

红方也可炮五进四，形成另一路变化。

8. 车九进一　炮 2 平 7　　9. 车二平四　马 6 退 7

退马失先。可考虑卒 7 进 1，车四进一，卒 7 进 1。红方如逃马，车双炮卒大有攻势。

10. 马七进八　马 7 进 8　　11. 车四进四　炮 7 进 5
12. 相三进一　士 4 进 5　　13. 车九平六　卒 7 进 1
14. 相一进三　炮 8 平 6

可车 8 平 7 提相，抢夺攻势，比较紧凑。

15. 兵五进一　车 8 平 7　　16. 马八进七　车 1 平 2
17. 车六进七　车 7 进 1（图 27）　18. 马七进五　车 7 平 6

红方马踏中象弃车抢攻，深谋远虑，取得了很大优势。

19. 马五进七　车 2 进 1　　20. 仕六进五　炮 6 平 5

如炮 7 平 4，变化较为复杂，红方比较好走。

21. 帅五平六	车 2 平 3			
22. 车六平七	车 6 进 5			
23. 车七退一	车 6 平 4			
24. 炮五平六	炮 5 平 4			
25. 车七进二	士 5 退 4			
26. 帅六平五	炮 4 进 5			
27. 仕五进六	车 4 进 1			
28. 炮八进七	马 8 进 6			
29. 马三进五	车 4 退 1			
30. 马五退四	炮 7 进 3			

图 27

31. 仕四进五	马 6 进 7	32. 车七退一	士 4 进 5
33. 车七进一	士 5 退 4	34. 车七退一	士 4 进 5
35. 车七进一	士 5 退 4	36. 车七退三	士 4 进 5
37. 炮八退四	将 5 平 4	38. 仕五进六	炮 7 平 3
39. 车七平五	车 4 平 9	40. 车五平六	士 5 进 4
41. 帅五平六	车 9 进 3	42. 帅六进一	车 9 退 1
43. 炮八退四	炮 3 平 1	44. 炮八平九	炮 1 平 7
45. 车六进一	将 4 平 5	46. 车六退四	炮 7 退 1

如马 7 进 6 叫将，帅六平五，炮 7 退 1，帅五退一，炮 7 平 1，帅五平四，车 9 进 1，马四退二，车 9 平 8，帅四进一，车 8 平 5，各有千秋。

47. 仕六退五	士 6 进 5	48. 兵七进一	车 9 退 4
49. 兵七平六	车 9 平 6	50. 车六退一	马 7 退 5

红方退车捉马正确。如帅六退一，马 7 进 5，车六退一，车 6 进 2，黑方占优。

51. 帅六退一	马 5 进 6	52. 炮九平四	车 6 进 4
53. 帅六平五	车 6 退 3	54. 车六平五	车 6 平 7
55. 兵五进一	炮 7 平 8	56. 仕五进六	炮 8 退 8
57. 兵五平四	车 7 退 4	58. 车五退四	车 7 平 6
59. 兵四进一	卒 1 进 1	60. 兵四进一	车 6 平 7

61. 车五平一　将5平6　　62. 车一平二　炮8平7
63. 兵四平五　将6平5　　64. 兵六进一

红方车双兵控制了局势，黑方已无法防守，红方胜定。

第28局　龚晓民和宋国强

1. 炮二平五　马8进7　　2. 马二进三　车9平8
3. 车一平二　马2进3　　4. 兵七进一　卒7进1
5. 车二进六　马7进6　　6. 马八进七　车1进1

上右车是一种变化，到底好不好，有待进一步探索。一般认为不如上中象较为稳健。

7. 兵五进一　卒7进1　　8. 车二平四　马6进7

如卒7进1，车四退一，卒7进1，炮八进四，象7进5，炮八平五，马3进5，炮五进四，士6进5，车九平八，车1平4，相七进五，红方好走。

9. 兵五进一　炮8平5　　10. 兵五进一　炮5进5
11. 炮八平五　马7进5　　12. 相七进五　炮2进1
13. 兵五平六　马3退5
14. 车四平五　车1平4
15. 车九平八　车4进2
16. 车五退一　车4平5（图28）
17. 车五退二　车8进7

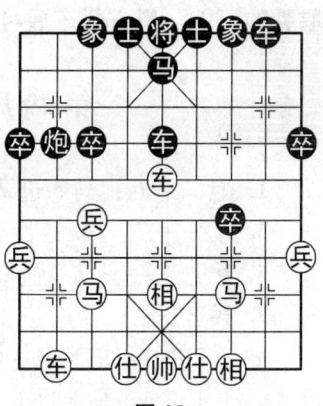

图28

黑方吃去过河兵后就不必平中车兑车，可卒3进1，兵七进一，象7进5，黑方可以应付。现在红方巧妙退中车生根，可以白得右炮，由此扩大了优势。

18. 车八进六　车5平6　　19. 马七退五　车6进5

红方应马七进六展开攻势，车8平7，马六进七，车6平4，马七进八，车4退2，兵七进一，红方占优势。

20. 相五进三　车8平7　　　21. 马五进六　车7平6
22. 仕六进五　车6退4　　　23. 马六进五　车6平5

此时红方应先走兵七进一较好,以下如卒3进1,马六进五,红胜。此刻黑方弃卒后及时运车回防,暂时化解了危机,但中马仍未跃出,形势仍然被动。

24. 兵七进一　车6退4　　　25. 兵七平六　象3进5
26. 车八平九　马5退3

如车八平七,黑方马5进7,车七平五,马7进5,兵六进一,马5进7,红方好走。

27. 车五平六　士6进5　　　28. 相三退五　车5平6
29. 兵九进一　马3进4　　　30. 马五进六　士5进4

红方如兵六进一,前车平5,兵六进一,车5退1,以下可走车5平4,红方很难取胜。

31. 兵六平五　前车平5　　　32. 车六进四　象5退3
33. 车九进三　车5退2　　　34. 车六退四　车5平3
35. 车九退一　车6退1

应车六平三打乱黑方的防守。黑方没有联车的机会,红方还有取胜的可能。黑方联车后可见机兑车,红方已难取胜,形成和局。

第29局　高郑生负吕钦

1. 炮二平五　马8进7　　　2. 马二进三　卒7进1
3. 车一平二　车9平8　　　4. 车二进六　马2进3
5. 兵七进一　马7进6　　　6. 马八进七　象3进5
7. 兵五进一　卒7进1　　　8. 车二平四　马6进7

如卒7进1,车四退一,卒7进1,兵五进一,炮8平7,相三进一,士4进5,马七进五,车8进6,马五进六,炮2进2,炮八平三,炮2平5,炮五进四,车8平5,仕六进五,车5平7,炮三平五,炮5进1,马六进七,炮7平3,车四退一,炮5退1,车九平八,双方局势平稳。

9. 兵五进一　士4进5

如卒5进1，马三进五，卒5进1，马五进三，炮8平7，车四退三，士4进5，炮八进二，车8进5，炮五平三，车8进2，炮三平五，卒5平6，炮八平四，马3进5，炮四平五，马5进7，前炮退一，红方仍持先手。

10. 马三进五　炮8进5

11. 兵五进一　炮2进1

12. 兵七进一　(图29)　炮8平3

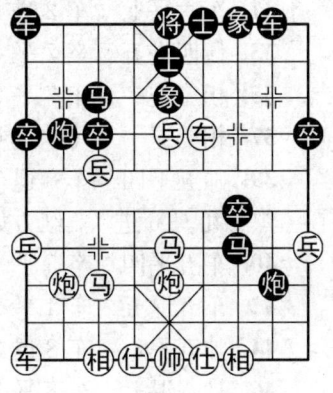

图 29

红方从中路发动猛烈攻势，但黑方的反击也很强硬，变化十分复杂。此时红方如兵五平六，炮8平3，马五退七，马7退5，车四退三，炮2平4，黑方主动。

13. 兵七进一　车8进6

14. 马五退七　马7退5

红方如炮八进一，马7进5，炮八平二，马5进3，帅五进一，炮2进5，马五退六，车1平2，兵五进一，卒7平8，炮二平七，红方占优。

15. 车四退一　炮2平5　　**16.** 仕六进五　炮5平7

如车8平3，兵七进一，炮5平7，相三进一，车3进1，炮八进四，形成平稳局势。

17. 炮五平三　炮7进4

红方不如相三进一，车8平3，兵七进一，车3进1，炮八进四，卒9进1，兵七平六，士5进4，车四平五，卒7平6，炮八平五，士4退5，炮五退二，卒6平5，车五退一，双方局势平稳。

18. 炮八平三　马3进5　　**19.** 相七进五　车8平3

可马七进八，防止黑方平车压马。

20. 车四平五　马5进3　　**21.** 车九平六　卒7进1

22. 炮三平一　卒7平1　　**23.** 马七退八　车3平9

24. 车六进五　马5退7　　**25.** 马八进七　卒7平8

26. 炮一退二　车 9 进 3　　　27. 马七进五　车 9 退 3
28. 马五进七　车 1 平 2　　　29. 相五进三　卒 8 平 7
30. 兵七平六　卒 7 进 1

进卒弃马，准备用卒换取相仕，然后用双车威胁红方，争先的佳着。

31. 车六平七　车 2 进 9　　　32. 仕五退六　车 9 平 4
33. 仕四进五　卒 7 平 6　　　34. 车七平六　车 4 平 7
35. 相三进一　车 7 平 8　　　36. 相一退三　车 8 进 3
37. 相三退一　马 7 进 6　　　38. 车五退二　卒 6 平 5
39. 帅五平四　车 8 退 1

黑方可马 6 进 7，红方如车五退二，马 7 退 9，黑胜定。

40. 车五平四　卒 5 平 4　　　41. 车六平五　车 2 平 4
42. 车五退五　车 4 平 5　　　43. 帅四平五　卒 4 平 5
44. 帅五平六　车 8 退 3　　　45. 马七退八　车 8 进 2
46. 马八退七　车 8 平 3　　　47. 相三进五　车 3 进 1
48. 车四平六　卒 5 平 4

黑方用臣压君的杀法取得胜局，其攻杀技巧是古代的排局杀法之再现。

第 30 局　刘殿中胜吕钦

1. 炮二平五　马 8 进 7　　　2. 马二进三　卒 7 进 1
3. 兵七进一　马 2 进 3　　　4. 车一平二　车 9 平 8
5. 马八进七　象 7 进 5　　　6. 车二进六　马 7 进 6
7. 兵五进一　卒 7 进 1　　　8. 车二平四　马 6 进 7
9. 马三进五　炮 8 进 5　　　10. 兵五进一　士 4 进 5
11. 兵五进一　炮 2 进 1

如炮 8 平 3，兵五进一，炮 2 平 5，炮五进五，象 3 进 5，马五退七，车 1 平 2，炮八平九，马 7 退 5，车四平七，红方占优势。

12. 兵七进一　炮 8 平 3　　　13. 兵七进一　马 7 退 5

14. 炮五进二　炮2平5
15. 兵七进一　炮5进3
16. 车四退三　炮3退3（图30）

由于黑方上左象，所以右车出动的范围较小，红方双炮的攻击手段相对增强，可与黑方抗衡。但如何对抗，是目前的关键时刻。此时红方有四种走法：①车九平八，炮3平2，炮八平四，炮2平5，黑方空头炮威力较大，占有优势。②炮五进一，炮

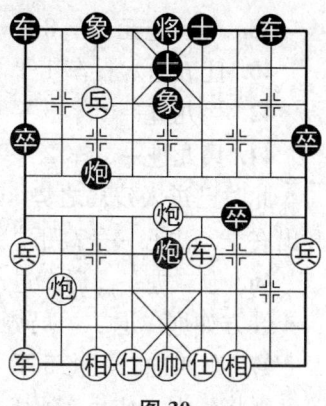

图30

5退1，黑方以下攻击手段较多，占有优势。③炮八进五，车8进3，车九平八，炮3平5，双方展开对攻，黑方占优。④车四平五，用车吃炮，一车换取双炮，可以利用车兵双炮展开攻击。这是红方在实战中选择的走法，取得了理想的效果。

17. 车四平五　炮3平5　　　**18.** 车五退二　炮5进4
19. 仕六进五　卒7平6　　　**20.** 炮五退二　车8进3

不如车8进6较有控制能力。

21. 车九平八　车8平2　　　**22.** 炮五平二　卒6平5
23. 炮八进三　车2平8

平车捉炮放弃牵制，无可奈何，否则红方炮八平五，黑方更难应付。

24. 炮二平三　车8平7　　　**25.** 炮三平二　车1平2

平炮二路力求进取。如炮八进四，车1平2，车八进九，车7进4，形成和局。

26. 炮八进二　象5退7　　　**27.** 兵七进一　象3进5
28. 炮八进一　车7进6　　　**29.** 炮二平八　车2平1
30. 后炮平九　车1平2　　　**31.** 炮九进四　车7退6
32. 炮九退一　车7平3　　　**33.** 兵七平六　车3平4
34. 兵六平七　车4进3　　　**35.** 兵九进一　车4平9
36. 炮九平八　车2平1　　　**37.** 炮八平二　车9平8

38. 车八进五　车8平3　　39. 炮二进三　车3进3
40. 仕五退六　车1平2　　41. 车八平五　车3退4
42. 兵九进一　卒5平6　　43. 车五平四　卒6平7
44. 兵九进一　车2平1　　45. 车四进一　车3平1

此时已进入残局之势，双方都力争进取，保持变化。现在黑方开出右车，决心一争高下。

46. 炮二进一　后车进3

红方如炮二退二，局势比较稳健。

47. 车四进二　将5平4

平将失误。应后车平5，仕四进五，象5进7，炮八进一，车5平8，炮二平四，车1平2，兵七进一，车2退5，兵七平八，士5退6，黑方胜势。

48. 车四平五　前车平4　　49. 仕四进五　车1平8
50. 炮二平四　卒7平6　　51. 帅五平四　卒6进1
52. 车五平四　车8进6

红方平车化解攻势，佳着。如炮八进一，车8进6，帅四进一，卒6进1，黑方连杀取胜。

53. 帅四进一　车4平7　　54. 兵七平六　将4平5
55. 车四平五　将5平6　　56. 车五平四　将6平5
57. 兵六平五

残局变化复杂，红方虽然获取胜局，但也有一定的幸运成分。

第31局　胡荣华胜吕钦

1. 炮二平五　马8进7　　2. 兵七进一　卒7进1
3. 马八进七　马2进3　　4. 马二进三　象7进5
5. 车一平二　车9平8　　6. 车二进六　马7进6
7. 兵五进一　卒7进1

冲中兵对左马盘河的反击是比较凶猛的攻击方法。

8. 车二平四　马6进7　　9. 兵五进一　士4进5

不如卒5进1，马三进五，卒5进1，马五进三，车8平7，炮五平三，炮2退1，黑方满意。

10. 马三进五（图31）　炮8进5

红方跃马中路，形成中炮盘头马的攻势。黑方此时可炮2进1，兵五进一，炮8进5，兵七进一，炮8平3，兵七进一，马7退5，炮五进二，炮2平5，兵七进一，炮5进3，车四退三，炮3退3，车四平五，炮3平5，车五退二，炮5进4，仕六进五，黑方足可应对。

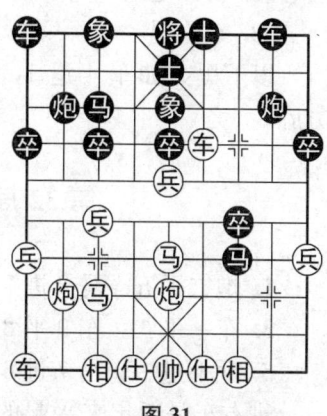

图31

11. 车四退四　马7进8
12. 车四平三　卒7进1

红方平车是保持防守反击的佳着。如车四退一，炮8平3，马五退七，卒5进1，炮五平二，车8进6，车四平二，卒5进1。黑方弃子之后，运车压上二路，双卒联手渡河作战，产生了很大的威力，红方不占便宜。

13. 车三退一	炮8平3	14. 车九进一	卒7平6
15. 马五退七	马8退7	16. 车九平六	车8平7
17. 兵五平六	卒6进1		

红方平兵正确。如车六进二，卒6平5，车六平五，马7进5，车三进八，马5进3，帅五进一，象5退7，红方失子，形势不利。

18. 车六进二	马7进5	19. 车三进八	象5退7
20. 相三进五	象3进5	21. 马七进五	卒6平5
22. 相七进五	车1平4	23. 炮八平七	炮2进7
24. 仕六进五	车4平2	25. 马五进四	象5进7
26. 兵七进一	马3退4	27. 炮七进四	马4进5
28. 炮七平一	炮2平1	29. 帅五平六	车2进9
30. 帅六进一	车2退4	31. 车六平三	卒5进1
32. 炮一平五	将5平4	33. 车三平六	卒5进1

34. 兵六进一　车 2 退 3　　35. 兵六平七　车 2 平 4
36. 马四进六　马 5 进 7　　37. 前兵进一　卒 5 进 1
38. 车六退一

以下黑方如车 4 退 1，前兵进一，车 4 进 1，马六进八，红方胜。

第32局　许波负王贵福

1. 炮二平五　马 8 进 7　　2. 马二进三　卒 7 进 1
3. 车一平二　车 9 平 8　　4. 车二进六　马 2 进 3
5. 兵七进一　马 7 进 6　　6. 马八进七　车 1 进 1

进右车是近年来兴起的一种走法，以往多上中象，形势比较稳健。

7. 兵五进一　卒 7 进 1　　8. 车二平四　马 6 进 8

上马 8 路展开反击，是一种攻击方法，和马 6 进 7 的攻击有所不同。

9. 马三进五　卒 7 进 1

红方进中马是较好的应法。如兵三进一，马 8 进 7，炮五进四，马 7 进 6，帅五平四，炮 8 平 6，帅四平五，马 3 进 5，车四平五，炮 2 平 5，黑方好走。

10. 兵五进一　卒 5 进 1　　11. 炮五进三　马 8 进 6

红方可马五进三，炮 8 平 5，车四平七，红方占优。

12. 炮五退一　炮 8 平 7　　13. 相三进一　车 8 进 5
14. 炮八进二　卒 3 进 1　　15. 车九进一　卒 3 进 1

红方如车四平七，卒 3 进 1，马五进七，马 6 进 7，帅五进一，炮 7 平 8。双方对攻，形势比较复杂。

16. 车四平五　车 1 平 5

红方如马五进七，马 3 进 4 踏车炮，形势占优。

17. 车五进二　将 5 进 1
18. 马五进七（图 32）　马 3 进 2

黑方在形势上占有一定优势，所以进马献炮抢夺攻势。红方如想借机吃掉黑车，黑方仍有强大的攻势，红方已难招架。

19. 马七进六　马2退4
20. 炮八平二　马4进5
21. 马七进五　炮2平5

红方无好着可走，所以进中马暂时阻挡黑方双马的攻势，然后再谋取对策。

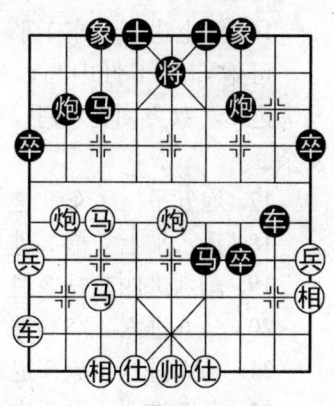

图32

22. 相一进三　马5退4
23. 仕六进五　马4进6
24. 炮二进一　后马进5
25. 相七进五　马6进7
26. 帅五平六　炮5平4

黑方攻势猛烈，胜局已定。

第33局　徐天红和赵汝权

1. 炮二平五　马8进7
2. 马二进三　车9平8
3. 车一平二　卒7进1
4. 车二进六　马2进3
5. 马八进七　马7进6
6. 兵五进一　卒7进1
7. 车二退一　马6退7

如卒7进1，车二平四，卒7进1，兵五进一，炮8平5，各有千秋。

8. 车二平三　炮8退1
9. 兵五进一　炮8平5
10. 兵五平六　卒7平6
11. 车九进一　卒6平5
12. 兵六进一　炮5平7
13. 车三平六　士4进5
14. 车九平四　象3进5（图33）
15. 马三进五　前卒进1

形成各有攻守的复杂局势。此刻红方三路是一个弱点，如马三退一，以下准备炮五平三纠缠下去，红方不失主动。为了加快进攻，红方从中路献马，打开攻击局面，是巧妙有力的走法。

16. 马七进五　车1平4

可炮2进4打中马，马五进七，马7进8，双方对抢先手，局势比较复杂。

17. 炮五平三　车8进2
18. 兵六平七　炮2进4
19. 车六进四　马3退4
20. 马五进六　卒5进1
21. 马六进八　象5退3
22. 车四进七　马4进5
23. 炮八平五　马7进6

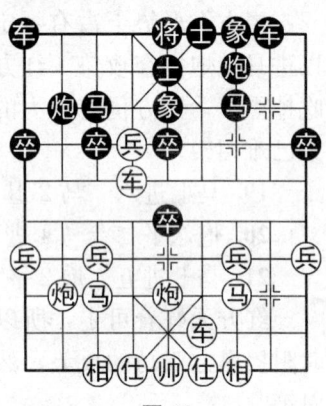

图33

送还一子，无奈之着。如果7路炮避开，炮五进五，象3进5，马八进七，将5平4，炮三平六，红方有攻势。

24. 炮三进六　车8进1
25. 马八进七　将5平4
26. 马七退六　炮2退5
27. 马六退四　车8进1
28. 车四退二　炮2平7
29. 车四平六　将4平5

红方可马四进二，炮7进8，仕四进五，卒5进1，炮五进五，象7进5，相七进五，炮7退1，相五进三，车8进5，仕五退四，炮7进1，帅五进一，车8退1，帅五进一，红方比较好走。

30. 炮五进五　象7进5
31. 车六平三　车8平6
32. 车三进二

双方无力进取，和棋。

第34局　徐天红胜黄景贤

1. 炮二平五　马8进7
2. 马二进三　卒7进1
3. 车一平二　车9平8
4. 车二进六　马2进3
5. 马八进七　卒3进1
6. 车九进一　士4进5
7. 车九平六　马7进6

此时黑方进左马盘河，也是一种攻守变化。

8. 兵五进一　卒 7 进 1
9. 车二平四　炮 2 进 2
10. 兵七进一　象 3 进 5

红方利用四路车牵制马炮的机会，及时进七路兵打散炮的防守，是先发制人的好着。

11. 兵七进一　象 5 进 3
12. 兵三进一　炮 8 平 7
13. 兵三进一　炮 7 进 5
14. 炮五进四　象 3 退 5

如马 3 进 5 吃炮，炮八平三，马 5 进 6，车六平二，车 8 平 9，炮三进二，黑方必失一马。

15. 炮八平三　炮 2 平 7
16. 炮五退一（图 34）　炮 7 进 5

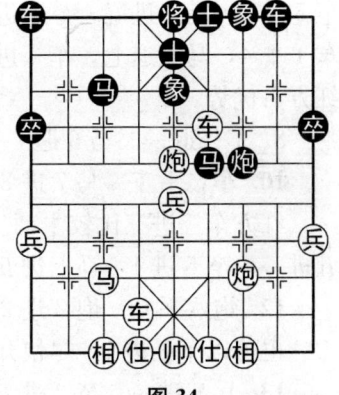

图 34

红方退中炮弃相，保持中路攻势，是力求对攻的好着。如相三进五，马 3 进 5，车四平五，车 8 进 6，变化减少，红方难以取胜。

17. 仕四进五　马 6 进 8
18. 车六进一　车 1 平 3
19. 车六平四　象 7 进 9
20. 帅五平四　将 5 平 4
21. 马七进六　马 8 进 7
22. 车四平三　车 8 进 9
23. 车三平六　马 3 进 4

红方平车六路，暗伏杀着，使黑方企图炮 7 退 7 的反击手段由此化解，红方大占优势。

24. 马六进八　炮 7 退 5
25. 帅四进一　车 8 退 1
26. 帅四退一　车 8 进 1
27. 帅四进一　车 8 退 1
28. 帅四退一　车 3 进 9
29. 炮五进一　车 8 进 1
30. 帅四进一　车 8 退 9
31. 车六进三　将 4 平 5
32. 车四退三　炮 7 平 2
33. 车六平八　车 3 退 9
34. 车八进二　象 9 进 7
35. 车四进三　将 5 平 4
36. 炮五退一

红方攻势强大，胜局已定。

第35局 何连生负胡一鹏

1. 炮二平五　马8进7
2. 马二进三　卒7进1
3. 兵七进一　马2进3
4. 马八进七　车9平8
5. 车一平二　象3进5
6. 车二进六　马7进6
7. 兵五进一　卒7进1

进7路卒捉车展开对攻是必然走法。如士4进5，兵五进一，卒5进1，马七进五，卒5进1，炮五进二，马6进5，马三进五，车1平4，马五退七，车4进6，炮八平九，车4平3，车九平八，红方占优势。

8. 车二退一　马6退7
9. 车二退二　卒7进1
10. 车二平三　马7进8
11. 车三平四　士4进5

红方车三进三比较主动。炮8平6，炮八进四，士4进5，兵五进一，卒5进1，马七进五，红方子路畅通，比较好走。

12. 炮八平九　炮2进2

也可以车8进1，尽快开出左车捉马，抢夺先手。

13. 兵五进一　卒3进1

进3路卒展开反击，反使中路的防守产生了弱点，不如卒5进1，车九平八，车1平2，马七进五，炮8平7，相三进一，车8进3，黑方并不难走。

14. 兵五进一　马3进5
15. 车九平八　马5进7
16. 车四进五　车1平2
17. 马七进五　车2进2（图35）
18. 炮五进五　车2平5

红方进炮打中象，好着。此时红方如兵七进一，象5进3，车四退三，象7进5，炮五进五，象3退5，车八进五，仍是红方好走。

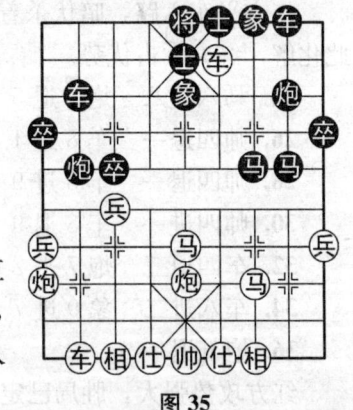

图35

19. 车八进五　车5平4　　　20. 马五进四　将5平4

红方进马寻求攻势，佳着。如炮九平五，炮8平5，兵七进一，局势平稳，仍是红优。

21. 仕四进五　马7进6　　　22. 车八进四　将4进1

23. 马三进五　马8进6

红方进三路马导致局势受攻，形成危局，颇不明智。应马四退五，以守为攻。以下黑方如炮8平5，相七进五，马6进7，车四退七，马8进7，炮九平六，车4进5，仕五进六，马7进5，车八退二，车8进9，车八平五，象7进5，帅五进一，红方得子胜势。

24. 马四进二　炮8平5

红方如炮九平六，车4进5，仕五进六，炮8进7，相三进一，炮8平9，帅五平四，车8进9，帅四进一，车8退1，帅四退一，前马进8，帅四平五，车8平3，黑方胜定。

25. 帅五平四　车8进3　　　26. 车八退一　将4退1
27. 车八进一　将4进1　　　28. 车四退四　炮5进6

打仕是冲开九宫的有力之着，由此抢得先手攻势。

29. 马五退七　炮5平3

红方如炮九退二防守，炮5平9，车四退一，车4平7，黑方胜定。

30. 炮九退二　车8进6　　　31. 车四平三　车4平6

黑方攻势有力，胜局已定。

第36局　黎少坡胜梁奕成

1. 炮二平五　马8进7　　　2. 马二进三　车9平8
3. 车一平二　马2进3　　　4. 兵七进一　卒7进1
5. 车二进六　马7进6　　　6. 马八进七　象3进5
7. 兵五进一　卒7进1　　　8. 车二退一　马6退7
9. 车二退二　卒7平6　　　10. 兵三进一　士4进5

红方进三路兵是创造攻势的好着。黑方白失一卒，可惜，不如卒6平5为好。红方如炮八进二，炮8平9，车二进六，马7退8，炮八平五，炮9平7，马三退一，车1平2，兵三进一，马8进9，黑方可以应付。

11. 马三进四　炮8进3

进炮打马强行对攻。如炮8平9兑车，兵三进一，黑方仍不乐观。

12. 马四进三　炮8平5
13. 车二平五　炮5进2
14. 炮八平五　车1平2
15. 马七进六　车8进4
16. 马六进七（图36）　车8平4

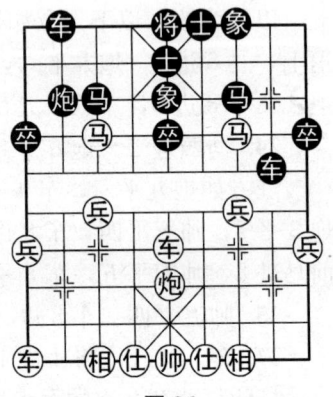

图36

红方中路有一定攻势，双马又压住黑方的子力，随时可以踏象抢攻，已显占优势。

17. 车九平八　象5退3

退象加强防守，过于谨慎。不如炮2进6压车，以后再退象防守，可能会好一些。

18. 车八进三　车4退1　　**19. 炮五平七　车4进1**
20. 车五平六　车4进2　　**21. 车八平六　炮2进7**
22. 车六进五　车2进7

红方进车压住象肋，增强了攻击能力。

23. 炮七平五　炮2平1　　**24. 马三进五　象7进5**
25. 马七进五　马7退8　　**26. 马五进七　车2退6**
27. 兵七进一

红方以下有车六平五，将5平4，车五进一，将4进1，再炮五平六的攻势，另外还有帅五进一的攻法，胜局已定。

第37局　杨国璋负张百嵩

1. 炮二平五　马8进7　　**2. 马二进三　马2进3**

3. 车一平二　车9平8　　　　4. 兵七进一　卒7进1
5. 车二进六　马7进6　　　　6. 马八进七　车1进1
7. 兵五进一　卒7进1　　　　8. 车二退一　马6进7

红方可车二平四，马6进8，兵三进一，马8进7，炮五进四，马3进5，车四平五，炮2平5，炮八平三，炮8进7，仕六进五，车1平6，相七进五，各有千秋。

9. 兵五进一　车1平7

平车保持过河卒的攻势，是抢先之着。虽然中路较弱，但可上士防守，一时并无损失。

10. 车二进一　卒7平6　　　11. 炮五退一　士6进5
12. 兵五平六　象7进5

红方可兵五进一，炮2进1，相七进五，卒6平5，兵五平六，红方有对攻的机会，形势较好。

13. 兵九进一　马7退6　　　14. 车二退一　炮2进2
15. 兵九进一　卒1进1　　　16. 车九进五　马6进4
17. 车九平八　马4进3　　　18. 车八进二　车8进1

红方进车捉马毫无利益，不如炮五平三打车，消除右路的不安定因素，仍是复杂的对攻形势。

19. 马三进四　车7进8　　　20. 相七进五　车7平9

不如改走车7退8联车。红方少相，黑方仍有很多机会。

21. 炮五平四　前马进4（图37）

红方右路有一定的弱点，不得不防。如车八平七，车8平6，黑方占优势。

22. 炮四平六　车8平6

红方平炮六路防守，顾此失彼，形成被攻之势。应炮四进一，等待机会，足可应付。红方此时也不能车八平七吃马，因黑方有车8平7的攻法，红方败定。

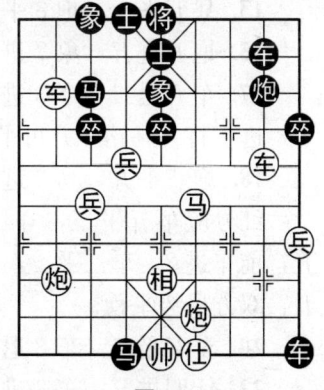

图37

23. 马四退三　炮 8 平 7　　　24. 车二进二　车 6 进 7

红方进车捉炮，贪于进攻而疏忽防守，造成败势。应车二退五兑车，车 9 平 8，马三退二，卒 3 进 1，炮八平六，马 3 进 4，车八退四，红方得子，较为有利。

25. 车二平三　车 6 平 4　　　26. 车八平七　车 4 平 7
27. 炮八退二　马 4 退 3　　　28. 相五退七　将 5 平 6

红方防守不够严谨，黑方巧妙形成杀势。黑胜。

第 38 局　郭瑞霞负王琳娜

1. 炮二平五　马 8 进 7　　　2. 马二进三　车 9 平 8
3. 车一平二　卒 7 进 1　　　4. 车二进六　马 2 进 3
5. 马八进七　马 7 进 6　　　6. 兵五进一　卒 7 进 1
7. 车二退一　卒 7 进 1

进卒换马力求抢攻，是一种变化，双方的争斗比较紧张。

8. 车二平四　卒 7 进 1　　　9. 车四平二　车 1 进 1
10. 兵五进一　车 1 平 8　　 11. 兵五进一　士 6 进 5
12. 车九进一　炮 2 进 1

可以炮 8 平 7，车二平三，卒 7 平 6，炮五进一，前车平六，黑方占先。

13. 兵五平六　炮 8 平 5　　 14. 车二平五　炮 2 平 4
15. 炮五进五　象 7 进 5　　 16. 炮八平三　前车进 3
17. 车五退二　卒 3 进 1

进卒打开马路，并可平车捉炮抢先，黑方局势已占主动。

18. 炮三平七　马 3 进 4　　 19. 车五进三　后车进 3

红方应车五平三，守住兵线要道。黑方如炮 4 平 5，马七进五，前车进 2，车三平二，车 8 进 6，炮五进四，车 8 平 5，车九平五，双方局势平稳。

20. 车五平二　车 8 退 1　　 21. 车九平三　炮 4 平 5
22. 仕四进五　车 8 进 3（图 38）

进车兵行线是取得优势的关键，黑方由此控制了局势，并可借机吃兵取得多卒之势，红方已难应付。

23．车三进五　炮5进2

红方如炮五进三，车8平3，车三进五，马4退3，车三退四，卒3进1，红方无子可动，仍难应付。

24．兵一进一　车8平6
25．相三进一　马4进3
26．炮五进一　将5平6
27．车三退六　卒3进1

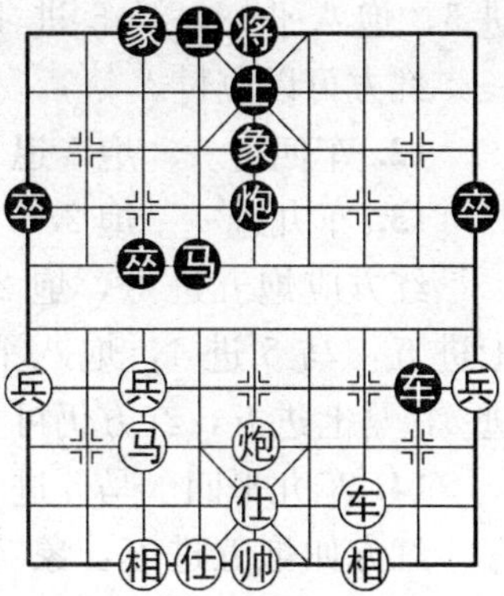

图38

红方各子被困，无子可动，黑方乘机过卒，胜局已定。

第39局　谢卓水负陈寒峰

1．炮二平五　马8进7	2．马二进三　车9平8
3．车一平二　卒7进1	4．车二进六　马2进3
5．马八进七　马7进6	6．兵五进一　卒7进1
7．车二退一　卒7进1	

如马6进4，兵三进一，马4进3，车九进一，红方弃子抢攻，比较好走。

8．车二平四　卒7进1

红方如兵五进一，马6退7，车二进一，卒7进1，马七进五，卒7进1，车九进一，卒7进1，红方弃子后不得便宜，黑方反占优势。

9．兵五进一　炮8平5

红方可车四平二，卒7平6，炮五进一，卒6进1，车九进一，卒6进1，帅五平四，双方混战，红方可应付。

10．兵五进一　马3进5
11．炮八进四（图39）　卒3进1

进炮打马不能对黑方构成有效打击，不如炮五进五兑炮，象3

进 5，炮八平三，马 5 进 4，车四退三，红方可以应付。

12. 车四进一　炮 5 退 1
13. 车九进一　炮 2 平 5

红方应炮五进六，炮 2 平 5，相七进五，马 5 进 4，炮八平五，士 4 进 5，马七进五，红方仍可支持下去。

14. 车九平四　马 5 进 4

红方如炮五进五，象 7 进 5，相三进五，车 1 平 2，黑方主动。

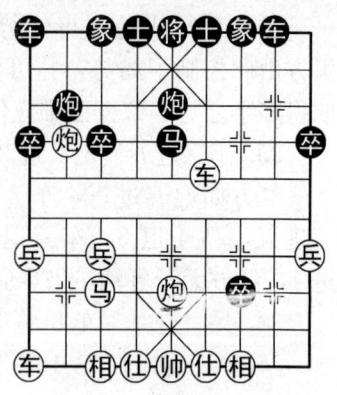

图 39

15. 仕四进五　后炮进 6
16. 相七进五　士 4 进 5
17. 马七进五　马 4 进 5
18. 炮八平五　马 5 进 3
19. 马五退六　将 5 平 4
20. 后车进四　车 1 进 2
21. 后车平六　车 1 平 4
22. 车六进二　士 5 进 4
23. 炮五退四　车 8 进 6
24. 帅五平四　士 6 进 5
25. 炮五平七　车 8 进 3
26. 马六进五　炮 5 平 6
27. 车四平三

红方无法防守，黑方胜局已定。

第 40 局　王琳娜负张国凤

1. 炮二平五　马 8 进 7
2. 马二进三　车 9 平 8
3. 车一平二　卒 7 进 1
4. 车二进六　马 2 进 3
5. 兵七进一　马 7 进 6
6. 马八进七　车 1 进 1
7. 兵五进一　卒 7 进 1
8. 车二平四　卒 7 进 1

红方如车二退一捉马，马 6 进 7，兵五进一，车 1 平 7，兵五进一，士 6 进 5，红方不好扩展攻势，但黑方却有一定的反击力，所以红方避开了这一变化。

9. 车四退一　卒 7 进 1
10. 马七进六　炮 2 进 3

红方进马河口，展开抢攻，局势比较紧张。如马七进五，伺机进取，比较稳健。

11. 马六进五　炮 2 平 5
12. 仕六进五　马 3 进 5
13. 炮八进四（图 40）　炮 8 平 7

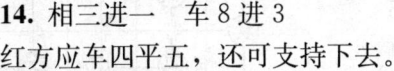

图 40

红方进炮落空。黑方平炮要杀之后加强了防守能力，红方从此形成败势。应改走车四平五捉子，以下黑方如炮 8 平 7，车五进一，士 6 进 5，相三进一，红方并不吃亏，足可对抗下去。

14. 相三进一　车 8 进 3
15. 车四平六　卒 7 平 6

红方应车四平五，还可支持下去。

16. 炮五进一　士 6 进 5
17. 车九平八　卒 6 进 1
18. 相一退三　炮 7 平 5
19. 车八进二　前炮进 3

红方如帅五平六，黑方仍前炮进 3，红方也难应付。

20. 仕四进五　卒 6 平 5

红方无法防守，黑方胜定。

第 41 局　胡荣华胜陈寒峰

1. 炮二平五　马 8 进 7
2. 马二进三　车 9 平 8
3. 车一平二　卒 7 进 1
4. 车二进六　马 2 进 3
5. 兵七进一　马 7 进 6
6. 马八进七　车 1 进 1
7. 兵五进一　卒 7 进 1
8. 车二平四　卒 7 进 1

如马 6 进 7，兵五进一，车 1 平 7，成另一路变化。

9. 兵五进一　卒 7 进 1

红方进中兵是创新之着，以往多走车四退一，红方的攻势容易受到阻击。

10. 兵五进一　士 4 进 5
11. 车四退一　炮 2 进 1

如炮 8 平 7，兵五平六，象 3 进 5，相三进一，车 1 平 4，炮八进四，红占优。

12. 兵五平四　炮8平5

红方平四路兵是佳着。如马七进五，炮2平5，炮五进四，马3进5，车四平五，炮8平5，车五进一，车8进6，相七进五，炮5进4，仕六进五，卒7进1，黑方占优势。

13. 仕六进五　车1平4（图41）

黑方平车抢占要道，并不是紧要之着，应防止红方进中马抢攻。可车8进6，炮五进一，虽然形势不太好，但有机会对抗。

14. 马七进五　马3进5
15. 马五进六　马5进4
16. 炮八平六　车4平2

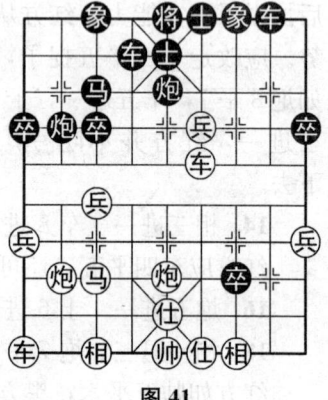

图41

红方平炮兑车是保持攻势的关键之着。如车四平三，马4进6，黑方有攻势。

17. 炮五进二　炮2进1　　**18.** 马六进五　象7进5
19. 车四平六　马4进3　　**20.** 炮五退二　炮2进5

红方退炮打马，迫黑方打将逃马，攻势更强大。

21. 相七进九　卒7进1

如马3退1，炮六平三，红方胜势。

22. 炮五平七　卒7平6　　**23.** 炮六平五　车8进6
24. 炮五进三　车2退1　　**25.** 帅五平六　象3进1
26. 车九进一　卒6平5　　**27.** 车九平五　车8平6
28. 炮七平三

红方攻势强大，运子巧妙，战术组合效果较好，取得胜局。

第42局　王斌负许银川

1. 炮二平五　马8进7　　**2.** 马二进三　车9平8

中炮过河车七路马对屏风马左马盘河

3. 车一平二　卒7进1　　4. 车二进六　马2进3
5. 马八进七　马7进6　　6. 兵七进一　车1进1
7. 兵五进一　卒7进1　　8. 车二平四　马6进7

红方如车二退一，马6进7，兵五进一，车1平7，马七进六，卒7平6，车二进一，双方局势比较紧张，形成复杂的对攻形势。

9. 兵五进一　车1平7　　10. 兵五进一　士6进5
11. 马三进五　炮8进7　　12. 兵五平六　炮8平9
13. 车九进一　象7进5　　14. 车九平三　车8进9
15. 兵六平七　炮9平7　　16. 帅五进一　车7平8
17. 炮八退一　马3退2

双方在对攻中争夺激烈。红方虽然失去一相，老帅又不安于位，但黑方一时没有连攻手段，红方并不难走。

18. 马五进六　马2进1　　19. 前兵进一　后车进3
20. 马七进五　炮2进5　　21. 前兵平八　炮2平1
22. 炮八平九　炮1平3　　23. 炮九平七　炮7平4

黑方边马被吃死，只好炮打六路仕，在混乱中寻求出路。

24. 兵八平九　炮4退3　　25. 马六进八　马7进5
26. 相七进五　后车平2　　27. 车三平二　车8退1
28. 炮七平二　卒7进1
29. 马五进四　卒7进1
30. 马四进二（图42）　炮4退5

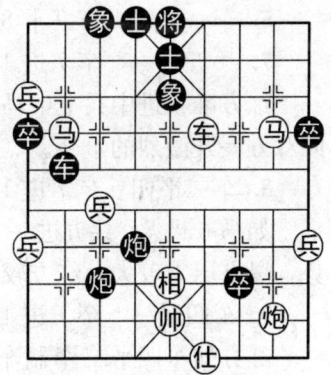

图42

红方进马过于急躁。应兵七进一捉车，车2平3，炮二进四，车3进2，马四进二，炮4退5，炮二平五，红方各子组成攻势，已成胜势。

31. 炮二进三　卒7平6

红方在这紧要关头，应兵七进一献兵。以下黑方如车2平3，炮二进三，卒7平6，炮二平五，车3平5，马八进七，士5进4，马二进四，将5进1，车四退二，车5退1，马四退三，车5进1，车四进三，炮 3 退 5，车四退五，红方多子有攻势，胜局已定。

32. 炮二平五　车 2 平 5　　33. 车四退二　车 5 退 1
34. 马八退六　车 5 平 8

不如马二退四，因有马四进三的攻势，形势比较有利。

35. 马六进五　车 8 平 5　　36. 马五退三　炮 4 进 1
37. 车四平二　炮 4 平 5

红方平车失去机会。应马三进一，炮 4 平 8，车四平二，卒 6 平 5，帅五退一，卒 5 平 6，帅五平六，黑方仍处下风。

38. 马三进五　象 3 进 5　　39. 前兵平八　炮 3 平 2
40. 兵七进一　炮 2 退 2　　41. 炮五进三　车 5 退 1
42. 车二平八　卒 6 平 5　　43. 帅五退一　卒 5 平 4
44. 仕四进五　卒 4 进 1

红方久攻不下，反被黑方车卒构成杀势，可惜。黑胜。

第 43 局　孟立国胜刘忆慈

1. 炮二平五　马 8 进 7　　2. 马二进三　马 2 进 3
3. 兵七进一　卒 7 进 1　　4. 马八进七　象 3 进 5
5. 车一平二　车 9 平 8　　6. 车二进六　马 7 进 6
7. 兵五进一　卒 7 进 1

红方准备进中兵上中马进攻，黑方只好进 7 路卒提车反击，由此双方展开激烈的争夺。

8. 车二平四　卒 7 进 1

如马 6 进 7，兵五进一，卒 5 进 1，马三进五，红方中路有攻势，黑方压力较大，红方较为好走。

9. 车四退一　卒 7 进 1　　10. 兵五进一　炮 8 平 7

红方如车四平二牵制车炮，卒 7 平 6，炮五进一，卒 6 进 1，车九进一，卒 6 进 1，帅五平四，车 8 进 1，兵五进一，车 8 平 7，相三进一，炮 8 平 6，兵五进一，士 4 进 5，兵五平六，黑方阵型严谨，足可应付。

11. 相三进一　士4进5
12. 马七进五　车8进6（图43）
13. 马五进六　炮2进2

红方如马五进三，炮2进3，红方并不好走。此时红方也可马五退三吃卒，减轻压力。

14. 兵七进一　卒3进1
15. 炮八平三　马3进4

红方用七路兵换取7路卒，并不上算，但又只好这样走。

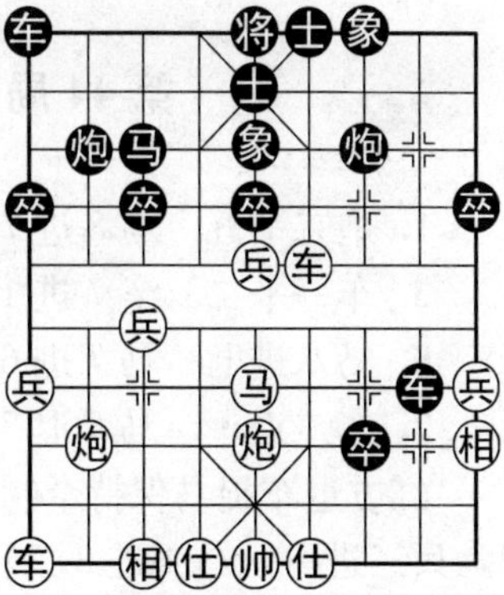

16. 兵五平六　车8平4
17. 车四进一　炮2平4
18. 车四平五　车1平4
19. 仕四进五　炮7进4
20. 车九平八　炮7平5
21. 帅五平四　炮4进5

打仕意欲求胜，比较冒险，不如采取稳健的策略。

22. 车八进七　后车进2

进车伏下杀象攻击的手段，是力争从中路突破的好着。如仕五退六，前车进3，帅四进一，后车进6，车五平四，前车平8，炮五退一，车4进2，车八进九，车4退8，车八退六，车4进9，炮三退二，车4退1，车八进六，车4退8，形成和局。

23. 车八进二　后车退2
24. 车八退二　后车进2
25. 车八进二　后车退2
26. 车八退二　炮5进2

黑方应力求兑车，保持平稳局势，不变作和也不要强求，否则红方有机可乘。

27. 车五平四　前车平5
28. 相一进三　象7进9

此时只有车5进1砍炮才能解围，如走炮5平7和象7进9没有什么两样，红方仍可炮三进七打象成杀。

29. 车四进三

以下士5退6，车八平五，士6进5，车五进一，红胜。

图43

第 44 局　周剑武胜刘武鸣

1. 炮二平五　马 8 进 7　　　2. 马二进三　车 9 平 8
3. 车一平二　卒 7 进 1　　　4. 车二进六　马 2 进 3
5. 马八进七　马 7 进 6　　　6. 兵五进一　卒 7 进 1
7. 车二退一　马 6 退 7

红方退车捉马保持牵制车炮的作用。如车二平四捉马，马 6 进 4，兵三进一，马 4 进 3，车九进一，炮 2 进 4，车九平六，前马退 5，红方少子，不易控制局势。

8. 车二进一　马 7 进 6

如卒 7 进 1，兵五进一，卒 7 进 1，兵五进一，士 4 进 5，兵五平六，象 3 进 5，马七进五，红方弃子有攻势。

9. 车二退一　马 6 进 7

红方在第八回合时不走车二进一，而改走车二平三捉 7 路卒，则卒 7 平 6，兵五进一，士 4 进 5，车九进一，象 7 进 9，车三进一，卒 5 进 1，车九平四，卒 6 平 5，炮五进三，马 7 进 5，兵七进一，炮 8 平 5，车四进四，车 8 平 7，车三进三，象 9 退 7，仕四进五，马 5 退 7，车四进一，马 3 进 5，炮五进二，象 7 进 5，炮八进二，卒 3 进 1，黑方好走。

10. 兵五进一　士 4 进 5　　　11. 马三进五　卒 7 平 6

红方不如兵五进一或兵五平六，牵制黑方子力，比较稳健。

12. 车二退二　马 7 退 5　　　13. 炮八进二　卒 5 进 1

红方进河口炮打卒是争先之着。如车九进一，卒 5 进 1，车九平四，卒 6 进 1，车二平四，炮 8 平 5，前车进三，炮 5 进 1，马五进三，象 3 进 5，前车退一，马 5 退 7，前车平五，卒 3 进 1，伏下炮 2 进 2 逐车的反击手段，黑方比较好走。此时黑方如卒 6 进 1，车二平四，马 5 退 7，车四平三，象 3 进 5，兵五平四，炮 8 平 7，炮八平三，马 7 进 9，炮三平二，红方占优势。

14. 炮八平四　车 8 进 1　　　15. 车九平八　车 8 平 6

16. 炮四平三	车1平2	17. 车八进六	车6进2
18. 车二进二	马5进3	19. 炮三平七	前马进5

红方平七路炮是好着，打乱了黑方的防守形势，扩大了优势。

20. 相三进五	卒5进1	21. 马五进三	车6退1
22. 车八平七	炮2退1		
23. 马三进四	炮2平3		
24. 车七平六	马3进2		
25. 炮七进一	（图44）	象3进5	

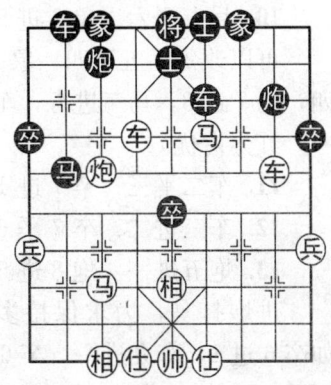

图44

黑方如炮3进6打马，车二进二，以下红方有炮七平五的攻势，黑方不好应付。

26. 车二进二	车6平8		
27. 马四进二	车2平4		
28. 车六进三	将5平4		
29. 炮七平二	炮3进5	30. 马二退四	马2进4
31. 马四退五	马4进3	32. 马五退七	马3退1
33. 炮二退三	卒1进1	34. 仕四进五	将4平5
35. 相七进九	士5进4	36. 兵一进一	士6进5
37. 仕五进六	士5退6	38. 仕六进五	士6进5
39. 相五退七	将5平6	40. 炮二平一	将6平5
41. 炮一进四			

黑马被困，边兵可以长驱直入，红方胜局已定。

第45局 牛保明胜王志锋

1. 炮二平五	马8进7	2. 马二进三	车9平8
3. 车一平二	卒7进1	4. 车二进六	马2进3
5. 马八进七	马7进6	6. 兵五进一	卒7进1
7. 车二退一	卒7进1		

冲卒捉马，展开对攻，局势比较紧张。如马6进4，兵三进

一，马4进3，车九进一，炮2进4，车九平六，马3退5，马三进五，炮2平5，仕四进五，车1平2，炮八平九，红方弃子有攻势，比较占便宜。

8. 兵五进一　马6退7　　**9. 兵五进一　士4进5**

10. 兵五平六　象3进5

可以改走兵五平四，象3进5，兵四平三，炮8平9，车二进四，马7退8，马三进五，车1平4，马五进三，马3进5，车九进一，红方占优。

11. 车二平三　卒7进1

12. 车三进二　卒7平6

13. 炮五进一　炮8进5（图45）

进炮打马，力求保持多子之势。如卒6进1，车九进一，卒6进1，帅五平四，炮8进7，相三进一，车1平4，车三退一，炮8平9，车三平四，红方占优。

14. 炮八平四　炮8平3

红方弃马打卒，可以发动攻势，是正确的走法。

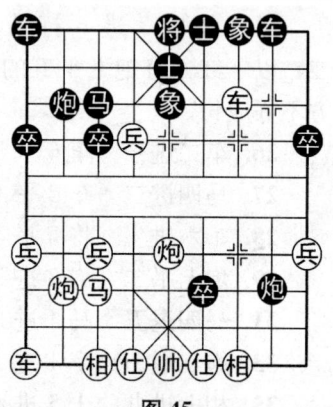

图45

15. 炮四平三　炮2进4

如象7进9，兵六进一，炮2平4，车三平五，车8进6，炮三平五，将5平4，车九进二，红方胜势。

16. 炮五进一　将5平4　　**17. 车九进二　车8进5**

18. 炮五平三　象7进9　　**19. 后炮平六　将4平5**

20. 炮六进二　车8退2　　**21. 车三平五　车8平4**

22. 车五平一　车4平7　　**23. 炮三平五　马3进5**

红方不急于吃炮，而是借机吃去双象发动攻击，凶悍。

24. 车九平七　车1平4　　**25. 炮六进三　炮2平9**

26. 炮六平五　士5进6　　**27. 车一平四　车4进5**

28. 车七平八　车7进6　　**29. 车八进七　车4退5**

30. 前炮平九　士6进5
31. 车四平二　将5平6
32. 车八平六　士5退4
33. 车二平四　马5退6
34. 炮九进二　士4进5
35. 炮五平八

黑方无法解救，红胜。

第46局　刘剑青胜何顺安

1. 炮二平五　马8进7
2. 马二进三　车9平8
3. 车一平二　马2进3
4. 兵七进一　卒7进1
5. 车二进六　马7进6
6. 马八进七　象3进5
7. 兵五进一　士4进5

以上士应对冲中兵比较软弱，不如卒7进1有力。

8. 兵五进一　卒5进1
9. 马七进五　马6进5

如卒5进1，炮五进二，马6进5，马三进五，车1平4，马五退七，车4进6，炮八平九，车4平2，相七进五，车2进1，马七进五，红方优势。

10. 马三进五　车1平4
11. 马五进四　车8进1
12. 炮八平九　炮2进1

打车企图摆脱车炮的牵制。如车4进6，车九平八，炮2进4，马四进五，红方占优势。

13. 车二平七　炮8进7（图46）
14. 马四进五　象7进5

红方弃马抢攻，凶悍有力，是取势的关键。如车七平八吃炮，车4进8，黑方有攻势。此刻黑方上中象吃马无可奈何。如车4进8，马五进七，将5平4，炮九平六，车4退1，仕六进五，车4退6，车七进一，红方胜势。

15. 炮五进五　士5进6

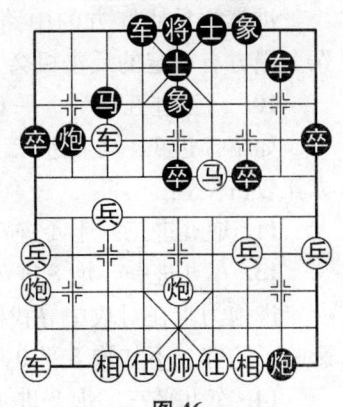

图46

16. 车九平八　马3退1　　17. 炮五平九　炮8退4

红方平边炮捉炮，抢先的佳着。此时黑方如炮2退2，后炮平五，炮2平5，车八进八，红方占优。

18. 车七平五　车8平5　　19. 前炮平五　车5平4
20. 炮五退二　士6进5　　21. 车五平八　将5平6

红方抽炮弃仕，算度准确，在有惊无险中夺得胜势。

22. 炮九平四　炮8平6　　23. 前车平二　前车进8
24. 帅五进一　炮6退1　　25. 炮五进一　炮6退1
26. 车二平四　后车进8　　27. 帅五进一　士5进4
28. 车八进九　将6进1　　29. 车八退一　将6退1
30. 车四平一

红方车炮攻杀构成杀势，红胜。

第47局　许银川胜卜凤波

1. 炮二平五　马8进7　　2. 马二进三　车9平8
3. 车一平二　马2进3　　4. 兵七进一　卒7进1
5. 车二进六　马7进6　　6. 马八进七　象3进5
7. 兵五进一　卒7进1　　8. 车二平四　马6进7
9. 兵五进一　卒5进1

进卒吃兵使红方的中路攻势扩大。可士4进5，以后变化复杂，黑方有一定的反击机会。

10. 马三进五　卒7平6

如卒5进1，马五进三，炮8平7，车四退三，双方对攻，红方比较占便宜。

11. 炮五进三　士4进5　　12. 车四退二　车1平4
13. 车九进一　炮8进7

进炮力求在对攻中寻找机会，但不能形成实质性的威胁，反而影响了防守。不如炮8平9，在坚守中等待机会。

14. 车九平三　炮2进4　　15. 马五进三　车4进6

16. 马三进四　炮2退5

退炮防守必然，否则红方有车四平六兑车之着，黑方更加不利。

17. 炮五退二　马7进8

18. 车四退三　车4平3（图47）

红方利用围困黑马的机会，使车马炮占据了有利的位置，并力争谋子取势，迫使黑方在困境中反抗。

19. 车四平七　马3进5

红方平车保七路马，佳着。因下一手红方有马四退六捉车马的先手，看黑方如何应付，再谋攻击办法，由此扩大了优势。

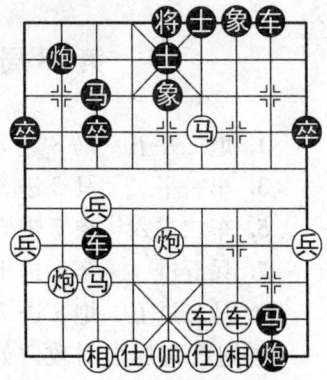

图47

20. 车三平二　车8进8

红方如马四退五捉车，马5进4，红方不占便宜。

21. 车七平二　炮8平9

如车3进1吃马，炮八进四，车3平6，车二退一，车6退4，黑方车马受牵制，形势仍然不利。

22. 车二进一　马5进4　　**23. 马四退五　车3进1**
24. 车二平七　马4进3　　**25. 炮五平七　炮9平8**

平炮打卒并困住黑马，红方由此控制了局势，扩大了攻势。

26. 马五进六　卒9进1　　**27. 炮七进三　马3退4**
28. 马六进七　将5平4　　**29. 炮七平六　炮8退8**
30. 马七退八　卒1进1　　**31. 炮八平九　马4进6**
32. 仕六进五　将4平5　　**33. 炮九进三　炮2平4**
34. 炮六退五　炮8平9　　**35. 炮九进三　炮9平5**

边炮打兵造成失子，不如炮9平7，在防守中寻求谋和机会。

36. 马八进七　炮9平7　　**37. 仕五进六　炮7退5**
38. 炮九平六　炮7平4　　**39. 炮六进七**

红方多子，胜局已定。

第48局　金启昌负杨官璘

1. 炮二平五　马8进7
2. 马二进三　车9平8
3. 车一平二　马2进3
4. 兵七进一　卒7进1
5. 车二进六　象7进5
6. 马八进七　马7进6
7. 兵五进一　卒7进1
8. 车二平四　马6进7
9. 马三进五　炮8进7

进炮底路加强对攻。如炮8进5打马，牵制红方的攻势，变化也很激烈。

10. 马五进三（图48）　车8进5

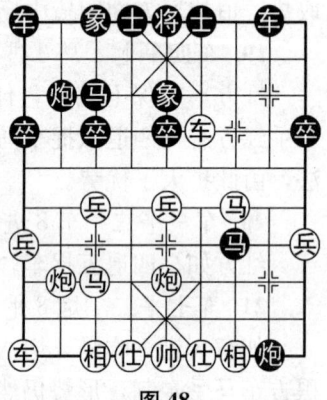

图48

红方进马吃7路卒，企图阻止黑方炮8平9之后，再走车8进9的攻势。此时红方如车九进一，炮8平9，马五进三，车8进9，车九平三，炮9平7，帅五进一，马7进5，车三平四，士4进5，相七进五，炮2退1，炮八退一，车1进2，后车平二，车1平2，炮八平六，车8平9，车二平一，车9退1，炮六平一，炮7退1，炮一进五，双方对攻，红方比较好走。

11. 马七进五　车1进1

也可以炮2进3牵制红方子力，阻挡红方攻势。

12. 炮八进一　马7进5
13. 相七进五　炮2进3
14. 兵五进一　车1平4
15. 兵五平六　炮2平7
16. 相五进三　炮8平9
17. 车九平八　车8进4

红方如车九进二，车4平2，车九平四，士4进5，后车平八，红方仍占先手。

18. 相三退五　车8退2
19. 车八进二　车4平7
20. 炮八进三　车7进5

红方进炮打卒是一步假着，招致局势失利。应车八平七防守，仍占优势。

21. 马五进四　车7进3　22. 相五退三　车8平2
23. 马四进二　士4进5

红方进马构不成威胁，不如炮八平五兑子，局势还可支持。

24. 兵六平五　车2退4

红方平兵效力不大。不如兵六进一，车2退4，马二进三，将5平4，兵六进一，马3退1，兵六平五，象3进5，马三退五，将4平5，车四平五，红方还有一定的攻势。

25. 兵五进一　卒3进1　26. 马二进三　将5平4
27. 车四退三　车2平5　28. 仕六进五　将4进1

黑方多子有攻势，胜局已定。

第49局　季本涵负杨官璘

1. 炮二平五　马8进7　2. 马二进三　车9平8
3. 车一平二　马2进3　4. 兵七进一　卒7进1
5. 车二进六　马7进6　6. 马八进七　象3进5
7. 兵五进一　卒7进1　8. 车二平四　卒7进1
9. 车四退一　卒7进1　10. 车四平二　车1进1

如卒7平6，炮五进一，卒6进1，车九进一，卒6进1，帅五平四，车8进1，车九平三，士4进5，车三进六，卒3进1，车三平二，车8平7，相三进五，卒3进1，黑方弃子有攻势。

11. 兵五进一　卒5进1
12. 车二平五（图49）　士4进5

红方平车吃中卒，放弃对车炮的牵制，是不明智的攻法。不如马七进五，车1平7，马五进六，车8进1，马六进七，炮8平3，车二平五，士6

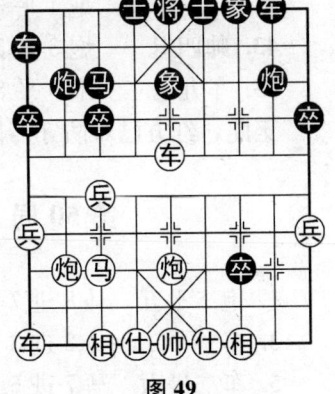

图49

进5,炮八平六,红方优势。

13. 马七进五　炮8平7　　　14. 相三进一　卒7进1
15. 车九进一　车8进8　　　16. 炮八退一　车8退2
17. 炮八进二　车8进2　　　18. 车五平四　车1平4
19. 马五进六　车8退2

不如卒7平6较为紧凑,炮八平三,炮7平6,黑方好走。

20. 炮八退三　车8平7

红方退炮出于无可奈何。如炮八平五,炮2进2,马六进七,炮2进5,仕四进五,车8平5,黑方优势。

21. 仕四进五　炮2进5　　　22. 马六进七　炮7平3
23. 车九平八　炮2平9　　　24. 车八进八　车4退1
25. 帅五平四　卒7进1　　　26. 帅四进一　车7进2
27. 帅四进一　炮9平5　　　28. 车八平六　将5平4
29. 相七进五　车7退1　　　30. 帅四退一　炮3平1

双方都是车炮兵,但红方少相,形势又不好,已成败势。

31. 车四进一　炮1进4　　　32. 车四平七　卒1进1
33. 车七平一　卒1进1　　　34. 兵七进一　炮1进1
35. 仕五进六　车7进1　　　36. 帅四进一　车7退2
37. 车一平六　将4平5　　　38. 帅四退一　卒1平1
39. 车六退二　车7进2　　　40. 帅四退一　卒2进1
41. 车六平九　炮1平3　　　42. 车九退二　车7退1
43. 帅四退一　炮3平5　　　44. 车九进七　士5退4
45. 车九退三　炮5平8

至此,红方已难防守,黑方胜局已定。

第50局　言穆江和杨官璘

1. 炮二平五　马8进7　　　2. 马二进三　车9平8
3. 车一平二　马2进3　　　4. 兵七进一　卒7进1
5. 车二进六　马7进6　　　6. 马八进七　象3进5

7. 兵五进一　卒7进1　　　　8. 车二平四　卒7进1
9. 车四退一　卒7进1　　　　10. 车四平二　卒7平6
11. 炮五进一　卒6进1　　　　12. 车九进一　卒6进1
13. 帅五平四　车8进1　　　　14. 车九平三　士4进5
15. 帅四平五　炮2退1

红方平帅是稳健之着。如车三进六，卒3进1，车三平二，车8平7，相三进五，卒3进1，黑方弃子有攻势。

16. 车三进六　炮8平9　　　　17. 车二进三　炮2平8
18. 马七进八　炮9进4　　　　19. 炮五平三　炮9进3

红方平炮三路发动攻势，是紧凑的攻击手段，迫使黑方应付。

20. 帅五进一　士5进6

上士可以化解红方的攻势，并准备出动右车展开反攻。

21. 车三平四（图50）　车1平4

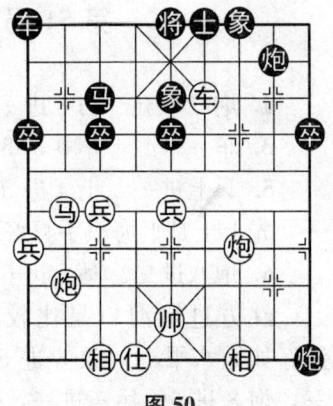

图50

红方平车吃士是谋取稳攻的一种方法。如一味急攻而走炮八平三，士6进5，前炮进六，象5退7，炮三进七，车1进2，炮三平二，将5平4，车三进二，将4进1，车三退一，车1平2，马八进七，炮8进7，炮二退一，车2进6，帅五进一，炮9退1，红方形势反而不好。

22. 车四平二　车4进6　　　　23. 车二进一　车4平7
24. 马八进七　车7进2　　　　25. 帅五进一　车7平3
26. 车二平七　车3退1　　　　27. 帅五退一　车3平2
28. 车七退一　车2进1　　　　29. 帅五进一　车2退2

双方经过一阵交换子力之后，黑方子力位置较好，占有主动。

30. 车七平九　炮9平4

也可以车2平5，帅五平六，车5退1，车九进二，将5进1，相七进九，车5进1，黑方比较好一些。

31. 帅五退一　士6进5　　　　32. 车九退一　炮4退7

33. 相三进五　卒9进1
35. 马七退五　卒9进1
37. 车六退二　卒9进1
39. 帅五退一　卒9进1
41. 马五进六　士5进4
43. 相五退三　卒9平8
45. 相七进九　车8进1

34. 兵五进一　卒5进1
36. 车九平六　车2平1
38. 车六退一　车1进2
40. 兵七进一　象5进3
42. 车六平五　象7进5
44. 车五退一　车1平8
46. 帅五进一

红方上帅之后，车卒仍被牵制，巧妙成为和局。

第51局　郭长顺胜陈孝坤

1. 炮二平五　马8进7
3. 车一平二　车9平8
5. 兵七进一　士4进5

2. 马二进三　卒7进1
4. 车二进六　马2进3

先上士是上海棋手喜好的应法。

6. 炮八进二　马7进6（图51）

红方进炮河口是比较理想的攻法。如炮八平七，象3进5，车二平三，炮8进6，兵三进一，炮8平7，兵三进一，车1平4，马八进九，车4进8，车九平八，炮2进6，双方各有攻守，变化复杂，哪方能占得便宜，一时难下结论。

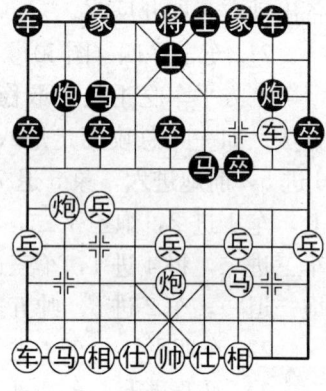

图51

7. 马八进七　卒7进1
9. 马三退五　马6退4
11. 炮八退一　象7进5
13. 车九平八　车8平7

8. 车二平四　卒7进1
10. 车四退二　炮2进1
12. 炮八平三　车1平2
14. 炮三平四　车7进8

红方不如炮三平二，封住黑方8路炮的攻势，比较稳健。

15. 炮四平二　卒3进1

不如炮2进5较为平稳，以下可车7平6兑车，形势仍可应付。

16. 兵七进一　马 4 进 2　　　17. 车八平九　象 5 进 3
18. 炮五平三　象 3 退 5　　　19. 炮二平三　车 7 平 8
20. 车四进四　士 5 进 6

红方进车要杀，迫使黑方防守。此时可走士 5 退 4，以后变化较多。

21. 前炮进六　士 6 进 5　　　22. 后炮平四　士 5 退 4
23. 炮三平一　马 2 进 3　　　24. 炮四进一　后马进 2
25. 车四进一　将 5 进 1　　　26. 车四平六　车 2 进 2
27. 车九进一　炮 8 进 1　　　28. 车九平六　炮 2 平 4
29. 前车平二　车 8 平 7　　　30. 炮四进三　卒 5 进 1
31. 炮四平一　炮 8 进 5　　　32. 马五进三

红方进马弃车展开攻势。黑方如车 7 平 4，车二退一，将 5 退 1，后炮平三，红胜。

第 52 局　景学义胜聂铁文

1. 炮二平五　马 8 进 7　　　2. 马二进三　车 9 平 8
3. 车一平二　马 2 进 3　　　4. 兵七进一　卒 7 进 1
5. 车二进六　马 7 进 6　　　6. 马八进七　车 1 进 1
7. 炮八进四　车 1 平 6

红方进炮打中卒是创新攻法。如兵五进一，卒 7 进 1，车二平四，马 6 进 8，形成对攻之势，变化比较复杂。此刻黑方平车过宫，企图对抢先手，是一步比较冒险的走法。如象 7 进 5，炮八平五，马 3 进 5，炮五进四，士 6 进 5，车九平八，车 8 平 6，兵五进一，卒 7 进 1，车二退一，车 6 进 3，兵五进一，马 6 退 8，车二平三，车 6 平 5，兵五进一，象 5 进 7，车八进七，红方先手。

8. 车二退二　马 6 进 7

红方退车河口，防止卒 7 进 1 的反击，造成不必要的对攻。

9. 马七进六　马 7 进 5　　　10. 相七进五　车 8 进 1

如士 6 进 5，马六进五，马 3 进 5，炮八平五，炮 2 平 5，仕六进五，红方占优势。

11. 马六进五　马3进5
12. 炮八平五　炮2进5（图52）
13. 车九平八　炮2平7

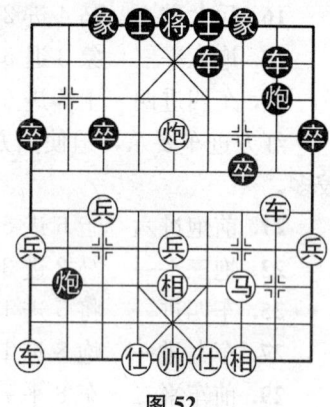

图 52

红方出车捉炮弃马，是紧凑有力的抢先之着，由此加快了攻击速度，使形势更加有利。

14. 车八进七　车6进2
15. 炮五退一　车6进1
16. 炮五退一　车8平6
17. 仕六进五　后车进1

弃炮兑车，无可奈何之举。如炮8平6，车八平六，伏下帅五平六的攻势，黑方难应付。

18. 车二进三　后车平8　　**19.** 车八平二　车6进2
20. 车二平五　士6进5

不如士4进5，车五平七，士5退4，还可应付下去。

21. 车五平三　将5平6

应士5退6，尚可支持。

22. 车三退二　炮7退1　　**23.** 车三进四　将6进1
24. 炮五平六　炮7平5　　**25.** 炮六进四　士5进6
26. 车三退三　炮5平9　　**27.** 车三平七　车6平4
28. 车七平一　炮9平1　　**29.** 兵七进一　将6平5

红方渡七路兵助战，可以形成杀势，黑方已难应付。

30. 炮六退三　象3进5　　**31.** 车一平六　车4平3
32. 兵七进一　将5退1　　**33.** 炮六进四　车3平2
34. 仕五进四　士6退5　　**35.** 炮六退一　车2进3
36. 帅五进一　车2退7　　**37.** 车六平五　卒1进1
38. 炮六退五　卒1进1　　**39.** 炮六平五　将5平4
40. 车五平六　士5进4　　**41.** 车六退二

黑方无法阻挡车炮兵的攻势，败局已定。

第53局　许银川胜刘殿中

1. 炮二平五　马8进7
2. 马二进三　卒7进1
3. 车一平二　车9平8
4. 车二进六　马2进3
5. 马八进七　马7进6
6. 兵七进一　象3进5
7. 炮八进一　卒7进1

红方左炮进一步，形成了高左炮的攻防体系，但由于受到黑方的强烈反击，所以近时很少这样走。

8. 车二平四　马6进7
9. 炮五平四　炮8进5

进炮兑子容易吃亏，不如车1进1，对防守比较有利。

10. 相七进五　炮8平6

红方上中相稳健。如炮四进七打士，象7进9，炮四退二，车8平6，红方并不好走。

11. 车四退四　炮2进2
12. 相五进三　炮2平7
13. 马七进六　车1平2

如车8进1，马六进四，车8平6，车九进二，红方占优。

14. 马六进四　车2进6

不如车8进6，炮八平七，卒5进1。黑方虽然形势落后，但还可应付。

15. 马四进三　士4进5
16. 马三进二　车2平5
17. 仕四进五　车5平2
18. 车九进二　马7退5
19. 车四进二　卒5进1
20. 相三退一　卒3进1
21. 马三进二　卒3进1
22. 马二进三　炮7进2
23. 帅五平四（图53）　卒3平4

黑方不如炮7平1打边兵，牵制

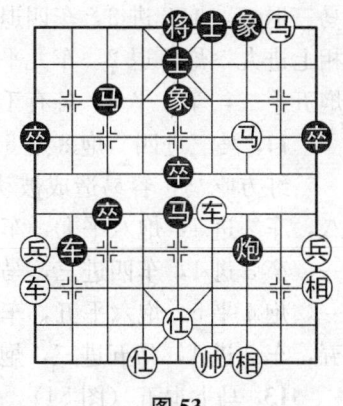

图53

左车的活动，还可反抗一阵。

24. 车九平七　马3进5　　　**25.** 车七进四　马5进3
26. 马二退一　车2退4

红方退马弃子发动攻势，凶悍。

27. 马一进三　炮7退5　　　**28.** 车四进四　炮7进1
29. 马三进五　车2平3　　　**30.** 马五进三

红方精妙的两次献马进攻，打开了黑方防线，取得胜局。

第54局　胡建生负郑日福

1. 炮二平五　马8进7　　　**2.** 马二进三　车9平8
3. 车一平二　马2进3　　　**4.** 兵七进一　卒7进1
5. 车二进六　马7进6　　　**6.** 马八进七　象3进5
7. 炮八进一　士4进5

上士防守，准备弃子抢攻。

8. 车二平四　炮8进2　　　**9.** 兵三进一　炮2进2

红方如炮八平七，炮2进1，炮七进三，车1平4，车九平八，马3退1，黑方可以应付。

10. 兵三进一　炮2平7

红方若炮八平七威胁3路马，炮2平4，兵三进一，炮4平7，马三退一，炮8进3，车四退一，炮8平3，马一进二，车8进5，相七进九，炮7退2，车九平七，炮3平2，车四退一，车8退1，炮五平二，车8平2，各有千秋。

11. 马三进四　炮8进5　　　**12.** 车四退一　车8进7

红方吃马，容易造成被动。可以炮五平六，车1平2，车九平八，车2进4，炮八平七，车8进5，车八进五，炮7平2，车四退一，卒3进1，车四进三，马3进4，马四进六，炮2平4，兵七进一，炮4平5，炮六平五，车8平3，炮五进三，卒5进1，马七退五，车3进1，马五进三，炮8退5，形成平稳之势。

13. 马七退五（图54）　车1平4

红方退中马力图解救右路的受攻之势，但已无济无事。如车九进一，车8平6，车九平二，车6进2，帅五进一，车6平7，炮五平三，这样铤而走险，势必有一阵混战，也许还有一定的反扑机会。

14. 炮八平六　　车8平6
15. 马五进三　　炮7进5
16. 帅五进一　　炮8退1
17. 车九平八　　车4进6
18. 马四退六　　车6退3

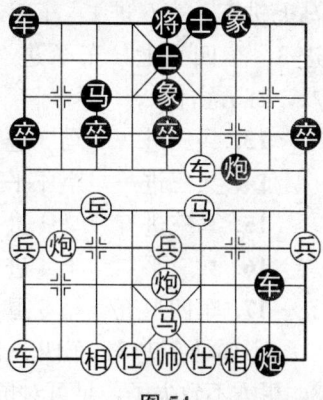

图54

19. 车八进七　　炮7退1

红方不如炮五平九，炮7退1，帅五进一，红方还可支撑下去。

20. 帅五退一　　车6进4
21. 仕四进五　　炮7进1
22. 马三退二　　炮8退2

以下红方如马二进一，车6平9，炮五平二，车9退1，黑方得子胜定。

第55局　钱洪发和韩福德

1. 炮二平五　　马8进7　　2. 马二进三　　车9平8
3. 车一平二　　卒7进1　　4. 车二进六　　马2进3
5. 兵七进一　　马7进6　　6. 马八进七　　象3进5
7. 炮八进一　　炮2进1

进炮打算弃马进卒争先，是变化复杂的对攻战术。

8. 车二平四　　卒3进1　　9. 车四退一　　卒3进1
10. 兵五进一　　卒3进1（图55）

红方如车九进二，卒3进1，炮八退二，士4进5，炮八平七，炮8进2，车四退一，马3进2，黑方弃子抢攻，各有千秋。

11. 马七进五　　炮8进2　　12. 车四进三　　卒3平4

如卒3平2吃炮，马五进七，炮2平3，兵五进一，炮8平5，马七进五，卒5进1，车四退二，炮3进3，车四平七，车1进2，车九平八，红方占优。

13. 兵三进一　马3进4
14. 兵三进一　卒4平5
15. 马三进五　马4进5
16. 兵三平二　士4进5
17. 车四退五　马5退3

不如马5进3，车四平七，车1平3，黑方不致失子，足可对抗。

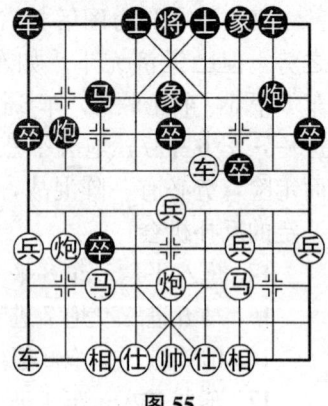

图 55

18. 车四平七　马3退4

不如车1平3保马，比较平稳。

19. 车七进三　马4进5

如车1平4，车七平八，马4进3，车八退一，马3进4，帅五进一，卒5进1，兵五进一，车8进4，炮八平四，车8进4，炮四退二，马4退5，黑方也有一定的反击机会。

20. 炮八平五　马5退3　　21. 车七平八　车8进4
22. 车九进一　车8进2

红方不如车八平七牵制河口马，车1平2，车九进一，车2进6，前炮进四，象7进5，炮五进五，士5退4，炮五平七，车8平5，相三进五，马3进4，车九平四，红方占优势。

23. 前炮进四　象7进5　　24. 炮五进五　士5退4
25. 车八平七　车8退4　　26. 炮五平七　车1平3
27. 炮七进一　车8退1　　28. 炮七退一　车8进1
29. 炮七进一　马3退4　　30. 车七平五　士4进5
31. 炮七退二　卒9进1　　32. 车九平三　车8平6
33. 车五平一　马3进2　　34. 车三平八　马4进6
35. 车八平四　马6退4　　36. 炮七平五　车6平5
37. 炮五退四　马3进7　　38. 车四平六　马4退6
39. 车一平九　车3退9　　40. 炮五退一　马6进8

41. 车九平四　车 3 进 3　　42. 车四进一　车 3 平 5

红方应车六平八要杀，将 5 平 4，车四进三，将 4 进 1，车八进七，将 4 进 1，车八退一，将 4 退 1，车八平五，士 5 退 6，炮五平四，红方胜势。

43. 车四退四　前车进 3　　44. 车六平八　将 5 平 4
45. 车八平六　将 4 平 5　　46. 车六平八　将 5 平 4
47. 车八平六　将 4 平 5　　48. 车四进二　后车进 2
49. 车四进一　后车退 1

双方均无法取胜，和局已定。

第 56 局　丁如意负李望祥

1. 炮二平五　马 8 进 7　　2. 马二进三　车 9 平 8
3. 车一平二　马 2 进 3　　4. 兵七进一　卒 7 进 1
5. 车二进六　马 7 进 6　　6. 马八进七　象 3 进 5
7. 炮八进一　士 4 进 5

如炮 2 进 1 或卒 7 进 1，另有不同变化。

8. 车二平四　炮 8 进 2　　9. 兵三进一　炮 2 进 2
10. 兵三进一　炮 2 平 7

进炮弃马抢攻，由此展开激烈的争夺战。

12. 车四退一　车 8 进 7　　13. 马七进六　车 1 平 4
14. 炮八进一　卒 3 进 1　　15. 炮五平七　卒 3 进 1
16. 炮八退二　车 8 进 1　　17. 炮七进五　车 4 进 5
18. 炮八进七　车 8 平 2　　19. 炮八平九　车 2 退 6
20. 炮七退一　车 4 退 2　　21. 炮七进二　车 4 退 2
22. 炮七退二　车 4 进 2　　23. 炮七退二　车 4 进 2
24. 炮七退二　车 4 平 1　　25. 炮九平四　士 5 退 6

红方利用双炮展开攻击，迫使黑方双车回防，现用炮打士，弃去一炮，形势不差。

26. 炮七平一　车 1 平 8　　27. 车九进二　车 2 进 6

28. 车九平四　士6进5
29. 相七进五　车8进2
30. 炮一进三　车8退3
31. 炮一退三　车8进8
32. 车四进三　车2平4
33. 炮一进三　车8退8
34. 马四进五（图56）　炮7平2

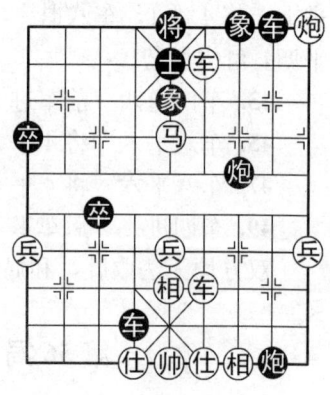

图 56

红方进马抢夺攻势机智有力，由此夺得了主动权。此时黑方如车8平9吃炮，马五进三，将5平4，前车平五，车4进1，帅五进一，象7进9，车五平八，炮7平3，车四进六，红方胜势。

35. 马五进三　将5平4
36. 仕六进五　车8平9
37. 前车平五　炮2退4
38. 车四进三　车9进6

红方应车五平八捉炮，炮2平3，车八进一，象7进9，马三进五，红方有攻势，形势占优。

39. 马三退五　车4退5

红方仍可车五平八，炮2平3，车八进一。红方攻势较凶悍，黑方不好应付。

40. 车五平八　炮2平3

弈至此，红方认负。其实以后还有许多变化，红方不一定失利。举一例如下：红方接走车八进一（也可车八平七），炮8退9，马五进三，炮8平9，马三进五，车4平3，车四平六，将4平5，马五退三，红方仍有一定的攻势。

第57局　郭裕隆胜赵汝权

1. 炮二平五　马8进7
2. 马二进三　车9平8
3. 车一平二　卒7进1
4. 兵七进一　马2进3
5. 马八进七　象3进5
6. 车二进六　马7进6

7. 炮八进一　士4进5
9. 炮八平七　炮2进1（图57）
10. 车九平八　卒3进1

红方出车捉炮失先。应炮七进三打卒，红方仍持先手。

11. 车四进二　炮2平3

红方如车八进六，马3进4，车四平五，卒3进1，黑方占优。

12. 兵五进一　炮3进2
13. 兵五进一　卒5进1
14. 马七进五　炮3平6
15. 马五进四　炮6退4
17. 车八进六　车8进2

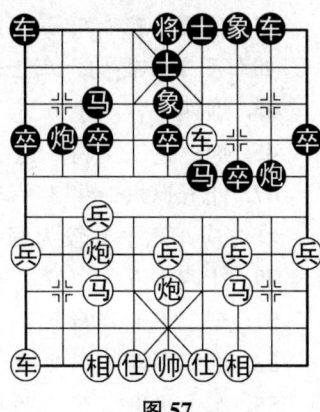

图57

8. 车二平四　炮8进2
16. 马四进五　马3退4

不如卒3进1，炮七平五，卒3平4，马五退三，卒5进1，马三进四，车8进1。黑方双卒过河，容易控制局势，比较好走。

18. 炮七平五　马4进5　　19. 前炮进四　士5进4
20. 车八平五　将5平4　　21. 前炮进二　车1进2
22. 前炮平三　士6进5　　23. 车五平八　卒3进1
24. 车八进三　将4进1　　25. 炮三退三　炮6进2
26. 车八退三　车8平6　　27. 马三进五　卒3平4
28. 马五进六　炮8退2

不如炮8退1坚守要道，形势比较有利。

29. 仕六进五　士5退6　　30. 炮三进三　炮8退1

红方不如炮五平四打车有攻势。

31. 车八进三　卒4平5　　32. 车八平六　将4平5
33. 车六平五　将5平4　　34. 车五平六　将4平5
35. 车六平五　将5平4　　36. 车五退三　车1退1
37. 炮五平四　炮8进2　　38. 车五退一　炮6平4

如车6平7，车五退一，炮6平4，车五进二，车7退2，车五平六，红方占优势。

39. 车五进一　车 1 平 3　　　40. 相七进九　车 3 进 2
41. 车五平二　车 6 进 2　　　42. 马六退八　车 3 平 2
如车 6 平 2 捉马，车二进二，黑方容易发生危险。
43. 炮四平六　士 6 进 5　　　44. 炮三退三　车 2 进 2
45. 炮三进二　将 4 退 1　　　46. 车二平六　车 2 进 4
47. 仕五退六　将 4 平 5　　　48. 车六平二　卒 5 进 1
红方应车六平九较为好一些。
49. 仕四进五　车 6 进 4　　　50. 相九进七　车 2 退 4
51. 车二平七　将 5 平 6　　　52. 车七进三　将 6 进 1
53. 炮六平四　车 2 退 2　　　54. 车七退四　将 6 退 1
55. 车七平五　车 2 平 8　　　56. 车五退二　将 6 平 5
57. 炮四平五　将 5 平 6　　　58. 炮五平四　将 6 平 5
59. 车五平八　车 8 平 5　　　60. 车八退一　车 6 平 9
61. 炮四平五　将 5 平 6　　　62. 仕五退四　车 9 平 6
63. 仕六进五　车 5 进 2　　　64. 炮五平四　车 5 平 3
65. 炮三退二　将 6 平 5　　　66. 炮三平四　车 3 平 4
67. 仕五退六　车 6 平 3　　　68. 前炮平五　士 5 进 6
69. 炮四平五　将 5 平 6　　　70. 后炮平四　将 6 平 5
71. 车八平六　后车退 6　　　72. 炮五退五　前车退 3
73. 车六进二　前车平 7　　　74. 炮四平五　将 5 平 4
应将 5 平 6，还可防守下去。
75. 前炮进五　车 3 退 1　　　76. 车六进三　车 3 平 4
77. 后炮平六　车 7 平 5　　　78. 仕六进五　车 5 退 4
79. 车六退五　车 5 退 1　　　80. 帅五平六　将 4 平 5
81. 炮六进七　卒 7 进 1　　　82. 车六平五
兑车之后，红方多子胜定。

第 58 局　蔡忠诚负杨官璘

1. 炮二平五　马 8 进 7　　　2. 马二进三　卒 7 进 1

3. 车一平二　车9平8　　　4. 车二进六　马2进3
5. 兵七进一　马7进6　　　6. 马八进七　象3进5
7. 炮八进一　卒7进1　　　8. 车二平四　马6进7
9. 炮五平四　炮8进5　　 10. 炮四进七　象7进9

红方运炮打士过于急躁，不如相七进五，局势比较平稳。

11. 炮四退二　车8平6　　12. 相七进五　士4进5
13. 车四平二　车6进2　　14. 车二退四　车1平4
15. 仕六进五　车4进6

红方不如相五进三吃卒，消除黑方的反击力量。以下黑方如车4进6，炮八退一，以后再补仕相防守。

16. 炮八进一　车4平3　　17. 车九平七　卒7平6
18. 车二进一　卒6进1
19. 兵一进一　象9退7
20. 车二进一　卒6进1 (图58)

冲6路卒过急，不如炮2进2，先把右炮运到有利位置，然后再根据情况展开攻势。

21. 车二平三　马7进5
22. 仕五进四　马5进4

弃去仕相换取马卒，企图决一胜负。如相三进五，卒6平7，车三退二，车6进2，黑方有先手。

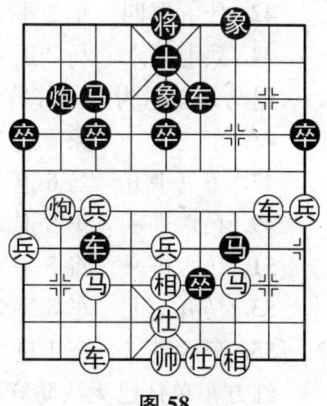

图58

23. 帅五平六　车6进5　　24. 相三进五　车6平5
25. 马三退五　车5平8　　26. 帅六平五　炮2进2
27. 马五进三　车3平2　　28. 车七平六　车2进1
29. 车六进二　炮2退4　　30. 仕四进五　炮2平1

由于红方只有一仕防守，不利于与黑方打持久战，所以应尽快利用多子的条件，积极展开攻势，才有取势的机会。因此应车三平二兑车，车8平9，车二平六，炮2平4，后车平四，炮4平1，炮八平九，炮1平3，车六进四，下一步准备车平七路捉马，黑方双车一时回防不及，红方有一定的攻击机会。

31. 炮八平九　炮1平4　　　32. 马七退六　车2退2
33. 马六进七　车2进2　　　34. 马七退六　车2退2

黑方决定变着而不愿成和，表现了敢于决战的顽强精神。

35. 车六进六　卒1进1　　　36. 车六平七　车2退7
37. 兵七进一　卒1进1　　　38. 兵七进一　车2进5
39. 马三进四　马3进1

红方不如兵七进一吃马，车8平7，车三退二，车2平7，车七平八，兑去车马两个主力之后，可以减轻不少压力，在攻势上也有一定的机会，可以乘机争取主动。

40. 车三进四　士5退6　　　41. 车七平四　车8进2
42. 仕五退四　车2平6　　　43. 马六进五　马1进2
44. 兵七平六　马2退4

退马是以退为进的好着，是取得优势的有力之着。

45. 车三退一　象5进7　　　46. 车三退一　马4进6
47. 车三平五　马6退5　　　48. 车四退六　马5进4
49. 兵六进一　车8退3　　　50. 兵六进一　车8平5
51. 兵六进一　将5平4　　　52. 帅五平六　将4平5
53. 马五退七　车5平3　　　54. 车四平六　车3平2
55. 车六进二　卒1进1

红方车单仕已无法防守车卒的攻势，黑方胜局已定。

第59局　张影富胜刘殿中

1. 炮二平五　马8进7　　　2. 马二进三　车9平8
3. 车一平二　卒7进1　　　4. 车二进六　马2进3
5. 兵七进一　马7进6　　　6. 马八进七　象3进5
7. 炮八进一　卒7进1　　　8. 车二平四　马6进7
9. 炮五平六　炮8进5

红方如车四平三，马7进5，相七进五，炮8平6，炮八平七，车1平2，车九平八，红方先手。

10. 相七进五　炮2进2　　　**11.** 马七进六　炮2平7

可以士4进5，静观一下变化，然后再作对策，较为灵活有力。

12. 车四进二　马7进5

过于着急，不如士4进5，等待机会，较为稳健。

13. 相三进五　炮8平9　　　**14.** 马六进四　炮9进2

15. 相五退三　车1进1

16. 炮八进五　士4进5

17. 车九平八（图59）　车8进8

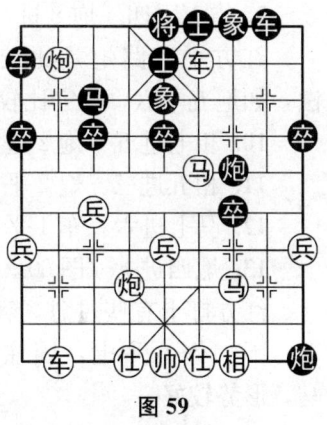

图59

黑方如卒7进1，马三退五，车8进7，炮六进二，车8退2，炮六平五。双方变化复杂，一时难以预料后果。

18. 马四进六　士5进4

19. 炮六进五　士6进5

如卒7进1，炮六进二，士6进5，炮六平三，红方胜定。

20. 炮六进二　将5平4

红方进炮献炮是加速攻击的好着，使黑方难有反击的机会。

21. 马六进五　马3退5　　　**22.** 车四进一　将4进1

23. 仕六进五　车8退4　　　**24.** 炮八退三　马5进7

25. 车四平五　车1平2　　　**26.** 车八平六　炮7平4

27. 炮八平二　炮4退2　　　**28.** 炮二平八　卒7进1

红方平炮拦车，并可退炮伏杀，是巧妙的攻守方法。

29. 炮八退四　卒7进1　　　**30.** 车六进七　将4进1

31. 车五平六　车2平4　　　**32.** 炮八平六

黑方失车，败局已定，红胜。

第60局　郑乃东负金波

1. 炮二平五　马8进7
2. 马二进三　车9平8
3. 车一平二　马2进3
4. 兵七进一　卒7进1
5. 车二进六　马7进6
6. 马八进七　象3进5
7. 炮八进一　卒7进1
8. 车二平四　马6进7
9. 炮五平四　炮8进5

红方平四路炮是比较稳健的攻法，如炮五平六，攻守比较激烈。

10. 相七进五　炮2进2
11. 相五进三　炮2平7
12. 马七进六　车1平2
13. 炮四进七（图60）　车8进1

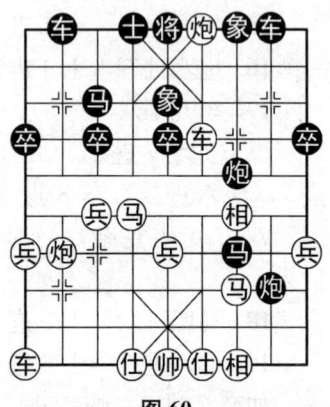

图60

红方打士有些过急，容易失去主动。不如炮八平七，困住黑方7路马，形势较好。

14. 车九平八　炮8退2

红方出车保炮是无奈之举。如炮八平七，车2进7捉马，红方被动。

15. 马六退四　炮7平4
16. 车四退一　车2进4
17. 马四退五　炮8平3

红方退马没有效力。不如相三进五，先保护七路兵，使黑炮难以右移，同时四路车又牵制车炮，黑方一时也难有作为。

18. 车四退二　炮4平7
19. 炮四退二　车8平6
20. 马五进七　卒3进1
21. 相三进五　炮3进1
22. 兵五进一　马3进4
23. 仕六进五　士4进5
24. 炮四退二　车2平1
25. 兵九进一　士5退4
26. 兵五进一　炮7平5

红方子力不灵活，处于被动之中，此时弃兵力图抢攻，但很难成事。黑方打兵弃马争先,是机智之着,由此产生了反击能力。

27. 炮四平六　车6进5　　28. 炮八平四　车2平7
29. 车八进六　马7进9　　30. 车八平五　马9进7
31. 炮四退二　车7平5　　32. 马七进五　车5进1
33. 车五进一　象7进5

红方形势已很艰难。此时应马三进五,炮5进3,帅五平六,炮5退4,马五进四,虽然失去兵相,仍可支持一阵。

34. 马三进五　炮3平9　　35. 帅五平六　马7退6
36. 马五进四　象5进7　　37. 仕五进四　马6退4
38. 炮四平五　马4进3　　39. 帅六进一　炮5进4
40. 炮六平三　炮5平6

黑方多子,胜局已定。

第61局　刘伯良胜刘永德

1. 炮二平五　马8进7　　2. 马二进三　卒7进1
3. 车一平二　车9平8　　4. 车二进六　马2进3
5. 兵七进一　马7进6　　6. 马八进七　象3进5
7. 炮八进一　卒7进1　　8. 车二平四　马6进7

如卒7进1,马三退五,黑方将要吃亏。

9. 炮五平四　炮8进5
10. 相七进五（图61）　士4进5

黑方可炮2进2,准备平7路掩护左马,并对红方右路施加压力,局势较为好一些。

11. 相五进三　车1平4
12. 炮八平三　车4进7
13. 相三退五　炮8平6

红方退相拦车弃马,可以抢先出动左车,对黑方的右路展开攻击,是

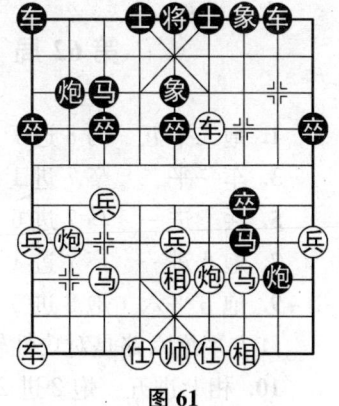

图61

正确的走法。

14. 车九平八　炮2退2

红方如马七进八，炮6进1，车四退五，车4平5，马三退五，车5退1，车四进二，车5平6，马五进四，车8进6，炮三进四，红方仍占优势。

15. 炮三进四　象5退3　　　　**16.** 车四退四　车4平3

17. 车八进七　车8进2　　　　**18.** 炮三退一　车3平4

红方不为得子而失势，机智。如车八平七，炮2进9，仕六进五，将5平4，车七进二，将4进1，炮三进一，士5进6，车七退一，将4进1，炮三平六，车8进6，车四进五，象7进5，黑方胜势。黑方此刻走车3平4是一步软着，应卒3进1。红方如炮三平九，车8平4，炮九平七，象3进5，黑方足可应付。

19. 炮三平七　炮2平1　　　　**20.** 仕四进五　车4退4

不如车4进1，炮七进三，炮1进6，兵七进一，车8进6，车八退七，象7进5，尚可周旋下去。

21. 炮七进三　炮1进6　　　　**22.** 兵七进一　车4进5

23. 兵七进一　炮1平3　　　　**24.** 车八退七　车8进2

25. 炮七平九　车8平2　　　　**26.** 车八平七　车2平3

27. 兵七进一

黑方失马之后，败局已定，红胜。

第62局　李义庭和杨官璘

1. 炮二平五　马8进7　　　　**2.** 马二进三　车9平8

3. 车一平二　卒7进1　　　　**4.** 车二进六　马2进3

5. 兵七进一　马7进6　　　　**6.** 马八进七　象3进5

7. 炮八进一　卒7进1　　　　**8.** 车二平四　马6进7

9. 炮五平六　马8进5

红方平炮六路是对攻性较强的走法，变化也比较复杂。

10. 相七进五　炮2进2　　　　**11.** 马七进六　炮2平7

12. 车九进二　车1平2

红方也可车九平八,平稳。

13. 炮八平七　车2进6　　14. 车九平七　马7退5

退马争先,杨官璘在以往多次走过这种着法。

15. 兵五进一　车8进6

红方进兵吃马,形成平稳局势。如车四进二,卒7进1,兵七进一,车2进2,马六进七,象5进3,炮七平三,马5进7,车七进三,炮7进3,马七进五,车2退7,车四进一,将5进1,炮六平三,车8进4,车七进二,象7进5,车四退二,将5平4,车四退四,车8平4,车七退七,马7退8,炮三进六,车2进3,车七进八,将4进1,车七退一,将4退1,车四进五,士4进5,仕四进五,炮8进2,相三进一,马8进7,车七平五,将4进1,车五平三,炮8平4,炮三平五,炮4平1,车三进二,将4进1,炮五进一,将4退1,炮五退二,红胜。

16. 马六进七　车8平3

红方进马吃卒,稍为软弱,不如炮七进三,局势较为平稳。

17. 车七进一　车2平3　　18. 车四进二　象5退3

19. 车四平二　炮8退1

红方如车四平七,卒7进1,车七退一,卒7进1,炮六平三,象7进5,士6进5,车七平六,炮8退6,车六退七,炮8平5,黑方先手。

20. 兵九进一　士4进5

21. 兵五进一　象7进5

22. 兵五进一(图62)　炮7进3

黑方进炮打马,交换子力之后,局势简化,立刻成为和势。如马3进5,仍是黑方先手,以后还有较多变化。

23. 炮六平三　炮8平5

24. 仕四进五　车3退1

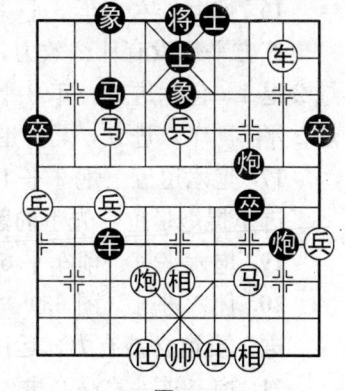

图62

25. 车二退五　车3退2　　　26. 车二平五　车3平5

双方无力取胜，终于形成和局。

第63局　许贤良负王金海

1. 炮二平五　马8进7　　　2. 马二进三　马2进3
3. 兵七进一　卒7进1　　　4. 马八进七　象3进5
5. 车一平二　车9平8　　　6. 车二进六　马7进6
7. 炮八进一　卒7进1　　　8. 车二平四　马6进7
9. 车四平三　马7进5

红方平车捉卒兑子，虽然容易掌握先手，但攻击力量减弱，局势比较平淡。

10. 相七进五　炮8平6　　　11. 车三退二　车8进4

红方可先走炮八平七打卒，仍持主动。

12. 炮八平七　车1平2

如卒3进1，车九平八，卒3进1，炮七进四，炮6平3，局势比较平稳。

13. 炮七进三　卒9进1　　　14. 车九平八　炮2进5
15. 马三进四　士4进5

红方应车三平六，车8平6，仕六进五，红方先手。

16. 炮七平六　车8平2

红方平炮没有什么效力，容易造成被动局面。不如马四退六，炮2退1，仕六进五，车8平4，车三平六，车4进1，马七进六，炮2平5，车八进九，马3退2，前马进五，局势平稳。

17. 炮六退五　炮2平1　　　18. 车八平七　前车进4

进车捉炮是抢夺先手的紧要走法。

19. 炮六平三　前车平6
20. 仕六进五　（图63）　车2进8

进车要道含蓄有力，运用全部子力对九宫展开猛烈攻击。

21. 炮三进一　马3进4

进马献马。调离红马之后，可以打中相扩大攻势。

22. 马七进六　炮1进1

红方如马四进六，炮1平5，帅五平六，炮6进7，马六进八，车2退5，帅六进一，车2进5，帅六进一，车6平5，黑胜。

23. 马四退六　马4退6
24. 车三退一　炮1平5

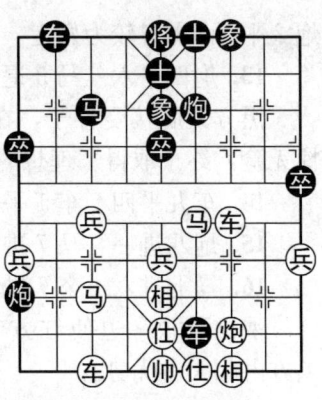

图63

运炮打士，摧毁红方的防守，由此打开九宫的大门，红方的防守已很艰难。

25. 车七进一　车2进1　　26. 车七退一　车2退3
27. 仕四进五　车2平4　　28. 车七平六　车4平2
29. 炮三平四　车2进2　　30. 马六退七　马6进5
31. 车三平四　马5退7　　32. 车四进三　马7进8
33. 车六平八　车2平4　　34. 车八平六　车4平5

以下马七退五，马8进7，车六平八，车6退1，帅五平六，车6退4，黑方胜定。

第64局　王嘉良负杨官璘

1. 炮二平五　马8进7　　2. 马二进三　车9平8
3. 兵七进一　卒7进1　　4. 马八进七　马2进3
5. 车一平二　象3进5　　6. 车二进六　马7进6
7. 炮八进一　卒7进1　　8. 车二平七　马6进7
9. 炮五平四　炮8进5　　10. 相七进五　炮2进2
11. 炮四进七　车8进1

进炮打士易受牵制。不如相五进三，减弱黑方的反击力。

12. 车九进一（图64）　车1进1

红方如炮四退二，车8平6，车四平二，车6进1，车二退四，炮2平5，黑方较为好走。

13. 炮四平六　马3退4

黑方大胆接受弃子，在防守上有惊无险，终于取得了理想的形势。

14. 车九平四　车1平4
15. 炮八进一　马7进5
16. 马七进六　卒7进1

乘机进攻，迫使红方节节退守，黑方由此大占优势。

17. 马三退二　炮8退1

退炮打中兵，紧凑。

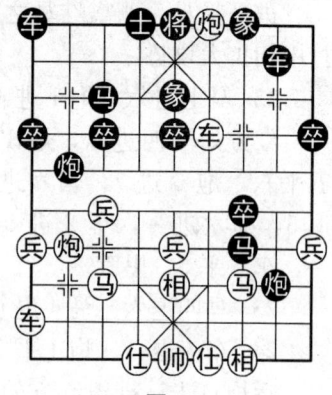

图64

18. 马六退五　炮8平5
20. 马三进五　车4进6
22. 马二进三　将5平4

19. 马五进三　炮2平5
21. 前车进三　将5进1

及时出将要杀，明快有力。

23. 马三进五　车4进2
25. 车四退七　车4退3
27. 仕四进五　车5平2

24. 帅五进一　车8进6
26. 帅五退一　车4平5

平车要杀，红方无法防守，黑胜。

第65局　何顺安胜杨官璘

1. 炮二平五　马8进7
3. 车一平二　车9平8
5. 车二进六　马7进6
7. 炮八进一　卒7进1
9. 炮五平六　炮8进5
11. 马七进六　士4进5
12. 炮八平七　车8进4（图65）

2. 马二进三　马2进3
4. 兵七进一　卒7进1
6. 马八进七　象3进5
8. 车二平四　马6进7
10. 相七进五　炮2进2

黑方升起河口车防守，是失利的走法，反而使红方有了进取的机会。应炮2平7,将产生很大的反击力,形成很有发展的形势。

13. 兵七进一　车8平3

不如卒3进1,炮七进四,卒3进1,黑方有卒过河,还可周旋。

14. 马六进八　车3平2

如马3退1,车九平八,黑方不能车1平2夺马,仍是红方占优。

15. 炮七进四　马7进5
16. 相三进五　卒7进1

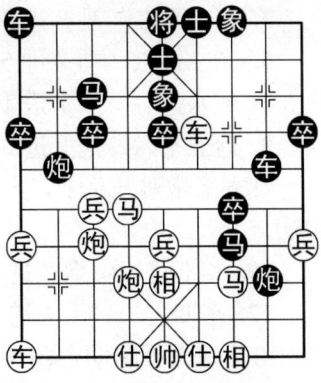

图 65

17. 车四平三　车1平4
19. 车三退四　炮8进2
18. 炮六平七　卒7进1
20. 车三退二　车2平8

可以炮8退5,伺机从中路展开反击,也是一种较好的选择。

21. 仕六进五　车4平2　　22. 车九平六　车2进6
23. 后炮进一　卒3进1　　24. 车六进六　卒5进1
25. 车六平九　车8进4　　26. 车九进三　士5退4
27. 帅五平六　象5进7　　28. 车九平六　将5进1
29. 帅六进一　车2进3　　30. 后炮退三　车2退1
31. 后炮进一　车2进1　　32. 车六退一　将5退1
33. 车六进一　将5进1　　34. 后炮退一　车2退1
35. 帅六进一　象7进5

红方上帅,伏下了车三平二吃炮的手段,由此形成胜势。

36. 车三平二　车2平5　　37. 仕四进五　车8进1
38. 前炮退一　车8退4　　39. 车六退一　将5退1
40. 前炮平五　象5退7　　41. 车六退三

红方多子,胜局已定。

第 66 局　胡荣华和蔡福如

1. 炮二平五　马8进7　　2. 马二进三　车9平8

3. 车一平二　马2进3　　　4. 兵七进一　卒7进1
5. 车二进六　马7进6　　　6. 马八进七　象3进5
7. 炮八进一　卒7进1　　　8. 车二平四　马6进7
9. 炮五平六　炮8进5

红方平炮避开兑子，力图保持复杂的对攻形势，是比较流行的走法。

10. 相七进五　炮2进2　　　11. 马七进六　炮2平7
12. 车四进二　士4进5

红方进车压象肋，凶悍之着，可以借机跃马抢攻，夺取主动。如车九平八或车九进二，另有不同的变化。

13. 车九平八　马7进5　　　14. 马六退五　车1平2

红方用马吃马，力图保持防守，但失去了攻击能力。如相三进五吃马，双方对攻，变化比较复杂。此刻黑方如车1平4，仕六进五，车4平2，车四退五，炮8平5，相三进五，车8进7，黑方追回一子，形势占优。

15. 炮八进四　象5退3　　　16. 兵七进一　卒7进1

红方弃七路兵是一步好的应着。如车八进五，车8进4，伏下了卒3进1的夺先之着，红方不占便宜。此刻黑方应卒3进1，炮六平七，炮7退2，炮七进五，车2进2，车八进七，炮7平2，车四平三，车8进2，黑方占优。

17. 马五进三　炮8平4　　　18. 兵七进一　炮7进3

如车8进6，前马进四，炮7进5，仕四进五，炮4退6，车四退二，炮7平9，仕五进六，车8进3，帅五进一，车8退2，车八进六，红方大兵压境，黑方压力颇大，形势不利。

19. 兵七进一　车8进6　　　20. 马三进四　炮4退6
21. 车四退二　车8平6（图66）

红方占有兵种上的优势，并有一兵过河助战，形势比较乐观。但由于少一相，车马又被牵制，势必要兑子，这样便形成了各有千秋的局势。以下双方的争夺漫长而又艰苦，稍有闪失就会失利。

22. 仕六进五　炮7退5　　　23. 兵七进一　炮4进1

24. 炮八进一	象3进5		
25. 车四进二	象5进7		
26. 相三进五	炮7平8		
27. 车四平二	车6退2		
28. 车二退一	车6平3		
29. 车八平七	车3进5		
30. 相五退七	炮4平5		
31. 车二退一	炮5进4		
32. 仕五进六	卒5进1		
33. 车二平九	卒9进1		

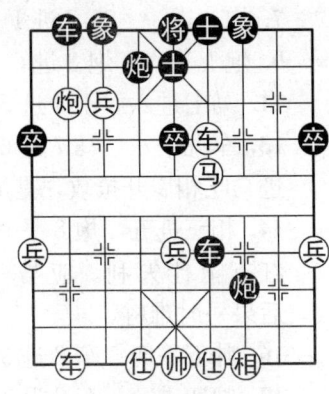

图 66

34. 兵九进一	卒5进1	35. 兵九进一	象7退5
36. 车九平八	卒5平6	37. 车八平四	卒6平7
38. 兵九平八	卒7进1	39. 帅五进一	炮5平9
40. 兵八进一	炮9平8	41. 炮八平九	车2平1
42. 炮九平八	炮8退5	43. 车四平七	卒7进1
44. 帅五退一	卒7进1	45. 兵八进一	炮8进1
46. 兵八平七	车1平2	47. 仕四进五	卒7平6
48. 炮八平九	车2平1	49. 炮九退六	车1进2
50. 炮九平七	车1退1	51. 炮七进二	车1进3
52. 前兵平六	车1平4	53. 帅五平六	卒6平5
54. 仕六退五	车7平4	55. 帅六平五	车4退3
56. 炮七平五	车4进4	57. 炮五退二	卒9进1
58. 兵七进一	炮8退1	59. 炮五平九	车4平1

红方难以进取，终于形成和局。

第 67 局 胡荣华负王嘉良

1. 炮二平五	马8进7	2. 马二进三	车9平8
3. 车一平二	卒7进1	4. 车二进六	马2进3
5. 兵七进一	马7进6	6. 马八进七	象3进5

7. 炮八进一　卒7进1
9. 炮五平六　炮8进5
11. 马七进六　士4进5
13. 车九平八　马7进5
8. 车二平四　马6进7
10. 相七进五　炮2进2
12. 炮八平七　炮2平7

进马吃相展开抢攻，是屏风马方面的反击方法。

14. 相三进五　炮8平9
15. 仕四进五　炮9进2

红方上仕失利。应马三退五对攻，后果一时难料。

16. 帅五平四　车8进9
17. 帅四进一　车8退1
18. 帅四退一　车1平4（图67）

黑方强行出车捉马炮，是巧妙的好着。以下黑方有炮7进3的着法，红方难以应付，黑方胜势。

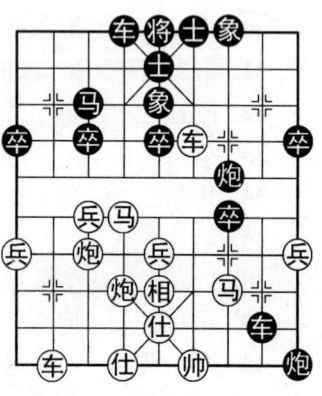

图67

19. 马六退四　炮7进3
20. 炮六平三　卒7进1
21. 炮七退一　车8进1
22. 帅四进一　车8退5
23. 车八进七　车8进4
24. 帅四退一　车8进1
25. 帅四进一　炮9平4
26. 马四进三　炮4平6
27. 车四平三　卒7进1
28. 炮七平三　车8退1
29. 帅四退一　车8平5
30. 炮三退二　车4进8
31. 车三平四　车5平7
32. 帅四平五　车4平5
33. 帅五平六　车7退4

黑方双车成势，终于取得胜局。

第68局　刘殿中负杨官璘

1. 炮二平五　马8进7
2. 马二进三　车9平8
3. 车一平二　卒7进1
4. 车二进六　马2进3
5. 兵七进一　马7进6
6. 马八进七　象3进5

7. 炮八进一　卒7进1　　　8. 车二平四　马6进7
9. 炮五平六　炮8进5　　　10. 相七进五　炮2进2
11. 马七进六　炮2平7　　　12. 车九进二　车1平2

红方升车保炮，防范黑方马炮的反击，然后再徐图进取，是稳健的应法。

13. 炮八平七　车2进6　　　14. 车九平七　马7退5

退马献马，是巧妙的夺先方法。红方如应付不当，黑方就有反先的机会。

15. 兵五进一　车8进6

红方进兵吃马并不适宜，使形势结构失去平衡。应车四进二，可形成复杂多变的局面，红方仍可夺得先手。

16. 炮七进三　车2平4　　　17. 马六进五　车4退3
18. 兵五进一　车4平3　　　19. 兵七进一　炮7平3
20. 马五退七　车3平6

红方如仕四进五，马3进5，兵五进一，车3平2，车七进二，卒7进1，车七退一，炮3平7，由此对黑方有一定的牵制，红方足可周旋下去。

21. 兵五进一　车6平5
22. 马七进六　将5进1
23. 车七进五　将5平6（图68）

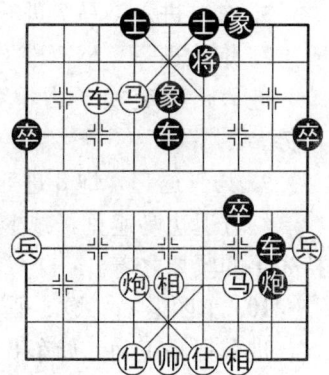

图68

红方一车换马炮之后，仍然有一些攻势，但子力配合较差，又遭到双车炮卒的反击，形势并不乐观。此时只好运用车马炮冒险对攻，以便取得意外的效果。

24. 炮六进七　士6进5
25. 车七进一　炮8平5

一炮换取双相，是取胜的关键之法，红方在双车卒的攻击下，已难防守下去。

26. 相三进五　车5进4　　　27. 仕六进五　车8平2

28. 马六进八	车2进3	29. 炮六退九	车5平7
30. 车七平六	车2退6	31. 马八进六	将6退1
32. 车六平五	车2平6	33. 车五平六	车7平3
34. 马六退八	车3退7	35. 车六平三	卒7平8
36. 马八退六	车3进2	37. 仕五进六	卒8进1
38. 车三平五	车6平5	39. 仕四进五	象7进9
40. 车五进一	将6进1	41. 车五平二	卒8平7
42. 车二退一	将6退1	43. 车二退一	将6退1
44. 车二平一	车3进5	45. 马六进五	车3平4
46. 车一平四	将6平5	47. 马五退七	车4退1

红方车马炮难以突破黑方城池，而黑方又得一仕，红方已难防守，黑方胜定。

第69局　吕钦胜刘殿中

1. 炮二平五	马8进7	2. 马二进三	马2进3
3. 车一平二	车9平8	4. 兵七进一	卒7进1
5. 车二进六	马7进6	6. 马八进七	象3进5
7. 炮八进一	卒7进1	8. 车二平四	卒7进1

进7路卒交换子力，双方的争斗比较紧张，黑方不易控制局势。

9. 马三退一　炮8进5

红方退边马避兑，减少黑方的反击机会，并威胁河口马，是保持先手的紧要之着。

10. 车四退一	炮8平3	11. 炮八平三	车8进8

进车捉马正确。如车8进2，车九进二，红方通过捉炮，可以扩大先手。

12. 炮三进四　士4进5

上士导致失子而成败势。不如炮2进6，炮三平七，炮2平9，炮五进四，士4进5，车九平八，虽然局势落后，但仍可应付。

13. 车九平八　炮2进6
15. 炮三平七　车8平9
17. 车六退四　车2进2
18. 车八进一　车2平3
19. 车八进二（图69）　士5退4

14. 仕六进五　车1平2
16. 车四平六　车9退2

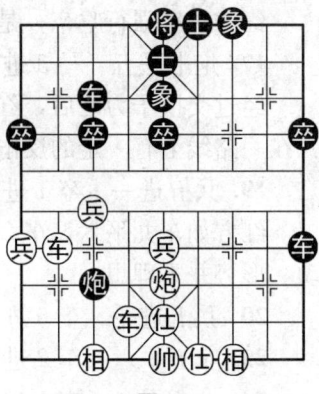

图69

红方在运车过程中，有力地限制了黑炮的活动，使黑炮孤单难逃。黑方失炮之后，已形成败局之势。

20. 车六平七　炮3平2
21. 车七进二　卒3进1
22. 兵七进一　象5进3
23. 车八退一　车3进1
24. 车八平六　象7进5
26. 兵九进一　士6进5
28. 兵五进一　车3平2

25. 车六进二　车9平7
27. 车六平二　车7退3
29. 兵五进一

黑方已难防守，红方胜定。

第70局　卜凤波和刘殿中

1. 炮二平五　马8进7
3. 车一平二　卒7进1
5. 兵七进一　马7进6
7. 炮八进一　卒7进1
9. 车四平三　马7进5

2. 马二进三　车9平8
4. 车二进六　马2进3
6. 马八进七　象3进5
8. 车二平四　马6进7

红方平车捉卒，迫使黑方交换子力，形成平稳局势，但红方仍有先手。

10. 相七进五　炮8平6
12. 炮八平七　车1平2

11. 车三退二　车8进4

红方平炮七路打卒，不给黑方兑兵打通马路的机会，是保持先手的紧要之着。

13. 炮七进三　卒9进1　　14. 车三平六　车8平6
15. 仕六进五　炮2平1　　16. 车六进二　士4进5

红方进车强行吃卒，是一种走法，除此也难有更好的应法。

17. 炮七平五　马3进5　　18. 车六平五　卒1进1

经过交换子力之后，红方虽然多双兵，但黑方子力位置较好，并在一路线上有一定的反击能力，黑方并不落后。

19. 兵五进一　卒1进1

红方如车九平六，车2进7，红方左路受到牵制，不敢轻举妄动，形势并不理想。

20. 兵五进一　车6进2　　21. 马三进五　炮1进4
22. 车五平六　车2进7　　23. 兵七进一　炮6平8
24. 车六退二　炮1进1
25. 车九平八　车2进2
26. 马七退八　车6平5
27. 马八进九　卒1进1
28. 马九退七　炮8进6
29. 马七进六　象5进3（图70）

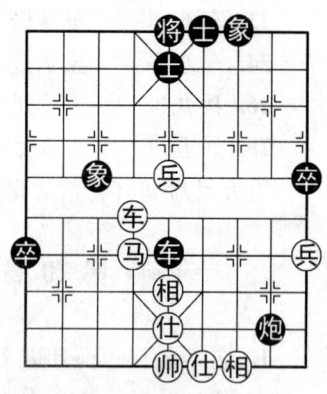

图70

双方经过兑子之后，红方七路兵被吃，已无优势可言，基本形成和势。

30. 车六平二　炮8平6
31. 车二平四　炮6平8
32. 马六进七　车5退2　　33. 马七进八　炮8退6
34. 车四平九　炮8平3　　35. 车九平七　炮3平4
36. 车七进五　炮4退2　　37. 车七退四　车5退1
38. 马八进九　车5平4　　39. 车七平一　车4平3
40. 车一平八　炮4进2　　41. 车八进四　士5退4
42. 车八退三　车3退1　　43. 仕五退六　士6进5
44. 车八平三　象7进5　　45. 车三平六　卒1平2
46. 仕四进五　象5退3　　47. 兵一进一　卒2平3
48. 兵一进一　卒3进1　　49. 兵一进一　卒3进1

50. 兵一进一	士5进6		51. 车六退二	炮4平5
52. 兵一进一	士6退5		53. 兵一平二	炮5进4
54. 车六退一	炮5退2		55. 兵二平三	象3进1
56. 兵三平四	卒3平4		57. 车六退二	炮5平1
58. 车六进五	炮1进5		59. 相五退七	炮1退9
60. 车六平三	士5退6		61. 兵四进一	将5平6
62. 车三进三	将6进1		63. 车三平六	

黑方缺双士，已无力进取，终成和局。

第71局　陈孝坤胜臧如意

1. 炮二平五	马8进7		2. 马二进三	车9平8
3. 车一平二	卒7进1		4. 车二进六	马2进3
5. 兵七进一	马7进6		6. 马八进七	象3进5
7. 炮八进一	士4进5			

先上右士比较少见，意在临场出其不意，但因红方的攻击手段较多，不易达到目标，反而容易导致被动。

8. 车二平四	炮8进2		9. 兵三进一	炮2进2

升炮河口构思精妙，是根据形势的特点而采取的灵活选择。

10. 炮八平七　炮2平4

平炮是较为理想的应法。如车1平4，车九平八，马6进4，炮七平六，红方仍占优势。

11. 兵三进一	炮4平7		12. 马三退一	炮8进3
13. 车四退一	炮8平3		14. 马一进二	车8进5
15. 相七进九	炮7退2		16. 车九平七	炮3平2
17. 车四退一	车8退1		18. 炮五平二	车8平2
19. 车四平三	炮7平6（图71）			

双方虽然子力相等，但红方子力位置较好，占有一定优势。

20. 马二进四	车1平4		21. 马四进三	炮2进2
22. 仕四进五	炮2退3		23. 炮七进三	车4进6

24. 兵七进一　炮2平5
25. 相三进五　车2平3
26. 车七进五　象5进3
27. 车三退一　将5平4

红方利用在三路和七路上的优势兵力，展开有力攻击，逐步扩大了优势。

28. 炮二退二　象3退5
29. 兵九进一　车4平3
30. 炮二进九　车3退3
31. 车三平五　车3平4
32. 车五平四　象5退3
34. 马三进四　炮6平5

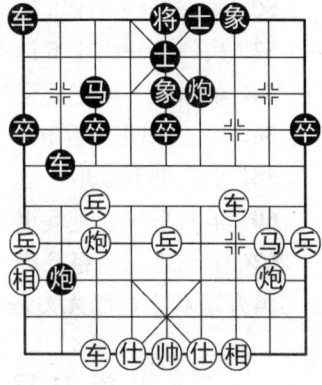

图71

33. 相九退七　卒5进1
35. 车四平七　马3退1

红方的车马炮运用得出神入化，在黑方的两路发起攻击，优势不断扩大。

36. 车七进五　车4退2　　37. 车七退二　卒5进1
38. 马四退三　车4进7　　39. 炮二退八　车4退2
40. 炮二进七　士5进6　　41. 车七进二　炮5进1
42. 车七退二　炮5退3　　43. 炮二平八　象3进5
44. 炮八平四　象5进7　　45. 马三退五　象7退5
46. 马五进四　士6进5　　47. 马四退五　马1退3
48. 车七进二　车4退2　　49. 车七平五　炮5平6
50. 车五退一　马3进2　　51. 马五进六　将4进1
52. 马六进八　马2进3　　53. 车五进二

红方得子，胜局已定。

第72局　胡荣华胜陈柏祥

1. 炮二平五　马8进7　　2. 马二进三　车9平8
3. 车一平二　马2进3　　4. 兵七进一　卒7进1
5. 车二进六　马7进6　　6. 马八进七　象3进5

7. 炮八进一　卒7进1　　　　8. 车二平四　马6进7

如马6进8,马三退一,卒7进1,炮八平三,红方仍占优势。

9. 炮五平六　炮8进5　　　10. 相七进五　炮2进2

11. 马七进六　炮2平7　　　12. 车四进二　士4进5

如车1进1,炮八进六,士4进5,车九平八,红方占优。

13. 车九平八　车1平2

14. 炮八进四　象5退3

15. 车四平三(图72)　车8进4

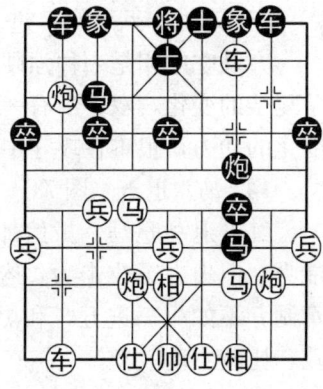

图72

黑方如象7进5,马六进四,以下红方有平炮打中象的攻击手段,仍然占优。

16. 马六进四　卒5进1

17. 车三退一　卒7平6

18. 车三平七　炮7进3

19. 马四进五　炮7平4

红方进中马力求攻击。如炮六平三,马7退6,黑方兵种较好,反而好走。

20. 马五进三　将5平4　　　21. 车七退一　士5进4

如炮4退5防守,炮八退二,红方仍有攻势。

22. 炮八退四　炮4退1　　　23. 车七平六　士6进5

24. 车六退三　车8退3　　　25. 车六进四　士5进4

26. 炮八平六　士4退5　　　27. 马三退四　车8平2

28. 马四退六　将4平5　　　29. 车八进九　马7进6

30. 车八平七　士5退4　　　31. 车七平六　将5进1

32. 仕六进五　车8平7　　　33. 车六平四

黑方已无法防守,红方胜局已定。

第73局　胡荣华负蔡福如

1. 炮二平五　马8进7　　　2. 马二进三　马2进3

3. 车一平二　车9平8
5. 车二进六　马7进6
7. 炮八进一　卒7进1
9. 炮五平六　炮8进5
11. 马七进六　炮2平7
13. 车九平八　马7进5

4. 兵七进一　卒7进1
6. 马八进七　象3进5
8. 车二平四　马6进7
10. 相七进五　炮2进2
12. 车四进二　士4进5

弃马吃中相是一种强硬的反击手段，在相互抢攻中，形成了非常复杂的变化，双方都有一定的取势机会，如没有深入地掌握这种变化的功力，很难在攻守中占取好处。

14. 马六退五（图73）　车1平2

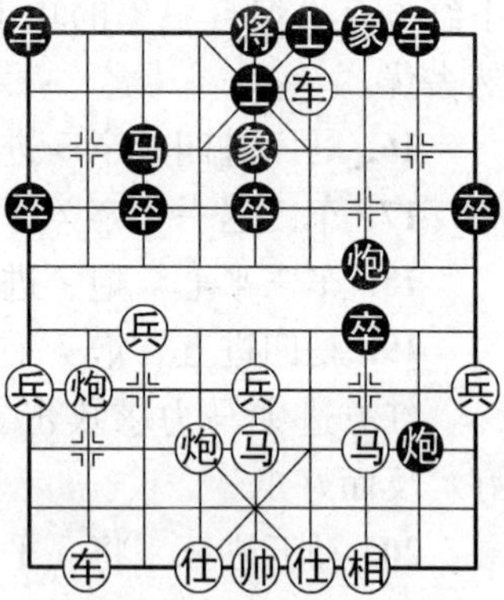

红方退马吃马，虽然加强了防守能力，但失去了攻击力，容易被黑方牵制。不如相三进五，和黑方展开对攻，比较主动。

15. 炮八进四　卒7进1

弃去中象，夺回失子，争抢反击，是抢先手的走法。

16. 炮八平五　将5平4
17. 车八进九　马3退2
18. 炮五平三　炮7进3

19. 炮三退五　卒7进1

黑方夺还一子之后，子力位置较好，占有一定的优势。

20. 车四退三　将4平5
22. 相三进五　车8进6
24. 车三进二　车8平5

21. 炮六平三　炮8平5
23. 车四平三　象7进5
25. 仕四进五　车5进1

红方可帅五进一，形势比较平稳。

26. 炮三平四　士5进4
28. 车三平五　卒1进1
30. 车三进二　士5退6

27. 炮四进六　士6进5
29. 车五平三　马2进3
31. 车三退六　马1进2

红方如车三退四，车5退3，仍是黑方占优。

32. 炮四退二　马2进4

33. 车三平六　车5退2

图73

34. 炮四退四	车5平6	35. 炮四平五	士6进5
36. 车六平五	将5平6	37. 车五平六	卒5进1

红方如炮五进四，车6退2，炮五退一，马4进6，仕五进四，马6退7，仕六进五，车6平5，黑方优势。

38. 炮五平八	马4退5	39. 车六平三	车6平3
40. 车三进六	将6进1	41. 车三退三	马5进3
42. 车三平七	车3平2	43. 炮八平四	马3进4

红方平炮仕角，不起什么作用。不如车七退一，车2进2，车七平五，形成平稳局势。

44. 炮四退一	将6退1	45. 车七进三	将6进1
46. 车七退六	车2平4	47. 仕五进六	车4平5
48. 仕六进五	车5进1	49. 兵一进一	卒5进1
50. 车七进三	将6退1	51. 车七进三	将6退1
52. 车七平一	马4退3	53. 车一退三	马3进2
54. 帅五平六	将6退1	55. 车一进三	将6退1
56. 兵一进一	车5平9	57. 炮四退一	卒5进1
58. 车一退三	将6退1	59. 车一进三	将6退1
60. 车一退三	将6退1	61. 仕五进四	士5进6
62. 车一平五	卒5平4	63. 车五进一	士4退5

红方应仕六退五，保留一仕，仍可支持下去。

64. 车五平八	卒4进1	65. 车八进二	士5退4
66. 车八平六	将6退1	67. 车六退四	卒4平5
68. 仕四退五	车9平6	69. 车六退二	马2退4
70. 帅六进一	将6平5	71. 车六平四	卒5进1

黑方妙手回马保车，由此取得胜局。

第74局　王斌胜迟新德

1. 炮二平五	马8进7	2. 马二进三	车9平8
3. 车一平二	马2进3	4. 兵七进一	卒7进1

5. 车二进六　马7进6　　　　6. 马八进七　象3进5
7. 炮八进一　炮2退1

退右炮是少见的变着，是否能够抢占便宜，还要经过更多的实战，才能得出结论。

8. 车二平四　炮8进2　　　　9. 车九进一　炮2平7

红方如炮五平四，士4进5，兵三进一，红方先手。

10. 车四进二　车1平2

红方如马七进八，容易保持先手。

11. 车四平三　车2进6　　　12. 车三平七　炮8退2
13. 车九平四　马6退4

红方如车九平二牵制车炮，局势比较复杂。

14. 车七平四　士4进5　　　15. 马七进六　炮8平6
16. 后车平六　马4进3　　　17. 马六进四　象5退3
18. 仕四进五　车2退2　　　19. 马四进六　马3退4
20. 车六进五　车2平3　　　21. 兵五进一　车8进6
22. 兵五进一　车3平5

红方冲中兵，企图从中路打开攻势。

23. 车六平七　象3进5
24. 车七退三 (图74)　车8退4

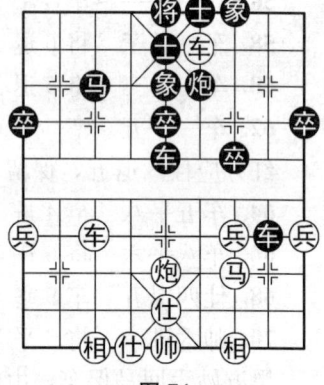

图74

红方退车保兵，并准备进中马展开攻势，是紧凑有力的攻法。此刻黑方如卒7进1进行反击，马三进五，车5平7，兵三进一，车7进1，马五进三，车8平3，红方仍持先手。

25. 车四平三　炮6平7　　　26. 车三平四　炮7平6
27. 车四平三　车8进3　　　28. 车三退二　马3进2
29. 车七平六　马2进4　　　30. 相三进一　马4退2
31. 兵三进一　车8退1　　　32. 马三进五　车5平3
33. 车三平五　马2退3

红方车吃中卒之后，打开了中路攻势，已使黑方难以防守。

34. 车五平四　车3进5　　35. 兵三进一　车8平7
36. 马五进三　炮6平9　　37. 车四进二　炮9平7
38. 帅五平四　马3进5　　39. 炮五进五　士5进4
40. 车六进三　车3退5　　41. 车四进一　将5进1
42. 车四退一　将5退1　　43. 车六平五　车3平6
44. 车四退三　车7平6　　45. 帅四平五　炮7平6
46. 车五退一

红方多子有攻势，胜局已定。

第75局　胡荣华胜周顺发

1. 炮二平五　马8进7　　2. 马二进三　卒7进1
3. 兵七进一　车9平8　　4. 马八进七　马2进3
5. 车一平二　象3进5　　6. 车二进六　马7进6
7. 炮八进一　卒7进1　　8. 车二退一　卒7进1

红方退车捉马，保持对车炮的牵制，双方的争斗更加复杂激烈。

9. 马三退五　马6退7　　10. 车二进一　车1进1

升右车准备平6路展开反击，是争夺攻势的走法。

11. 马七进六　车1平6

红方进马加强防守。如车二平三，车1平6，炮八平三，车6进7，黑方有一定攻势，红方并不合算。

12. 炮八平三　车6进4　　13. 马五进七　炮2进2
14. 车九平八　炮2平4　　15. 炮五平三　炮8平9

如炮4退1，前炮进三，炮4平7，车二平三，炮8进7，仕六进五，红占优。

16. 车二平三　马7退5（图75）　17. 车八进八　马5退3

红方针对黑方窝心马的弱点，及时进车加强控制，由此增大了攻击力。

18. 车八平七　士6进5
19. 仕六进五　卒9进1
20. 相七进五　炮9平6
21. 前炮进六　象5退7
22. 车七进一　象7进5

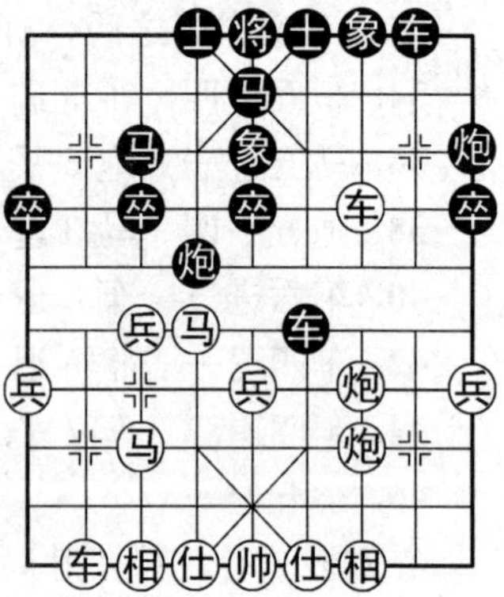

红方吃底马可以控制局势。如车七退一，马3进4，车七退一，马4进5，车三平五，马5进4，仕五进六，炮6进7，这样走反而引起黑方的反击，颇为不合适。

图75

23. 车七退一　车8进4　　24. 炮三平四　炮4退1
25. 车三退三　车6平8　　26. 车三平四　炮4退1
27. 车七退一　后车平4　　28. 马六进四　象5进7
29. 马四进五　象7退5　　30. 炮四进五　炮4平6
31. 车七平五　炮6退2　　32. 车五退一　卒3进1
33. 兵五进一　卒3进1　　34. 相五进七　卒9进1
35. 兵一进一　车8平9　　36. 相七退五　卒1进1
37. 车四平五　车9平6　　38. 马七退九　车4平2
39. 马九进八　炮6进2　　40. 马八退六　车2平3
41. 兵五进一　卒1进1　　42. 前车平九　卒1进1
43. 兵五进一

红方中兵直冲。黑方缺双象，已无法抵挡双车马兵的攻势，败局已定。

第76局　胡荣华胜金启昌

1. 炮二平五　马8进7　　2. 马二进三　车9平8
3. 车一平二　卒7进1　　4. 车二进六　马2进3
5. 兵七进一　马7进6　　6. 马八进七　象3进5
7. 炮八进一　卒7进1　　8. 车二退一　马6退7

9. 车二退二	卒7平6	10. 兵三进一	卒6平7
11. 炮八进一	卒7进1	12. 车二平三	马7进8
13. 车三进三	炮8平7	14. 马三进四	马8进6
15. 炮八平四	车8进5		

不如炮7平6，车九平八，车1平2，形成平稳局势。

| 16. 炮四进三 | 士4进5 | 17. 车九平八 | 车1平2 |
| 18. 炮四平七 | 炮7平3 | 19. 车八进六 | 车8平3 |

经过交换子力之后，红方牵制住了黑方车炮，并可乘势吃去中卒，在形势上夺得了优势。

| 20. 马七进八 | 车3进4 | 21. 仕四进五 | 车3平2 |

红方上仕防守是必然着法，否则黑方车2平4要杀解脱牵制。

22. 车三平五（图76） 后车进5

黑方进车伏下炮2进3打马的凶着，以下红方如车八进二，炮2平3，车八退八，前炮进4，黑胜。但这个计划很难实现，不如卒3进1，还可应付一阵。

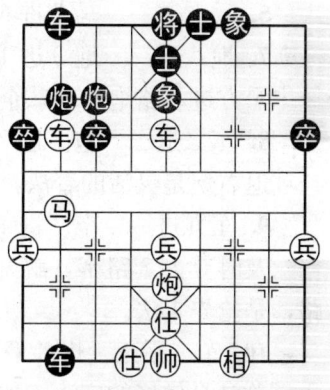

图76

23. 车五平七	炮3退2
24. 车七进一	炮3平2
25. 马八进六	前车退6
26. 马六进八	后炮平3
27. 炮五平六	士5退4	28. 相三进五	炮2平1

红方在牵制中加强防守，运子紧凑有力，已扩大了优势。

29. 车七平五	象7进5	30. 马八进六	车2平4
31. 炮六进六	炮3进2	32. 马六退五	炮1进4
33. 炮六退二	炮1平9	34. 炮六平五	象5进7
35. 马五进三	卒1进1	36. 马三进二	象7退9
37. 兵五进一	卒9进1	38. 兵五进一	卒9进1
39. 兵五平六	炮9平5	40. 帅五平四	炮3退1
41. 马二退三	炮5平6	42. 炮五退三	炮6退4

43. 兵六进一	炮 3 平 7	44. 马三进一	炮 7 平 6
45. 帅四平五	卒 9 进 1	46. 马一退三	后炮平 7
47. 兵六进一	炮 6 进 1	48. 马三退四	炮 6 平 8
49. 兵六进一	炮 7 进 3	50. 马四进五	炮 7 平 5

51. 马五退三

以下黑方如炮 5 进 3，帅五平四，炮 8 平 7，兵六平五，红胜。

第 77 局　杨官璘负胡荣华

1. 炮二平五	马 8 进 7	2. 马二进三	车 9 平 8
3. 车一平二	卒 7 进 1	4. 车二进六	马 2 进 3
5. 兵七进一	马 7 进 6	6. 马八进七	象 3 进 5
7. 炮八进一	炮 2 进 1		

黑方进右路炮反攻，企图在 3 路上打开局势，对抢先手。

8. 车二退二　炮 2 退 2

退右炮是灵活的着法，准备平到左路，展开反击。

9. 车九进一　卒 7 进 1

及时弃去 7 路卒，解开车炮牵制，并可利用左炮威胁红方右路，是抢先走法。

10. 车二平三	炮 8 平 7	11. 马七进六	马 6 进 4

兑马是较好的应法。如炮 2 平 7，马六进四，炮 7 进 4，马四进三，车 8 进 2，兵三进一，车 8 平 7，相三进一，车 1 平 2，炮八平七，红方一车换取马炮之后，仍占优势。

12. 车三进三　卒 3 进 1

进 3 路卒是抢先的佳着，由此争得了反击的能力。

13. 车九平七	炮 2 平 3	14. 炮八平七	马 3 进 2
15. 炮五平九	士 4 进 5（图 77）		

黑方双马炮已控制了红方车炮兵的活动，此时上士静等变化，以利于再发挥双车的攻击作用，进一步抢占好的位置，夺取更大的优势。

16. 相七进五　车1平4
17. 车三退三　车8进7

进车牵住右马，准备兑子取势，着法含蓄有力。

18. 仕四进五　炮3进4

乘机打兵换子，仍可有力地控制局势。

19. 相五进七　车8平7
20. 相七退五　车7进1
21. 炮九平六　马4进5

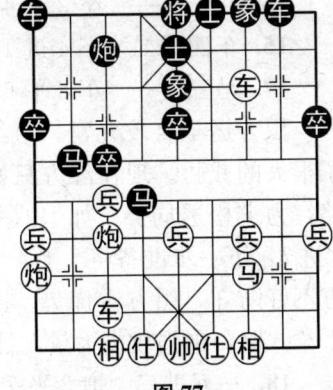

图77

红方平炮打车失误，不如炮九平八，先行防守，较为平稳。

22. 相三进五　车4进7
23. 仕五进六　车7平3
24. 车三平八　车3退2
25. 车八进一　车3平1
26. 兵五进一　车1平5
27. 车八进一　车5进1
28. 仕六进五　车5退2

黑方车双卒必胜车兵双士，由此结束了战斗。

第78局　陆玉江负蒋志梁

1. 炮二平五　马8进7
2. 马二进三　车9平8
3. 车一平二　马2进3
4. 兵七进一　卒7进1
5. 车二进六　马7进6
6. 马八进七　象3进5
7. 炮八进一　炮2进1
8. 车二平四　卒3进1

红方平车捉马可以引起黑方的强烈反击，但比车二退二较为积极主动。另外，比较有力的攻法是炮八平七，以下黑方可卒3进1，卒7进1，士4进5，马6进4的反击手段，变化均很复杂。

9. 车四退一　卒3进1
10. 马七退五　士4进5

红方退中马保留子力，容易形成被动形势。不如兵五进一，卒3进1，马七进五，弃还一子之后，形势较为令人满意。

11. 车四退一　卒3进1
12. 炮八进一　车1平4

13. 兵三进一　卒 3 平 4
14. 兵三进一　卒 4 进 1
15. 车四平二　卒 4 进 1
16. 相七进九　车 8 进 1
17. 马三退一　车 8 平 6（图 78）

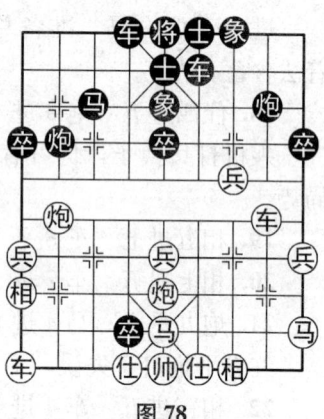

图 78

黑方运卒直攻九宫，对红方产生了很大的威胁。现在红方只好退马边路，力求松透局势。如炮八平三，车 4 进 7，下一步准备将 5 平 4 要杀，红方不好防守，黑方占优势。此刻黑方平车 6 路，加强攻击力量，佳着。

18. 马五进三　炮 8 平 7

红方如车二进三吃炮，车 6 进 7，马一进三，车 4 进 7，黑方有杀机而占优。

19. 仕四进五　车 6 进 7
20. 炮五平六　车 4 进 6

红方平炮作用不大。不如车九平七，炮 7 进 5，马一进三，车 6 平 7，车七进七，车 7 退 1，车二退四，双方各有攻守。

21. 车九平七　马 3 进 4
22. 炮六进三　车 4 退 2
23. 兵三平二　炮 2 进 1
24. 车二平三　象 5 进 7

红方平车没有好处。应炮八退二，坚守阵地，比较稳妥。

25. 车三平四　车 6 平 7
26. 车四退二　车 4 进 1
27. 车七进九　士 5 退 4
28. 相九进七　炮 7 进 5

红方应车七退五为好，以下黑方如车 4 平 3，相九进七，炮 2 平 8，马三进二，车 7 平 9，相七退五，弃还一子之后，还有拼斗的机会。

29. 车七平八　车 4 平 3

红方如马一进三，车 4 进 1，相七退九，车 7 进 1，马三退四，炮 2 平 5，车七退九，车 4 平 5，炮八进五，将 5 进 1，黑胜。

30. 车八退四　象 7 退 5

退象防守冷静。如卒 4 平 5，帅五平四，士 6 进 5，车八平三，象 7 进 5，炮八进五，车 3 退 5，车三退三，车 7 平 9，车四进六，车9平6,车四退七,卒5平6,帅四进一,车3平2,车三进四,车2进4,双方在必然的对抗中,兑子形成了和势。

31. 帅五平四　士6进5　　32. 炮八退三　炮7退5
33. 车八平六　炮7平6　　34. 车四平三　卒4平5
35. 炮八进八　象5退3　　36. 仕六进五　车7平5
37. 车三进七　炮6退2　　38. 车六进四　士5退4
39. 车三平四　将5进1　　40. 车四退一　将5退1

黑方双车攻入九宫,胜定。

第79局　孟立国负胡荣华

1. 炮二平五　马8进7　　2. 马二进三　卒7进1
3. 车一平二　车9平8　　4. 车二进六　马2进3
5. 兵七进一　马7进6　　6. 马八进七　象3进5
7. 炮八进一　卒7进1　　8. 车二平四　马6进7
9. 炮五平六　炮8进5　　10. 相七进五　炮2进2
11. 马七进六　炮2平7

也可以士4进5,先上士防守,静观一下变化。

12. 车四进二　士4进5

如车1进1,炮八进六,象5退3,车四平九,马3退1,炮六进七,红方有攻势,令人满意。

13. 炮八进四　象5退3　　14. 马六进四　马7进5

运马踏相急攻,是黑方的一种抢攻变化。

15. 相三进五　炮8平9　　16. 车九平八　炮9进2

红方如马四进六,车1进1,红方仍无攻势。

17. 相五退三　车1平2　　18. 马四进六　车2进1

红方可先走炮八进一压车,然后再进马攻击,比较好一些。

19. 车四退三　炮7进3　　20. 炮八平九　车2平1
21. 炮九平八　(图79)　车8进8

黑方进车下二路,准备抢先采取攻势,是凶悍有力的走法,由此迫使红方运子防守。经过兑子,黑方产生了更多的进取机会,在平稳的局势中不断扩大了优势。

22. 车四退三　炮7平4
23. 车四平六　士5进4
24. 炮八进一　车8退7
25. 车六平八　象7进5
26. 前车进五　卒7平6
27. 后车进二　车8平7

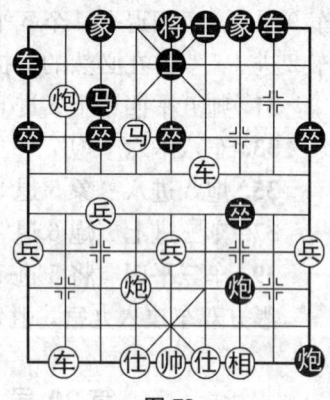

图79

红方如前车平七,车1平2,车八进八,车8平2,车七平六,车2平7,车六平八,车7进8,黑方车炮卒有攻势,形势好走。

28. 仕六进五　车7进8　　29. 帅五平六　车7退8
30. 帅六进一　炮9平7

吃得一相之后,准备退炮防守,形成稳占优势的局面。

31. 前车退一　炮7退6　　32. 炮八退一　马3退4
33. 前车平七　车7平3　　34. 兵七进一　车1平2
35. 炮八退一　士6进5　　36. 车八平二　炮7平4
37. 炮八平六　车2进7

如车七平六,车3进3,车二进七,士5退6,车六进一,马4进3,车六退一,马3进4,黑方胜势。

38. 帅六退一　车2进1　　39. 帅六进一　车3平2
40. 车二平七　后车进7　　41. 帅六进一　后车退2

及时退车捉兵攻击,增加了攻守力度。

42. 兵七平六　后车平5　　43. 后车进一　车5退1
44. 前车退二　车2退5　　45. 兵六平七　车2进7
46. 前车平八　车5平2　　47. 兵七进一　卒5进1
48. 帅六退一　卒1进1　　49. 车七平二　车2平4
50. 仕五进六　士5退6　　51. 车二进三　卒9进1
52. 车二退一　卒5进1　　53. 炮六平一　车4平3

54. 兵七平六　士4退5　　55. 车二平三　车3进3
56. 帅六退一　车3进1　　57. 帅六进一　车3平6
58. 炮一进三　象5退7　　59. 车三进四　车6平8
60. 车三退四　车8退9　　61. 炮一退三　象3进5

黑方双卒过河，红方单士难防，黑方胜局已定。

第80局　李智平负杨剑

1. 炮二平五　马8进7　　2. 马二进三　车9平8
3. 车一平二　卒7进1　　4. 车二进六　马2进3
5. 兵七进一　马7进6　　6. 马八进七　象3进5
7. 车二平四　马6进7

红方平车捉马是一种比较平稳的变化，力求在稳健中保持先手。

8. 马七进六（图80）　炮8平7

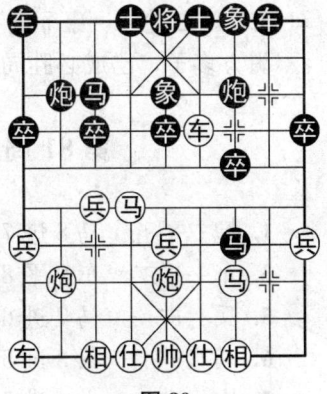

图80

红方可炮八进一打马，炮8平7，车四平三，马7进5，相七进五，车8进2，各有机会。此刻黑方如不平7路炮而士4进5，炮五平六，炮8平6，相七进五，马7退8，车四平三，马8退9，车三平四，卒7进1，黑方较为好走。

9. 车四平三　车8进2

红方平车捉炮作用不大。不如马六进五，马7进5，相七进五，马3进5，车四平五，炮7进5，炮八平三，红方先手。

10. 炮八进一　马7进5

红方可炮八进四，比较主动。

11. 相七进五　炮2进1　　12. 马六进七　炮2退1
13. 炮八进四　炮2平7

红方如马三进四，炮2平7，车三平四，车1平2，炮八平七，红方将遭受黑方弃炮打底相的攻势，形势并不乐观。

14. 车三平四	车1平2	15. 车九平八	前炮进5

黑方打马得子，取得了子力的优势。

16. 车四进二	象5退3	17. 车八进四	后炮进1
18. 炮八进一	士4进5	19. 车四退三	卒7进1
20. 兵七进一	卒7进1	21. 兵七平六	车2平1
22. 兵六进一	象3进5	23. 车四退一	后炮退1
24. 炮八退一	车8进2	25. 兵六平五	车8平4
26. 前兵进一	车1平4		

出车要杀，企图通过兑子取得实力优势，以此夺取胜势。

27. 仕六进五	后车进3	28. 车八平四	后车平6
29. 车四进二	车4平2	30. 炮八平九	车2进5
31. 仕五退六	车2退6	32. 车四平一	马3退2
33. 前兵进一	士6进5	34. 炮九平二	马2进4
35. 炮二进二	象7进9	36. 车一进一	车2平3

黑方多子，已成必胜局势。

第81局 卜凤波和于红木

1. 炮二平五	马8进7	2. 马二进三	卒7进1
3. 车一平二	车9平8	4. 车二进六	马2进3
5. 兵七进一	马7进6		
6. 马八进七	象3进5		
7. 炮八进一	士4进5		
8. 车二平四	炮8进2		
9. 兵三进一	炮2进2		
10. 兵三进一	炮2平7		
11. 马三进四	炮8进5		
12. 车四退一	车8进7（图81）		
13. 马七退五	车8平6		

红方如马四进六，车8平7，马

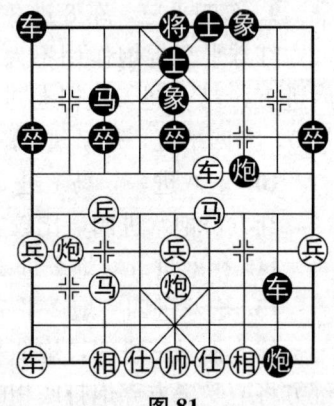

图81

七退五,炮7进5,马五退三,车7进2,车四平二,炮8平6,帅五进一,车1平2,车九平八,车2进4,兵七进一,车2平3,炮八平七,红方胜势。如黑方在变化中应对平稳,双方也可形成和势。

14. 马五进三　炮7进5　　15. 帅五进一　车1平4
16. 马三退二　炮7平4　　17. 车九进一　炮4平8
18. 车九平六　车4平2　　19. 车六平八　炮8退1

如卒3进1,兵七进一,车2进5,马四退六,车2进1,车八进二,车6退3,兵七进一,红方占优。

20. 帅五退一　炮8平6　　21. 炮八退一　车6退1
22. 炮八进一　车6进1　　23. 炮八退一　车6退1

双方不变化,形成和局。

第82局　张惠民负刘殿中

1. 炮二平五　马8进7　　2. 马二进三　马2进3
3. 车一平二　车9平8　　4. 兵七进一　卒7进1
5. 车二进六　马7进6　　6. 马八进七　象3进5
7. 车二平四　马6进7　　8. 马七进六　士4进5
9. 炮五平六　炮8平6　　10. 相七进五　马7退8
11. 车四平三　马8退9
12. 车三平一　卒7进1
13. 车九平七 (图82)　卒7进1

红方平车七路,看来作用不大。以往多走相五进三吃卒,炮2进3,马六进七,炮2平7,相三进五,炮7退4,车九平八。红方虽然弃去一相,但取得一定的攻势,比较上算。

14. 马三退五　车8进4
15. 马五进七　卒7平6

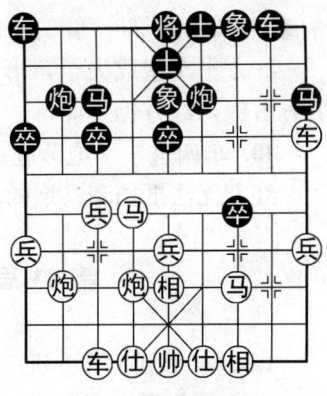

图82

红方可改走炮八进一打卒，然后再出动中心马，这样可以牵制过河卒的活动，再借机攻击黑方右路，局势比较安稳。

16. 炮六进一　炮2进4　　17. 炮六平四　炮2平6
18. 马六退四　车1平2　　19. 炮八进二　车8进2
20. 马四退五　车2进4　　21. 车七平八　车8平6
22. 马七进六　车6平5

红方放弃中兵无可奈何。这样可以避开黑方打士的攻法，同时为了中马可以跃出，化解受困局势。

23. 马五进七　车5平4　　24. 仕六进五　卒3进1
25. 兵七进一　车2平3　　26. 车八平六　车4平7

平车可让9路边马参加攻击，是保持优势的佳着。

27. 炮八退三　马9进7　　28. 车一退二　马3进2
29. 炮八平七　马2进3　　30. 车一平三　车7退1
31. 相五进三　马7进6　　32. 马六进五　马6退5

红方进马吃卒，企图交换子力，但造成了缺相的形势，并不合适。不如改走车六进二，坚持防守，以后再走马六退五换子，局势仍可对抗下去。

33. 车六进三　车3平7　　34. 炮七进二　车7进1
35. 车六进三　炮6平7　　36. 相三进一　车7平5
37. 炮七平五　炮7进1　　38. 车六退一　车5平3
39. 车六平四　车3进2

红方平车造成失子，形成败局。如改走车六退三，车3进1，黑方占优，红方仍难应付。

40. 车四进一　炮7进4　　41. 帅五平六　炮7进1

红方无法抵挡车马炮的攻势，败局已定。

第83局　张录负牛保明

1. 炮二平五　马8进7　　2. 马二进三　车9平8
3. 车一平二　马2进3　　4. 兵七进一　卒7进1

5. 车二进六　马7进6　　　　**6.** 马八进七　象3进5
7. 炮八进一　炮2进1

进右炮对付高左炮是对抗性较强的一种变化，由于变化复杂，局势不易掌握。

8. 车二平四　卒3进1　　　　**9.** 炮五进四　马3进5

红方炮打中兵，其优劣一时难判。以往多走车四退一，卒3进1，兵五进一，红方弃还一子，仍持先手。

10. 车四平五　炮2退2　　　**11.** 兵七进一　车1平3
12. 兵七进一　炮2进2

进炮打车，强行交换子力，由此取得了主动。

13. 车五退一　炮8进2　　　**14.** 兵七平八　车3进7
15. 车九进二　车3进2　　　**16.** 兵八平七　车8进3

进车卒林，埋伏下打死车的着法，是保持复杂变化的走法。

17. 炮八进六　士4进5　　　**18.** 车五平六　车3退6
19. 兵三进一　马6退4　　　**20.** 车六退一　卒7进1
21. 车九平八　卒7进1

红方应吃掉过河卒，否则将留下后患。应改走车六平三，车3平2，炮八平九，马4退3，炮九退一，炮8平2。黑方要想扩大先手，一时也有很大的难度。

22. 马三退五　马4进3
23. 车八进二　马3退2
24. 马五进六　炮8进5（图83）

黑方进炮底路，获得了夺取攻势的机会，在有惊无险的争夺中取得了优势。

25. 车六进四　车8平6
26. 车八平六　车6进6
27. 帅五进一　车6平5
28. 帅五平六　车5平4
29. 帅六平五　车4平5

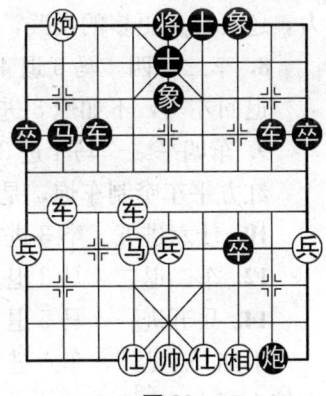

图83

30. 帅五平六　士5进4

黑方平底车打将之后，吃去红仕又回中路打将，是不可缺少的攻击手段，否则胜负难以预料。

31. 前车退一　车３进５　　32. 马六退七　马２退４

交换一车之后，红方攻势被化解，黑方已成胜势。

33. 相三进五　车５平２　　34. 炮八退五　车２退１
35. 车六进三　车２退３　　36. 车六进二　将５进１
37. 车六退一　将５退１　　38. 车六进一　将５进１
39. 马七进六　车２进３　　40. 帅六退一　车２退１
41. 帅六进一　炮８平４　　42. 车六退五　炮４退３
43. 车六退一　车２退１　　44. 帅六退一　卒７进１

红方难以阻拦７路卒的攻击，败局已定。

第84局　郭福人胜王嘉良

1. 炮二平五　马８进７　　2. 马二进三　卒７进１
3. 车一平二　车９平８　　4. 车二进六　马２进３
5. 兵七进一　马７进６　　6. 马八进七　象３进５
7. 炮八进一　炮２进２

进右炮于河口，是对付高左炮变化的新创之着，是否有好的效力，还要经过更多的实践，才能得到验证。

8. 车二平四　马６退４

退回左马，不如炮８进２保马，形势较为稳妥。

9. 车四平二　马４进３

红方平车牵制车炮，是争取主动的有力之着。

10. 仕六进五　卒３进１　　11. 相七进九　炮２退１
12. 车二退二　马３退５　　13. 车九平六　卒３进１
14. 兵五进一　马５退３

不如马５退７，车六进六，卒３进１，车六平八，卒３进１，黑方较为好走。

15. 马七进五　卒３进１

如卒 3 平 4，则车六平七，黑方难以应付。

16. 马五进七　炮 2 进 2（图 84）

黑方不如象 5 进 3 或炮 2 退 2，虽然局势仍处在被动之中，但尚有反攻的机会。

17. 马七进六　车 1 平 3

不如车 1 进 1 防守，比较灵活。

18. 兵五进一　士 6 进 5
19. 车六平七　卒 7 进 1
20. 车二平三　炮 8 进 4

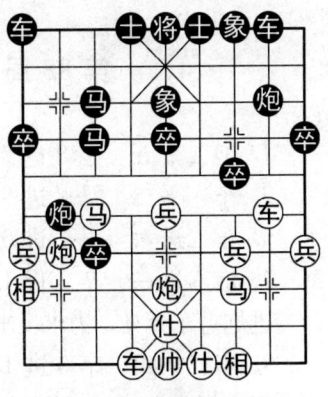

图 84

不如卒 5 进 1，化解红方的中路攻势，车七进三，后马退 1，黑方仍可应付。

21. 马三退一　炮 8 退 3　　22. 车七进三　炮 2 退 2
23. 车七进三　炮 2 平 4　　24. 兵五进一　马 3 进 5
25. 车七进三　象 5 退 3　　26. 炮八平五　炮 8 平 7

红方在兑子过程中一路保持先手，现又平炮打死黑马，已大占优势。现在黑方应象 7 进 5，然后再炮 8 进 5，尚可支持一阵。

27. 后炮进四　象 7 进 5　　28. 前炮进二　车 8 进 3
29. 前炮平八　炮 4 平 5　　30. 马一进三　士 4 进 5
31. 炮八进一　象 3 进 1　　32. 炮五退一　炮 7 进 1
33. 马三进五　象 1 进 3　　34. 炮五进四　车 8 平 5
35. 马五进七　车 5 平 2　　36. 炮八平九　车 2 进 3
37. 相三进五　卒 9 进 1　　38. 车三平六　车 2 平 7
39. 帅五平六　将 5 平 6　　40. 车六进五　将 6 进 1
41. 车六退三　炮 7 退 2　　42. 车六平九　车 7 平 9
43. 车九平四　炮 7 平 6　　44. 兵九进一　车 9 平 4
45. 帅六平五　车 4 退 1　　46. 兵九进一

红方多子有攻势，胜局已定。

第 85 局　季本涵胜朱剑秋

1. 炮二平五　马 8 进 7　　　2. 马二进三　车 9 平 8
3. 车一平二　马 2 进 3　　　4. 兵七进一　卒 7 进 1
5. 车二进六　马 7 进 6　　　6. 马八进七　象 3 进 5
7. 炮八进一　卒 7 进 1　　　8. 车二退一　炮 2 进 2

进炮打车弃马，力求反击，比较冒险，如卒 7 进 1，则比较平稳。

9. 车二平四　卒 3 进 1　　10. 车四退二　卒 3 进 1

红方退车防守，比较消极，不如车四进一，力争先手，可在必要时再弃还一子，还是红方便宜。

11. 兵五进一　士 4 进 5　　12. 兵五进一　卒 5 进 1
13. 马三进五　车 1 平 4　　14. 马五进七　卒 5 进 1
15. 前马进五　炮 8 进 7

红方勉强跃马中路，不但白费度数，还容易发生危险。不如兵三进一，炮 8 平 7，相三进一，炮 2 平 9，车四退一，车 8 进 6，车九平八，双方各有顾忌。

16. 马五退三　炮 2 平 7　　17. 炮八进四　车 4 进 7
18. 车九进二　马 3 进 4　　19. 车九平八　卒 5 平 6

得还一子并非好事。不如车 8 进 8，炮八平九，马 4 退 3，炮九进二，将 5 平 4，车八进七，将 4 进 1，车八退一，将 4 退 1，车四平八，炮 7 平 2，仕六进五，车 4 进 1，仕五进四，车 8 平 6，黑胜。

20. 炮八平六　车 4 平 5
21. 相七进五　卒 6 进 1
22. 车八进七　士 5 退 4
23. 炮六平九（图 85）　车 8 进 3

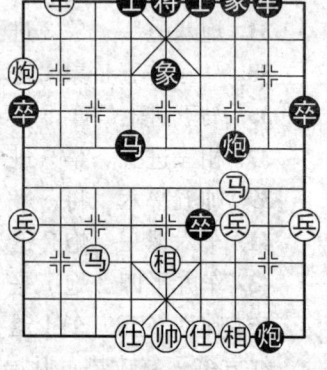

图 85

黑方应车 8 进 1，加强对右路的防守，才是正确的选择。以下红方如炮九进二，车8平1，下一步可马4退3兑子，局势转为平稳，黑方足可抗衡。

24. 炮九进二　车8平3

如象5退3，车八平七，将5进1，车七退一，将5进1，车七平三，车8进1，马七进六，红方大占优势。

25. 马七进八　马4进2　　26. 马三进五　炮7进5
27. 相五退三　象5退3　　28. 炮九平七　将5进1
29. 车八退一　将5进1　　30. 车八退四　车3平5
31. 车八平五　将5退1　　32. 仕六进五　炮8退7
33. 马五退七

兑子之后，红方多子，胜局已定。

第86局　陈新全负杨官璘

1. 炮二平五　马8进7　　2. 马二进三　车9平8
3. 车一平二　马2进3　　4. 兵七进一　卒7进1
5. 车二进六　马7进6　　6. 马八进七　象3进5
7. 炮八进一　卒7进1　　8. 车二退一　卒7进1
9. 马三退五　马6退7　　10. 车二退一　炮8平9
11. 车二进五　马7退8　　12. 炮八平三　车1进1
13. 车九平八　炮2退1
14. 炮三进五（图86）　炮2进5

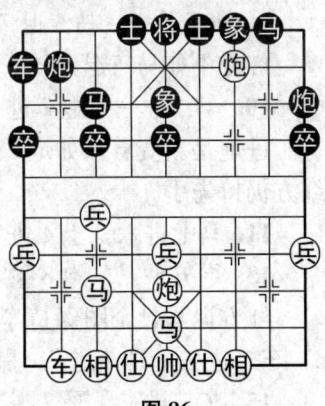

图86

红方进炮打车失误，使黑方乘机进炮交换，夺得了主动。而红方此时又不敢交换，因交换后右路更加空虚，容易遭受反击。所以，红方此时应马七进六，炮2平9，马五进七，车1平7，马六进四，红方子力容易展开。

15. 炮三退二　炮2平9
16. 车八进一　车1平7

红方进车企图支援右路的防守，但难以产生效力。可考虑马七进六，车1平6，车八进二，车6进4，车八平六，炮9进3，炮五平四，红方尚可应付。

17. 炮三平七　前炮进3　　　18. 炮七平六　后炮平6

平炮准备打车吃相，着法凶悍有力，黑方大占优势。

19. 炮五平六　车7进7　　　20. 车八进七　车7平6
21. 马五进六　车6进1　　　22. 帅五进一　士6进5
23. 兵七进一　车6平5

红方进兵忽视了防守，局势更加被动。应相三进一，还可支持一阵。

24. 帅五平六　炮6进6　　　25. 后炮平二　车5退2
26. 炮二进五　炮9退1　　　27. 炮二退六　车5平3
28. 车八退五　炮6平7

黑方多子有攻势，胜局已定。

第87局　王德发负杨官璘

1. 炮二平五　马8进7　　　2. 马二进三　车9平8
3. 车一平二　马2进3　　　4. 兵七进一　卒7进1
5. 车二进六　马7进6　　　6. 马八进七　象3进5
7. 炮八进一　卒7进1　　　8. 车二退一　卒7进1
9. 马三退一　马6退7

红方不如马三退五，子力比较灵活。

10. 车二进一　炮2进2

进炮是新变着。如炮8平9，车二平三，车8进2，炮五平四，红方仍持先手。

11. 马七进六　士4进5　　　12. 炮八平三　车1平4
13. 炮五平三　炮8平9　　　14. 马六退七　士5进6

红方退马，企图保持车二平三的攻法。如马六进四，马7进6，车二进三，马6进7，黑方并不难走。

15. 车二进三　马7退8

红方兑车可以减轻压力。如平车压马,则马7退9,黑方双车都已开出,红方没有多大便宜。

16. 车九进一　炮9进4
17. 车九平二　马8进9
18. 前炮进一　车4进4
19. 车二进六　士6进5
20. 前炮进四　卒3进1

进3路卒力求各攻一翼,运子老练有力。

21. 前炮平二　卒3进1

红方双马位置不佳,急攻容易发生危险。可兵七进一,车4平3,相三进五,车3进2,双方对攻。

22. 炮一进一　士5退6
23. 车二平四　将5进1
24. 马一进二　炮9退2
25. 马二进四　车4平7
26. 车四平二　(图87)　车7平6

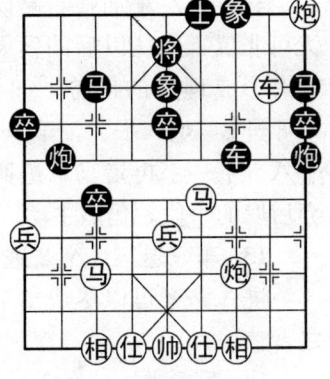

图87

红方平车离开要道,造成四路马被捉而无好的去处,形成被动之势。应车四进二杀士,再作策应,比较有利于发挥攻势。

27. 马四退二　卒3进1
28. 马二进一　卒9进1
29. 马七退八　马3进4
30. 炮三平五　马4进5
31. 车二进一　将5退1
32. 炮五进四　将5平4
33. 仕四进五　马5进7
34. 炮五退二　炮2平5
35. 相三进五　车6进1
36. 车二退六　马7退5
37. 车二平四　车6进2
38. 仕五进四　马9退7
39. 炮一平二　马7进6

黑方多子有攻势,已成胜势。

第88局　傅光明负刘殿中

1. 炮二平五　马8进7
2. 马二进三　卒7进1

3. 兵七进一　车 9 平 8　　　4. 马八进七　马 2 进 3
5. 车一平二　象 3 进 5　　　6. 车二进六　马 7 进 6
7. 炮八进一　卒 7 进 1　　　8. 车二退一　卒 7 进 1
9. 马三退一　马 6 退 7

红方退边马，力求通左车。究竟是回中马好，还是回边马好，各有各的见解。

10. 车二进一　炮 8 平 9　　　11. 车二平三　马 3 退 5

退中心马是防守上的新构思。以往多走车 8 进 2，炮五平四，炮 2 退 1，炮四进五，红方比较好走。

12. 车九进一（图 88）　炮 9 退 1

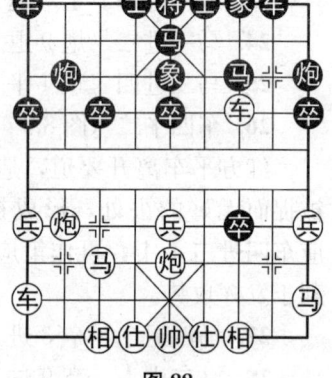

图 88

红方升左车加强右路防守，看似无可非议，但从以后的发展来看，并没有形成理想的形势。如马七进六，车 8 进 8，炮八平三，车 8 平 9，车九平八。下一手再走马六进四，采取先弃后取的手段，仍然主动。

13. 车三退三　卒 3 进 1

进 3 路卒可以尽快出车，是争先之着。

14. 兵七进一　车 1 平 3　　　15. 马七进六　车 3 进 4
16. 车九平四　车 3 平 4　　　17. 车三进一　车 8 进 4
18. 车三平四　马 5 进 3　　　19. 马一进二　炮 9 平 3
20. 相七进九　士 4 进 5　　　21. 后车平三　车 4 平 3

平车暗中护马，好着。

22. 炮五平二　车 8 平 5　　　23. 车四退一　车 5 平 4
24. 马六退五　车 4 进 2

进车要道，逐渐扩展了优势。

25. 炮八退一　马 7 进 6　　　26. 马二进四　车 4 平 1
27. 车三平六　炮 2 进 4　　　28. 兵五进一　马 3 进 4
29. 炮二进三　炮 2 平 5　　　30. 仕六进五　车 3 平 2

红方如马五进三，马 6 进 8，炮二平七，马 8 进 6，车六进四，炮 5 平 7，黑方仍然占优。

31. 车六进一　车 1 进 1　　　**32.** 车四平五　马 4 进 5
33. 炮二平八　马 5 退 3　　　**34.** 车六进三　马 6 退 4
35. 前炮平七　马 4 退 2　　　**36.** 炮八平七　象 5 进 3

黑方吃去一炮，不但大一象，并在右路有较大的攻势，胜局已定。

第 89 局　臧如意和杨官璘

1. 炮二平五　马 8 进 7　　　**2.** 马二进三　车 9 平 8
3. 车一平二　马 2 进 3　　　**4.** 兵七进一　卒 7 进 1
5. 车二进六　马 7 进 6　　　**6.** 马八进七　象 3 进 5
7. 炮八进一　卒 7 进 1　　　**8.** 车二退一　卒 7 进 1

红方退车捉马并可牵制车炮，是在车二平四的基础上创出来的新变化。

9. 马三退五　马 6 退 7　　　**10.** 车二进一　炮 8 平 9
11. 车二平三　车 8 进 2

红方平车压马，力求保持攻势。如车二进三，马 7 退 8，炮八平三，车 1 进 1，车九平八，炮 2 退 1，局势比较平稳。

12. 炮五平四　炮 2 退 1
13. 炮四进六　卒 7 平 8

平卒有力。如炮 9 退 1，炮四退一，炮 2 平 7，炮四平二，炮 7 进 2，炮八平三，红方较占优势。

14. 车九进一　炮 9 退 1（图 89）

红方升左车，是稳健的应法，防止黑方走炮 2 平 4 反击。如炮八平二或马七进六，形成另外的变化，红方仍占便宜。

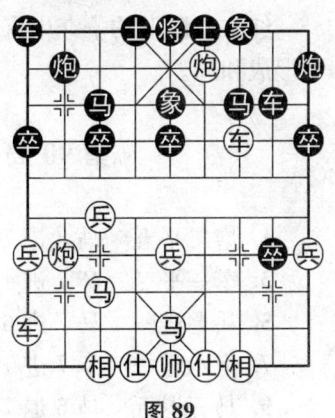

图 89

15. 炮四退一	炮9平7	16. 炮四平二	炮7进2
17. 炮八平二	炮7进3	18. 马七进六	车1平2
19. 马五进七	炮2进7		

红方各子活跃，形势令人满意。此时黑方进炮压车，防止红方的攻势，是保持平稳的方法。

20. 后炮退二	炮7退2	21. 兵九进一	炮2退2
22. 车九平四	车2进1	23. 相七进五	炮2平9
24. 车四进二	炮9退1	25. 车四平四	车2平7
26. 马六进七	炮9平1	27. 兵七进一	炮1进4
28. 仕六进五	士4进5	29. 车四退三	卒1进1
30. 兵七平八	马3退4	31. 兵八平九	炮7进3
32. 后马进九	士5进4	33. 马九进七	马7进8
34. 车四平二	炮7退4	35. 前马退八	车7平2
36. 马七退八	炮7平8	37. 车二平七	炮8进5
38. 炮二退六	炮1退3	39. 后马进六	马8进7
40. 炮二平三	马7进6	41. 车七进二	车2平7
42. 炮三进三	炮1平5	43. 帅五平六	马6退8
44. 炮三平七	炮5退1	45. 车七平五	炮5平4
46. 帅六平五	车7进3	47. 马八进七	车7平3
48. 马六退四	马8退6		

红方在以上的争夺中有一些机会，但力保平稳，不敢涉险，终于形成和局。

第90局　胡远茂胜杨官璘

1. 炮二平五	马8进7	2. 马二进三	车9平8
3. 车一平二	卒7进1	4. 车二进六	马2进3
5. 兵七进一	马7进6	6. 马八进七	象3进5
7. 炮八进一	卒7进1	8. 车二退一	卒7进1
9. 马三退五	马6退7	10. 车二进一	车1进1

11. 马七进六　车1平4

红方进马河口，可以跃出窝心马助战，减少了受攻击的弱点，是比较稳健的应法。此刻黑方平4路车提马，力争保护7路卒，侵扰红方阵地，是战略性走法。

12. 马五进七　卒7进1　　13. 炮八平六　车4平2
14. 车九平八　卒7平6　　15. 炮五平六　炮2进6
16. 仕六进五　车2进5

进车急躁，不如卒6进1保持变化。

17. 相七进五　卒6进1　　18. 后炮退一　卒6平5
19. 仕四进五　车2平4　　20. 车八进一　炮8平9
21. 车二平三　马7退9

如车8进2，马六进四，红方占优。

22. 仕五退四　卒9进1

红方先退仕，于攻守都有好处，机智。

23. 炮六平一　炮9进4　　24. 车八进七　车8进8
25. 炮一进一　马3退5　　26. 马六进七　马5进7
27. 前马进九　车4退4

红方进马展开攻击，迫使黑方防守，可以乘机调动兵力加强攻势，由此增强了控制能力。

28. 马九进七　车4退1　　29. 后马进六　车8退7

红方跃马交换子力，取得理想的阵型。

30. 车三进一　车4平3
31. 车八平七　车8平3
32. 车三退四　炮9退1
33. 炮一进三　车3平2
34. 马六进五　车2进8
35. 帅五进一　车2退6
36. 车三进三　士4进5（图90）
37. 兵五进一　马9进7

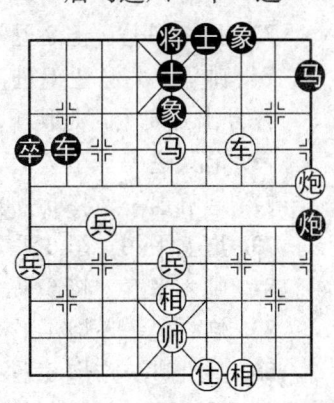

图90

红方进中兵加强攻势，反而推迟了局势的进展。不如马五退四兑车，化解被牵制的不利之势，可以形成多兵的优势。

38. 车三进一	车2平5	39. 炮一平五	将5平4
40. 车三退四	炮9退1	41. 车三平六	将4平5
42. 帅五退一	炮9平8	43. 仕四进五	炮8进5
44. 相三进一	炮8退5	45. 车六平五	炮8平6
46. 炮五平六	车5平2	47. 炮六退四	炮6退3
48. 车五平四	炮6平7	49. 兵五进一	车2进1
50. 兵五平四	士5进4	51. 兵四进一	炮7平1
52. 炮六进三	士6进5	53. 炮六平二	车2平8
54. 炮二平三	车8平2	55. 相一退三	卒1进1
56. 炮三平一	车2平9	57. 炮一平二	车9平8
58. 炮二平一	车8进1	59. 炮一进一	车8退1
60. 炮一退一	车8退1	61. 炮一平五	车8进1
62. 车四平八	车8平5	63. 炮五平二	车5平8
64. 炮二平一	车8平9	65. 炮一平二	车9平8
66. 炮二平三	象5退3	67. 车八进六	象7进5

红方进车捉象，力争展开攻势，好着。

68. 兵四平五	士5退4	69. 车八退六	车8平5
70. 兵五平六	士4退5	71. 车八平一	车5平7
72. 兵六平七	士5退6	73. 车一平六	车7退1
74. 帅五平六	士6进5		

红方出帅要士，是伏下攻势的好着。

75. 前兵进一	车7平3	76. 炮三平五	车3平5
77. 炮五退一	将5平6	78. 车六平八	炮1平4
79. 炮五平一	车5平3	80. 兵七平八	炮4进4
81. 帅六平五	将6平5	82. 车八平二	车3平9
83. 炮一退一	炮4平6	84. 兵八平七	卒1进1
85. 兵九进一	炮6平1	86. 车二进六	士5退6
87. 兵七平六	炮1退4	88. 兵六进一	车9平4

89. 兵六平七　车4平9
90. 相五进三　士4进5
91. 炮一平五　将5平4
92. 车二退四　炮1进1
93. 车二平六　炮1平4
94. 后兵进一　象3进1
95. 后兵平八　车9平3
96. 兵七平八　车3进6
97. 仕五退六　车3退6
98. 炮五平六　将4平5
99. 炮六进五　士5进4
100. 车六进二　车3平5
101. 相三退五　象5进3
102. 前兵平七　士6进5
103. 车六平八　将5平6
104. 车八平二

红方胜。

第91局　赵国荣负杨官璘

1. 炮二平五　马8进7
2. 马二进三　车9平8
3. 车一平二　马2进3
4. 兵七进一　卒7进1
5. 车二进六　马7进6
6. 马八进七　象3进5
7. 炮八进一　卒7进1
8. 车二退一　卒7进1
9. 马三退五　马6退7
10. 车二进一　炮8平9

平炮兑车力求保持稳健形势。如车1进1，车二平三，车1平6，炮八平三，车6进7，炮五平二，炮8平9，炮二平六，马3退5，炮六退一，车6退1，炮六进六，车8进8，炮三进四，马5进7，马五进三，马7退8，车九平八，炮9平4，车八进七，炮4进1，车三退二，车6平3，黑方多子胜势。

11. 车二进三　马7退8
12. 炮八平三　车1进1
13. 车九平八　炮2退1
14. 车八进五（图91）　马8进7

红方进车河口，准备平到右路加强防守，但效力较低。不如马七进六，炮2平9，马五进七，车1平7，

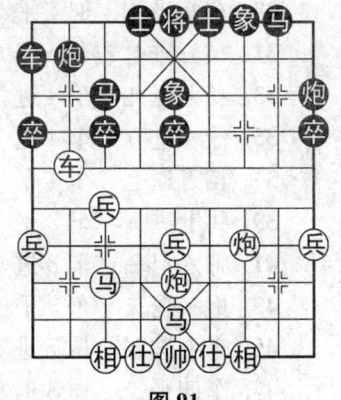

图91

马六进四，车7进3，马七进六，士6进5，车八进一，车7平8，车八平三，红方优势。

15. 炮五平三　卒3进1　　　　**16.** 前炮进六　象5退7

红方弃炮打象，展开攻势。如车八退一，马7进6，黑方主动。

17. 炮三进七　士6进5　　　　**18.** 车八平七　炮2进1
19. 马五进三　车1平4　　　　**20.** 马三进四　车4进6
21. 马七进八　车4退2

红方不如马四进三捉炮，看对方如何应付，然后再作策应，较为积极主动。

22. 马四进三　马3进4

进马可以阻止红车的通路，使防守更加稳固，佳着。

23. 炮三平一　车4进3

进车静观变化，平稳之着。也可以炮2平5采取攻势，成另外一种变化。

24. 马八进七　炮9退1　　　　**25.** 车七平八　炮2平4
26. 仕四进五　炮9平7　　　　**27.** 马七进五　马4退5
28. 马三进五　士5进6

上士困住红马，使其难以发挥作用，从此显示出黑方的多子优势。

29. 车八进一　炮4平3　　　　**30.** 仕五进六　车4退1
31. 马五进七　车4退6　　　　**32.** 车八平五　炮7平5
33. 马七退九　车4进2　　　　**34.** 车五退一　炮3进7
35. 仕六进五　车4退1　　　　**36.** 相三进五　车4平1
37. 相五退七　车1平2　　　　**38.** 帅五平六　车2进7
39. 兵七进一　车2平3　　　　**40.** 帅六进一　车3退1
41. 帅六退一　车3进1　　　　**42.** 帅六进一　车3退3
43. 炮一退二　车3平4　　　　**44.** 仕五进六　将5平6
45. 车五进二　马7进8　　　　**46.** 车五平四　将6平5
47. 车四平二　马8退9　　　　**48.** 车二平一　炮5平4

49. 车一平五　将5平6　　50. 帅六平五　车4进1
51. 车五平四　炮4平6

平炮不但化解红方的攻势，并有反攻之意，走法相当老练。

52. 兵九进一　车4退1　　53. 车四退四　士4退5
54. 兵七进一　炮6进1　　55. 兵一进一　将6平5
56. 车四平二　将5平4　　57. 兵七平八　炮6退2
58. 兵八平九　士5进6　　59. 兵九平八　炮6平5
60. 帅五平四　车4退2

黑车退车要杀，红方无法解救，黑胜。

第92局　邹立武负李来群

1. 炮二平五　马8进7　　2. 马二进三　马2进3
3. 车一平二　车9平8　　4. 兵七进一　卒7进1
5. 车二进六　马7进6　　6. 马八进七　象3进5
7. 炮八进一　卒7进1　　8. 车二退一　卒7进1
9. 马三退一　马6退7　　10. 车二进一　炮2进2

进河口炮是新的变化。如炮8平9，车二平三，车8进2，炮八平三，炮2退1，炮五平四，炮2平7，炮四进五，炮7进2，炮四平二，车1进1，炮二退四，各有千秋。

11. 马七进六　士4进5

红方如车二平三压马，炮2平7，炮八平三，炮8进6，炮三平二，炮8平7，形成相互牵制之势，黑方并不吃亏。此刻黑方上右士，准备弃7路马，艺高胆大。

12. 兵七进一　卒3进1（图92）
13. 车二平三　卒3进1

红方平车捉死马，企图取得多子的优势，实则是黑方预谋的弃子反击

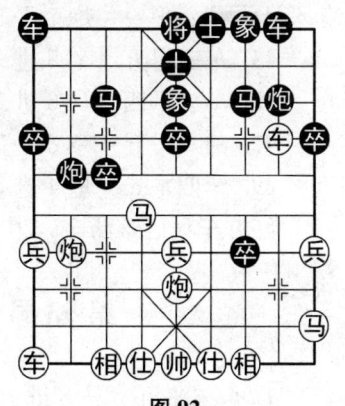

图92

战术。可马六进八兑炮，马 3 进 2，车二平三，炮 8 进 7，车九进一，车 8 进 2，炮八平三，马 7 退 8，炮三平二，马 8 进 9，仍是红方先手。

14. 马六进四　炮 8 进 7　　　15. 车三进一　卒 3 进 1
16. 炮八退二　车 1 平 4　　　17. 炮八平三　炮 2 进 4

不但得还失子，又加强了左路攻势，黑方取得优势。

18. 车三退四　炮 2 平 9　　　19. 炮五平三　车 4 进 1
20. 前炮进七　象 5 退 7

红方如马四进三，将 5 平 4，仕六进五，车 8 进 8，黑方较为好走。

21. 炮三进八　车 8 平 7　　　22. 车三进六　车 4 平 6
23. 仕六进五　车 6 进 2　　　24. 车九进二　炮 8 退 3
25. 兵五进一　炮 8 退 5　　　26. 车九平三　马 3 进 4
27. 前车退一　炮 8 退 1　　　28. 后车进一　车 6 平 7
29. 车三退五　炮 8 平 9　　　30. 车三退二　前炮进 1
31. 车三进四　马 4 进 5　　　32. 兵九进一　卒 3 平 4
33. 车三退二　后炮进 2　　　34. 车三进三　后炮平 4
35. 相七进五　卒 9 进 1　　　36. 车三平五　卒 9 平 1
37. 车五平二　后炮平 7　　　38. 车二平九　卒 9 平 8
39. 兵九进一　马 5 进 7　　　40. 车九平六　卒 4 平 5
41. 车六平一　炮 7 平 9　　　42. 车一平三　马 7 退 6
43. 车三退五　卒 5 进 1　　　44. 帅五平六　后炮平 4
45. 车三平四　马 6 进 8　　　46. 兵五进一　炮 4 退 3
47. 帅六平五　卒 8 平 7　　　48. 兵五进一　卒 7 进 1
49. 车四平二　炮 4 进 5

红方车兵已难防守，黑方胜局已定。

第 93 局　胡玉山胜刘殿中

1. 炮二平五　马 8 进 7　　　2. 马二进三　车 9 平 8

3. 车一平二　马2进3　　　4. 兵七进一　卒7进1
5. 车二进六　马7进6　　　6. 马八进七　象3进5
7. 炮八进一　卒7进1　　　8. 车二退一　卒7进1
9. 马三退五　马6退7　　　10. 车二进一　车1进1
11. 车二平三　车1平6　　　12. 炮八平三　车6进7
13. 炮五平二　炮8平9　　　14. 炮二进四　炮2进1

红方进炮封住左车是新变化。以往多走炮二平六，准备退炮打车，化解黑方的攻势。

15. 车九平八　马3退1

退马保持右炮的地位，打消红方车炮的封制，是保持反击的重要走法。

16. 炮三进四　卒5进1　　　17. 车三退三　炮2平8

如车8进3吃炮，马五进六，车6退4，车八进五，车8平6，仕六进五，黑方子力位置不好。

18. 马五进六　士6进5　　　19. 马六进五　马1退3

红方进马正确。如车八进八，马1进2，马六进五，炮8平5，仕六进五，车8进4，黑方有一定的反击力，红方反而不好。

20. 相七进五　炮8进3

应炮8进6展开攻势，仕六进五，车8进7，马七进六，马3进4，黑方不难走。

21. 马五退三　车8进5
22. 车三退二　车6退4

应车6退3压住红马，比较有威胁。

23. 车八进一　卒3进1
24. 兵七进一　炮9进4

只顾进攻，疏于防守。不如车6平7捉炮，比较有利。

25. 炮三退一　马3进4（图93）

黑方9路炮打边兵之后，防守更

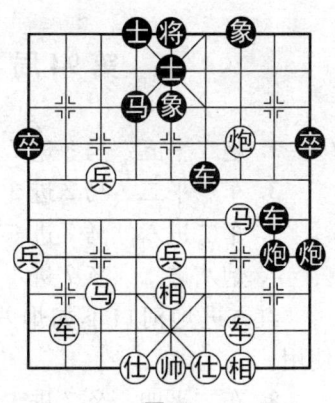

图93

加薄弱。现在红方乘机退回三路炮,加大了攻击力度,黑方的防守更加困难。

26. 兵七平六　车6平4　　27. 炮三平五　车4平7

平车拦马,无可奈何。如炮9退2,马三进二,黑方立成败势。

28. 炮五退二　炮9平5　　29. 马七进五　车8退1
30. 马五进七　炮8退1　　31. 炮五退一　炮8平3
32. 相五进七　马4进5　　33. 马三进五　车7平5
34. 车三进二　车8平7　　35. 车三平四　车7平5
36. 车八进五　卒1进1　　37. 车八平一　车7退4
38. 车一平七　车7平5　　39. 炮五退一　前车进一
40. 车七平四　后车进1　　41. 仕四进五　前车进1

忍痛吃炮,无奈之举。如前车平6,车四退三,车5平3,炮五进四,黑方败势。

42. 相七退五　卒1进1　　43. 前车进二　卒1进1
44. 后车平三　象7进9　　45. 车三平二　士5退6
46. 帅五平四　士4进5　　47. 车二平九　车5平4
48. 车九进六　车4退5　　49. 车九退二　象5进7
50. 车四退二　车4进6　　51. 车九平三　车4平8
52. 仕五进六　车8退6　　53. 车三平五

黑方车象不合位,无法守和双车的攻势,终于败下阵来。

第94局　郑乃东负陶汉明

1. 炮二平五　马8进7　　2. 马二进三　车9平8
3. 车一平二　马2进3　　4. 兵七进一　卒7进1
5. 车二进六　马7进6　　6. 马八进七　象3进5
7. 炮八进二　卒7进1

红方进炮河口不如炮八进一较有威力,所以现在很少有人使用。

8. 车二平四　卒7进1　　9. 马三退五　马6退4

10. 相七进九　炮2进1

红方如车四退二，炮2进2，车四平六，炮8进7，车六进二，炮2平7，车六退二，车8进8，车六平四，车8平6，黑方获胜。

11. 车四平二　卒3进1

红方不如车四退二，炮8进7，马七进六，车1进1，车九进一，车1平7。双方对抢先手，形势各有千秋。

12. 车二退二　卒3进1

红方退车迫不得已。如兵七进一，马4进3，红方失势而败。

13. 相九进七　车1进1　　**14.** 车九进一　车8进1

红方如炮五平二，马4进3，车二平七，炮8平9，炮二进二，炮9进4，炮八退一，车1平7，炮二平三，车7平6，炮八平三，车6进7，红方虽然多一马，但右路空虚，受到了黑方车炮的攻击，形势反而不好。

15. 车九平六　炮8进1　　**16.** 马七进六　炮8平6

如车1平6，仍是黑方优势。

17. 车二进四　车1平8　　**18.** 马六进四　马4进3
19. 车六进三　前马进2　　**20.** 马四退三　车8平7
21. 马三进五　炮6平8　　**22.** 车六进三　炮8退1
23. 车六退一　马3进2　　**24.** 前马进四　炮8平6

红方如车六平八吃炮，前马退3，前马退七，马3退2，马七进八，马2进4，炮五进四，士4进5，炮八平六，马4进6，炮五平四，马6进8，黑方大占优势。

25. 车六退四　前马退3　　**26.** 炮五进四　士6进5
27. 车六平七　炮2进2　　**28.** 车七进二　炮2进4
29. 车七退四　炮2退3　　**30.** 车七进五　炮2进3
31. 车七退五　炮2进3　　**32.** 车七进五　炮2进3
33. 车七退五　炮2退3（图94）
34. 兵一进一　车7进3

红方不能常捉炮马，所以必然变着，只好进边兵避捉。黑方乘机进车河口，准备平中路提炮。红方受此威胁，形势难走。

35. 马四退五　车7退1
36. 炮五平四　炮6平8
37. 兵九进一　马2进4
38. 炮四退二　马4退5
39. 炮四退二　马5进6
40. 炮四平二　车7进3
41. 前马进四　车7平5
42. 马四进二　马6进8

红方马四进二吃炮之后，立即形成败势，改走其他变化也是败局。

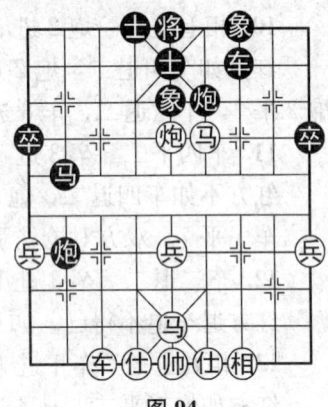

图 94

第95局　秦河胜沈荣芳

1. 炮二平五　马8进7　　　2. 马二进三　车9平8
3. 车一平二　卒7进1　　　4. 车二进六　马2进3
5. 兵七进一　马7进6　　　6. 马八进七　象3进5
7. 炮八进一　士4进5

上士等待变化是一种变例，走卒7进1的较多。

8. 车二平四　炮8进2　　　9. 兵三进一　炮2进1

应炮2进2，在防守上比较稳健。

10. 兵三进一　卒3进1　　11. 车四进二　炮2退1
12. 车四退二　马3进4　　13. 车四平五　象5进7
14. 兵七进一　马4进3　　15. 车五退一　象7退5

退象弃马为时过早。不如象7进5，马三进四，马6退7，马四进二，车8进4，炮五平三，车8进3，炮八退一，马7进8，黑方仍可应付。

16. 车五平四　炮8平3　　17. 马三退五　车1平4
18. 炮五平四　车8进8　　19. 炮八退二　车4进8
20. 炮四退一　车8平6
21. 车四退四（图95）　炮3进3

黑方也可车4平2吃炮，车九进一，车2退1，车四进一，炮2平3，双方各有千秋。

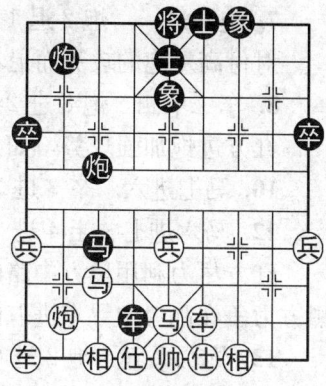

图 95

22. 车四进一　炮3平5
23. 相三进五　马3进2
24. 马五退三　马2退4
25. 车九进二　车4进1
26. 帅五进一　炮2平4
27. 帅五平四　马4退2
28. 车九平七　马2进3
29. 车七平八　车4退3
30. 车八进七　炮4退1
31. 车四进一　车4退3
32. 仕四进五　炮4平3

黑方的攻势被化解，红方由此显示出多子优势，所以黑方轻易弃子是不利的。22回合时，黑方不应炮3平5弃炮，应炮3平4为好，这样仍有一定的战斗力。

33. 马三进二　车4平7
34. 车四进二　车7进5
35. 帅四退一　马3退5
36. 马二进三　马5退7
37. 车四平六　马7进5
38. 车六进一　马5进6
39. 车六进二　炮3平4
40. 马三进四　马6退5
41. 车六退二　象5退3

红方有进车吃炮的凶悍攻势，黑方只好弃象防守。

42. 车八平七　马5进6
43. 相五进三　马6退7
44. 马四进三　马7退6
45. 车六平四

红方得子，胜局已定。

第96局　罗中才和何连生

1. 炮二平五　马8进7
2. 马二进三　马2进3
3. 车一平二　车9平8
4. 兵七进一　卒7进1
5. 车二进六　马7进6
6. 马八进七　象3进5

7. 炮八进一　炮2退1

对付高左炮的攻势而退右炮进行反击,是力求变化的走法。

8. 车二平四　炮8进2　　**9. 炮八进三　马6进7**

红方进炮加强攻势,如兵三进一,将形成激烈的对攻之势。

10. 马七进六　卒3进1　　**11. 兵七进一　炮8平3**

12. 马六进七　士4进5

红方尽力利用黑方中路的弱点,通过兑子的方法争取优势。而黑方力争在乱势中寻求进取的机会。双方勾心斗角,各取一面。

13. 炮八平五　炮2进6(图96)

黑方进炮打马,试探红方的应法,然后再作考虑,是战略性下法。

14. 车九进一　马7进5

红方进车弃马,凶悍。黑方以马兑炮,迫不得已。

15. 炮五退四　车8进2

红方退炮吃马,仍然准备弃子吃中象,展开攻势。此时黑方进车保中象是必走之着。如炮2平7,马七进

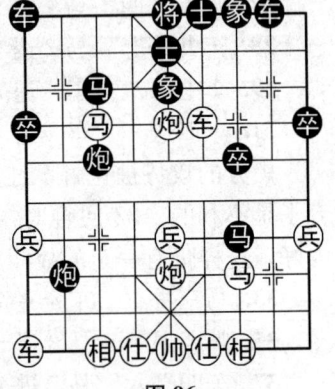

图96

五,象7进5,炮五进五,红方攻势较强,黑方容易吃亏。

16. 车四进二　炮2退6　　**17. 车四退二　炮2进6**

18. 车四进二　炮2退6　　**19. 车四退二　卒7进1**

20. 车九平八　炮2平3　　**21. 车八进六　后炮进1**

22. 车四平七　炮3平7　　**23. 马三退五　炮7退2**

交换子力后红方仍然好走。此时黑方退炮意欲抢先跃马。如马3退4,右车难以开出,形势并不乐观。

24. 车八退三　卒7进1　　**25. 车八平三　卒7平6**

平卒力求化解困境。如卒7平8,马五进七,红方占优。

26. 炮五平七　马3退2　　**27. 马五进四　马2进4**

28. 车七平六　车1平3　　**29. 炮七进二　马4进2**

30. 车六平八　车8进4

红方认为难有胜机,自愿作为和局。

第97局 喻之青和丁如意

1. 炮二平五　马8进7　　2. 马二进三　车9平8
3. 车一平二　马2进3　　4. 兵七进一　卒7进1
5. 车二进六　马7进6　　6. 马八进七　象3进5
7. 炮八进一　炮2进1

进炮准备进行弃子抢先,是争取反攻的着法。

8. 车二平四　卒3进1　　9. 车四退一　卒3进1
10. 兵五进一　卒3进1

红方冲中兵抢夺攻势,不保持得子的便宜,机智。如马七退五,卒3进1,炮八进一,士4进5,炮五平四,车1平4,车四退一,炮8平7,车九进二,车4进8,黑方好走一些。

11. 马七进五　卒3平2

如卒3平4,兵五进一,炮8进2,车四退一,卒5进1,车四进二,卒4平5,马三进五,炮2平5,马五进七,车1平2,车九平八,炮8退1,兵三进一,卒7进1,马七进六,红方占优势。

12. 马五进七　车1平2(图97)

如炮2平3,兵五进一,炮8进2,车四进三,红方先手。

13. 车九进一　士4进5

红方升左横车,加强攻击能力,走法正确。如车四进三,士4进5,兵五进一,炮8平6,兵五进一,马3进5,炮五进五,将5平4,车九进二,炮2退2,车九平六,炮2平4,马三进五,车2平2,马五进四,车8进3,马七进五,车2平4,车六平七,炮4平6,车七进七,将4进1,马五进七,车4平3,马四进六,后炮平7,黑方胜势。

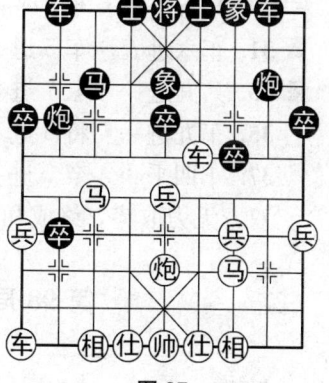

图97

14. 车九平六　炮8进2　　　　**15.** 马七进六　车2平3

红方跃马强行攻击，效力较差。不如车四进三，炮2平3，兵五进一，象5进3，马三进五，车2进5，兵五进一，炮3进2，车六进三，红方先手。

16. 车四退二　马3进4　　　　**17.** 车四平八　车3进3

红方如兵五进一，炮8平5，仕四进五，马4进3，黑方反而好走。

18. 车八进三　马4退2

红方弃车是保持攻势的必然之着。如马六进七，车3退2，兵五进一，炮8平5，仕四进五，车3进5，黑方大占优势。

19. 炮五进四　车3进6　　　　**20.** 炮五平八　炮8退1

退炮阻挡红方攻势，好着。如车3退6，马三进五，红方占优。

21. 炮八退四　炮8平5　　　　**22.** 仕四进五　车8进6
23. 兵五进一　车8平7　　　　**24.** 兵五进一　车7进1
25. 炮八平五　车7进2　　　　**26.** 仕四退五　车7退3
27. 炮五进二　车7平5　　　　**28.** 仕四进五　车3退6

红方虽然在兵力上占优，但防守较差，难于取胜。

29. 兵五进一　车3平4　　　　**30.** 兵五进一　将5进1
31. 车六进五　车5退1　　　　**32.** 车六平九　卒9进1
33. 兵九进一　象7进5　　　　**34.** 车九进二　将5退1
35. 车九进一　将5进1　　　　**36.** 车九平四　车5平1
37. 车四平一　卒7进1　　　　**38.** 车一退四　卒7平8

双方无力取势，终成和局。

第98局　刘健和甘奕祜

1. 炮二平五　马8进7　　　　**2.** 马二进三　卒7进1
3. 车一平二　车9平8　　　　**4.** 车二进六　马2进3
5. 兵七进一　马7进6　　　　**6.** 马八进七　象3进5

7. 炮八进一　炮 2 进 1
8. 车二平四　卒 3 进 1
9. 车四退一　卒 3 进 1
10. 兵五进一　卒 3 进 1
11. 马七进五　卒 3 平 2
12. 车九进一（图 98）士 4 进 5

红方升左车比较迟缓，不如马五进七捉炮。黑方如炮 2 平 3，兵五进一，炮 8 进 2，车四进三，红方先手。

13. 马五进七　炮 2 平 3
14. 马七进六　车 1 平 4

乘机出车捉马，有力地阻挡了红方的攻势。

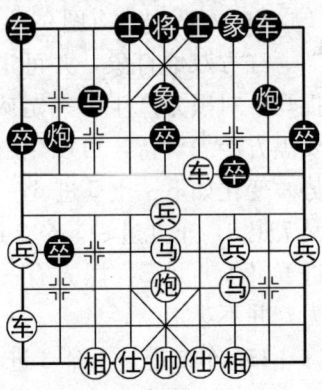

图 98

15. 车九平六　炮 8 进 2
16. 车四退二　车 8 进 3
17. 车四平八　卒 5 进 1
18. 车八平六　卒 5 进 1
19. 仕六进五　炮 8 进 2
20. 兵三进一　卒 5 进 1
21. 前车平五　车 4 进 3
22. 车六进五　车 8 平 4
23. 车五平二　卒 7 进 1
24. 车二平七　马 3 进 5
25. 马三进五　马 5 进 6
26. 马五进三　马 6 进 5
27. 相七进五

双方势均力敌，无法取胜，终为和局。

第 99 局　邹立武胜蔡福如

1. 炮二平五　马 8 进 7
2. 马二进三　车 9 平 8
3. 车一平二　卒 7 进 1
4. 车二进六　马 2 进 3
5. 兵七进一　马 7 进 6
6. 马八进七　象 3 进 5
7. 炮八进一　卒 7 进 1
8. 车二退一　卒 7 进 1
9. 马三退一　马 6 退 7

退回边马是在马三退五的基础上创出的新走法，效力如何还有待更多的实践才能论证。

10. 车二进一　炮 2 进 2
11. 马七进六　士 4 进 5

12. 炮八平三　车1平4
13. 炮五平三　炮8平9
14. 马六退七（图99）　车4进4

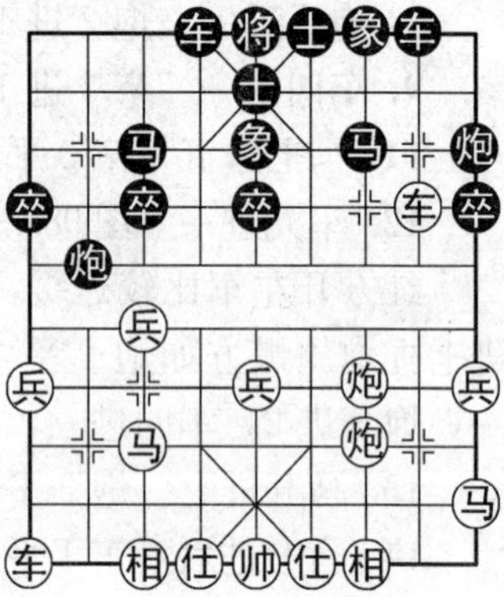

红方双炮打象，并可走车二进一捉马，对黑方产生了一定威胁。但只要黑方冷静对待，可以化解红方的攻势。变化如下：士5进6，车二平三，马7退9，车九进一，卒9进1，相三进五，士6进5，黑方有一定的反击力，并不难走。

图99

15. 车二进一　卒3进1
16. 兵七进一　车4平3
17. 相三进五　士5退4
18. 车二平三　炮9进4
19. 车九进一　士6进5
20. 前炮平二　炮9进1
21. 炮二退二　车3平4
22. 车三退四　车4平9
23. 炮二平七　马3平4
24. 马七进六　炮2平3
25. 炮七平八　炮3退4
26. 炮八进八　马4退3
27. 炮八平九　车9平4
28. 车九平七　马3退1

红方利用兑子战术争夺优势，并伏下攻击手段，使黑方难以抵挡。

29. 车三进五　马1进2
30. 车七进五　车4进1
31. 车七平八　车4退4
32. 炮三进二　卒1进1
33. 车八平五　车4平1
34. 炮九平八　车1退1
35. 炮八平六　士5退4
36. 炮三平五　士4进5
37. 车五平七

黑方无力防守，红方胜定。

第100局　于红木胜杨官璘

1. 炮二平五　马8进7
2. 马二进三　车9平8
3. 车一平二　卒7进1
4. 车二进六　马2进3

5. 兵七进一　马7进6　　　6. 马八进七　象3进5
7. 炮八进一　卒7进1　　　8. 车二退一　卒7进1
9. 马三退五　马6退7　　　10. 车二进一　炮8平9

如马7进6，车二平四，马6退4，炮五平四，黑马位置不好，不占便宜。

11. 车二平三　车8进2　　　12. 炮五平四　炮2退1
13. 炮四进六　卒7平8

如炮2平4，炮八平三，炮4进2，车三退二，炮4退1，车九进一，车1进1，车九平六，车1平6，车六进六，车6进7，车六平七，炮9进4，马五进四，马7进6，炮三进六，士6进5，炮三退三，车6退2，炮三平七，将5平6，以下红方有炮七平八的攻击手法，比较有利。

14. 马七进六　马7退8

黑马以退为进，企图威胁红炮，展开反攻，着法老练。

15. 马五进七　炮2进2　　　16. 炮四退二　士4进5
17. 车九进一　车8进2

红方升左车过于求稳，给了黑方从容布防的机会。不如炮八平七，伏下七路兵过河助战的攻势，让红车从八路开出，有利于控制局势。

18. 炮四平七　炮9进4　　　19. 车九平四　卒9进1
20. 车四进四　车8平6　　　21. 马六进四　卒5进1

进中卒切断了红马的退路，又能充分发挥2路炮的功力，还可以开出4路车，由此可与红方对抢先手。

22. 车三退二　车1平4　　　23. 炮八平二　车4进3
24. 兵七进一　车4平6　　　25. 马四退二　马8进9

进马保存子力，力求复杂变化。如卒9进1，炮二进六，卒9平8，车三平八，炮2退3，车八进三，炮9退4，黑方好走。

26. 炮二平三　炮9平8　　　27. 车三平八　卒9进1
28. 车八进二　卒9平8　　　29. 车八进一　马3退4
30. 相七进五　马9进8　　　31. 仕六进五　马8进6

不如炮 8 进 3 开展攻势，较有威力。

32. 炮三平四　车 6 平 4　　33. 车八退三　卒 8 平 7
34. 炮七平八　马 4 进 3　　35. 马七进六　马 3 退 1
36. 兵七进一（图 100）　　车 4 退 2

黑方退车防守，过低估计了红方车炮的攻击作用。不如马 6 退 4 交换子力，局势仍可支持下去。

37. 炮八进三　炮 8 平 5
38. 炮八平九　士 5 进 6
39. 马六退七　炮 5 平 3
40. 炮四平五　炮 3 退 2
41. 车八进五　将 5 进 1
42. 马七进八　卒 7 进 1

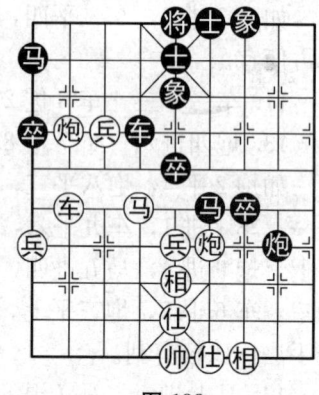

图 100

应卒 7 平 8 较好一些。以下红方如炮九平四，马 6 进 8，炮五平四，马 1 退 3，马八进九，炮 3 进 2，虽然仍是红方优势，但黑方还可对抗。

43. 炮九平四　马 6 进 4

如将 5 平 6，炮四退二，将 6 进 1，车八平四，车 4 平 6，车四平三，车 6 平 8，车三平五，车 8 平 2，马八进九，车 2 进 8，仕五退六，将 6 退 1，车五退二，马 6 进 4，车五进一，将 6 退 1，车五退二，红方仍可取胜。

44. 马八退六　车 4 进 5　　45. 车八退一　将 5 退 1
46. 炮四退一　车 4 平 5　　47. 炮四平九　车 3 平 1
48. 车八进一　将 5 进 1　　49. 车八退一　将 5 退 1
50. 车八进一　将 5 进 1　　51. 炮九平八　车 5 平 3
52. 兵七平六　车 3 平 1　　53. 兵六进一　车 1 平 2
54. 炮八退二　象 5 退 3　　55. 车八退一　将 5 退 1
56. 兵六进一　车 2 平 3　　57. 炮八平五

黑方难于防守车炮兵的攻势，红方胜。

第 101 局　臧如意和刘殿中

1. 炮二平五　马 8 进 7
2. 马二进三　卒 7 进 1
3. 车一平二　车 9 平 8
4. 车二进六　马 2 进 3
5. 兵七进一　马 7 进 6
6. 马八进七　象 3 进 5
7. 炮八进一　卒 7 进 1
8. 车二退一　卒 7 进 1
9. 马三退五　马 6 退 7
10. 车二进一　车 1 进 1
11. 马七进六　车 1 平 6

红方如车二平三，车 1 平 6，炮八平三，车 6 进 7，炮五平二，炮 8 平 9，炮二进四，以下黑方有马 3 退 5 和炮 9 进 4 两种走法，形成较为复杂的局势。

12. 炮八平三　炮 2 进 3
13. 马五进七　炮 2 平 4
14. 马七进六　车 6 进 4
15. 炮五平三　炮 8 平 9

红方如车二平三，炮 8 进 7，仕六进五，车 6 平 4，炮三进四，象 5 退 3，黑方占优。

16. 车二平三　车 6 平 4
17. 前炮进四　车 8 进 6

红方如车三进一，炮 9 进 4，前炮进六，象 5 退 7，车三平七，炮 9 进 3，车七平三，象 7 进 9，双方对攻，红方子力位置较为不好，形势不占便宜。

18. 相七进五（图 101）　车 8 平 5

黑方双车占据要道，有力地控制了局势，已占上风。但此时吃中兵，失去了炮 9 进 4 打中兵的机会，并使红方产生了前炮进一的反击威力。由此可见，黑方应马 3 退 2。

19. 仕六进五　卒 9 进 1

黑方不敢轻举妄动，进边卒静观变化。如马 3 退 2，车九平八，马 2 进 4，前炮进一，车 5 平 6，前炮平

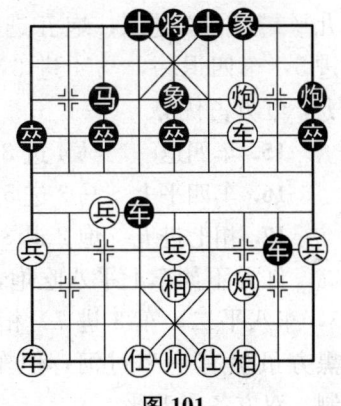

图 101

四，红方有弃炮抢攻的手段，形势复杂，后果难以预料。

20. 车九平八　车4进1　　21. 兵九进一　车4平2
22. 车八进三　车5平2　　23. 前炮平四　车2退2
24. 炮四平七　炮9平3　　25. 车三平五　卒3进1
26. 兵七进一　车2平3　　27. 车五平九　车3进2

红方双车出动，黑方及时兑车，双方握手言和。

第102局　傅光明负杨官璘

1. 炮二平五　马8进7　　2. 马二进三　卒7进1
3. 车一平二　车9平8　　4. 车二进六　马2进3
5. 兵七进一　马7进6　　6. 马八进七　象3进5
7. 炮八进一　卒7进1　　8. 车二退一　卒7进1
9. 马三退二　马6退7　　10. 车二进一　炮2进2
11. 车九进一　马7进6

红方出动左横车，力图加强控制，是新创之着，效力如何，有待探讨。以往多走车二平三压马，展开对攻。

12. 车二平四　卒3进1　　13. 兵七进一　象5进3
14. 炮八平七　马3进4

跃马抢夺先手。如象7进5，车九平二，马3进4，炮五进四，士4进5，车四退一，马4进3，车四平七，红方占优势。

15. 车四退一　马4进3
16. 车四平七　马3进5（图102）
17. 相七进五　炮2退3

红方不如车七平八吃炮，车1平3，车八平二，车3进7，相三进五。黑方虽然有一卒过河，但车炮被牵制，双方各有千秋。

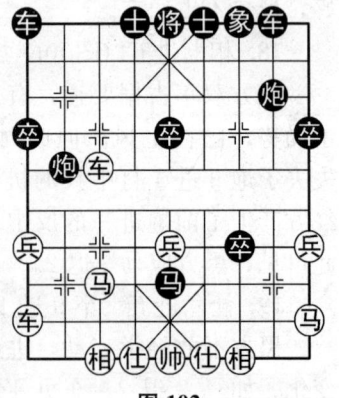

图 102

18. 车七进三　炮2进1

红方轻易捉炮，放弃了平车牵制车炮的机会，是失误之着。应车七平二，车1平3，马七进八，车3进6，车九平六，红方并不难走。

19. 车七退一　炮2退1　　　　**20.** 车七进一　炮2进1
21. 车七退一　炮2退1　　　　**22.** 车七平三　车1平3

平车捉马紧凑有力，由此展开对攻之势。

23. 马七进八　炮8平9

黑方平炮之后，有进车捉马的先手，迫使红方退车防守。

24. 车三退三　炮9平5　　　　**25.** 车九平六　士4进5
26. 车三退一　车8进5

红方如车六进七，炮2进1，车六平八，炮5进4，仕四进五，车8进8，黑方仍占优势。

27. 马八退九　车3进7

红方如马八进六，炮2进8，仕六进五，车3进9，车六退一，车3平4，帅五平六，车8平4，黑方得子胜势。

28. 车六平八　炮2进6　　　　**29.** 马一进三　车8平4
30. 车八退一　炮2退2　　　　**31.** 车八平九　车3平2
32. 车三进二　炮5平1　　　　**33.** 兵九进一　炮2退3
34. 仕六进五　炮1进3　　　　**35.** 车九平六　车4进4
36. 仕五退六　车2平1　　　　**37.** 车三平八　炮2平5
38. 车八进四　士5退4　　　　**39.** 车八退三　卒1进1
40. 车八平五　车1平3　　　　**41.** 车五平八　炮1平4
42. 仕六进五　车3进2　　　　**43.** 仕五退六　车3退6
44. 车八退六　炮5平1　　　　**45.** 仕四进五　卒1进1
46. 兵五进一　车3进3　　　　**47.** 马三进二　车3平2
48. 车八平七　车2平9

黑方多子占优势，胜局已定。

第103局 刘星胜赵汝权

1. 炮二平五　马8进7
2. 马二进三　车9平8
3. 车一平二　卒7进1
4. 车二进六　马2进3
5. 兵七进一　马7进6
6. 马八进七　象3进5
7. 炮八进一　士4进5
8. 车二平四　炮8进2
9. 炮八平七　炮2进1

红方不如兵三进一，炮2进2，炮八平七，变化较为复杂。

10. 车九平八　卒3进1
11. 车四进二　炮2平3

红方进车正确。如车八进六，马3进4，红方不占便宜。

12. 兵五进一　车1平4
13. 炮七平四　卒3进1
14. 马七进五　马6进5
15. 马三进五（图103）卒3平4

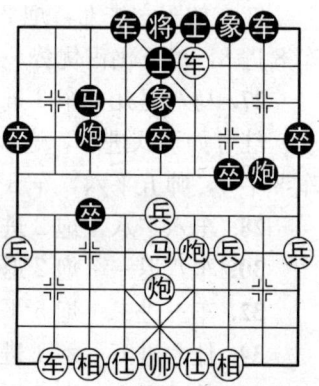

图 103

黑方平卒失去了抢攻机会。应炮8进5，兵五进一，车8进7，炮四退一，炮8平6，炮五平二，炮6退8，兵五平六，卒3平4，黑方比较好走。

16. 车八进七　炮8退2
17. 兵五进一　象5进3

上象并不实用。应卒4平5，炮五进二，车4进5，炮五进二，将5平4，黑方仍有对攻的机会。

18. 车八退一　炮3进6
19. 仕六进五　炮8平5
20. 马五进六　马3进4
21. 炮五进四　车8进3

红方打卒弃马是争先的佳着，由此扩大了攻势。

22. 炮四进六　车8平5
23. 车八平七　车4平2

进车无可奈何。如士5退6，车五平四，士6进5，后车平三，象7进9，车三进一，红方胜势。

24. 车五平八　马4退3
25. 兵五进一　士5退6

26. 兵五进一	象 3 退 5	27. 车八平四	士 6 进 5
28. 后车平三	象 7 进 9	29. 车三平二	象 9 退 7
30. 车二进三	将 5 平 4	31. 车四平五	马 3 进 4
32. 车五平七	车 4 平 3	33. 车七平四	

红方双车攻击力强大，黑方无力防守，红胜。

第 104 局　蒋志梁胜万跃明

1. 炮二平五　马 8 进 7　　　　2. 马二进三　车 9 平 8
3. 车一平二　卒 7 进 1　　　　4. 车二进六　马 2 进 3
5. 兵七进一　马 7 进 6　　　　6. 炮八进三　炮 2 进 1

红方进炮骑河，威胁黑方的盘河马，是比较少见的攻法。有意避开流行的走法，企图以出其不意的布阵打击对方。此刻黑方炮 2 进 1，是等待机会的反击手段。如卒 7 进 1，炮五进四，马 3 进 5，车二平五，炮 8 平 5，炮八平五，士 4 进 5，兵三进一，红方多兵，较占优势。

7. 车二退二　卒 7 进 1

进卒捉车，力求解除车炮被牵制的不利形势。

8. 车二平三　炮 8 平 6　　　　9. 马八进七　象 3 进 5
10. 车九进一　士 4 进 5　　　11. 车九平六　车 8 进 6
12. 炮八退二　车 1 平 4　　　13. 车六进八　士 5 退 4
14. 兵五进一　车 8 进 2

进车看似有力，实则阻挡了车路，不如车 8 平 7 吃兵。以下红方如马三进五，车 7 退 1，马五进三，炮 6 平 7。虽然仍是红方好走，但黑方足可对抗。

15. 仕六进五　士 4 进 5　　　16. 马三进五　马 6 进 5
17. 马七进五　炮 2 进 2

进炮并没有什么好处。不如车 8 退 4 坚守河口。

18. 车三进二　炮 2 退 2　　　19. 兵五进一　卒 3 进 1
20. 车三退二　卒 5 进 1　　　21. 兵七进一　炮 2 平 5

22. 马五进七　炮 5 进 4　　23. 相七进五　车 8 退 5
24. 炮八平五　卒 5 进 1

送吃中卒，实在无奈。如象 5 进 3，马七进五，马 3 进 5，车三平八，炮 6 平 5，车八进二，炮 5 进 2，炮五进三，士 5 退 4，兵三进一，黑方子力受困，形势更为不利。

25. 车三平五　象 5 进 3（图 104）

红方车马炮多兵，子力位置较佳，占有一定的优势。但黑方的车马炮有相当强的防守能力，红方要想突破黑方的阵地，也相当不易。如何抓住先行之利，逐步扩大优势，是红方的当务之急。经过再三考虑之后，红方终于找到了进车捉象的巧妙手法，由此达到了理想的攻击目的。

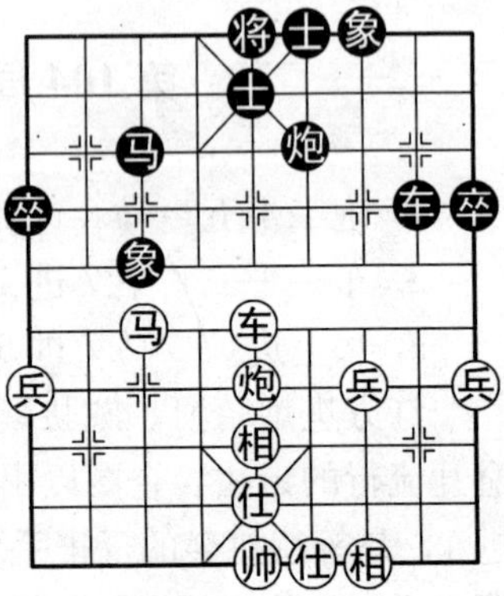

图 104

26. 车五进一　象 3 退 5
27. 兵三进一　将 5 平 4　　28. 兵三进一　炮 6 平 9
29. 兵三平四　车 8 进 2　　30. 炮五进四　车 8 平 4

平车守卫将门正确。如象 7 进 5，车五进二，黑方更难招架。

31. 炮五平三　炮 9 进 4　　32. 炮三退四　车 4 退 1
33. 车五退一　马 3 进 2　　34. 车五平三　象 7 进 5

红方平车捉象是紧凑的攻法。如兵四平五，车 4 进 1，兑车之后红方不得好处。

35. 兵四平五　车 4 进 2　　36. 兵五进一　马 2 进 1
37. 马七进五　车 4 退 2　　38. 兵五进一　车 4 平 5

红方进兵吃象，大胆弃去一马，使黑方无力抵抗车炮兵的强大攻势。

39. 车三平六　士 5 进 4　　40. 兵五平六　将 4 平 5
41. 兵六进一　士 6 进 5　　42. 车六平二　马 1 退 2
43. 仕五进四　马 2 退 4　　44. 车二进五　士 5 退 6
45. 炮三进六　士 6 进 5　　46. 炮三退八　士 5 退 6

47. 车二退六　炮 9 退 1　　　48. 车二平七　炮 9 平 5
49. 仕四进五　马 4 退 2　　　50. 车七进四　士 6 进 5
51. 车七平八　炮 5 平 4　　　52. 车八平二　车 5 平 4
53. 兵六平七　炮 4 平 6

平炮已是无计可施。如车 4 平 5，车二进二，士 5 退 6，炮三平四，炮 4 退 5，兵七平六，黑方败势。

54. 车二平五　卒 9 进 1　　　55. 仕五进六　炮 6 退 4
56. 相五进七

红车吃中士攻击，黑方已无法防守，红胜。

第 105 局　刘君负黄薇

1. 炮二平五　马 8 进 7　　　2. 马二进三　车 9 平 8
3. 车一平二　马 2 进 3　　　4. 兵七进一　卒 7 进 1
5. 车二进六　马 7 进 6　　　6. 炮八进三　卒 7 进 1

可象 3 进 5，兵七进一，马 6 进 4，兵七进一，马 3 退 5，以下黑方有车 1 平 3 出车的争先手段，形势比较理想。

7. 炮五进四　马 3 进 5　　　8. 车二平五　炮 8 平 5
9. 炮八平五　士 4 进 5　　　10. 炮五进二　象 3 进 5

红方兑炮失先。应兵三进一，炮 5 进 2，车五退一，炮 2 平 5，马三进四，红方好走。

11. 兵三进一　车 1 平 4
12. 车九进二　车 8 进 8
13. 仕六进五　马 6 进 7
14. 车九平八　炮 2 平 1
15. 车五平四　炮 1 进 4
16. 车八进一　炮 1 退 1
17. 车八进一　炮 1 退 4
18. 车四退三　马 7 进 9
19. 马三进二（图 105）　车 8 退 2

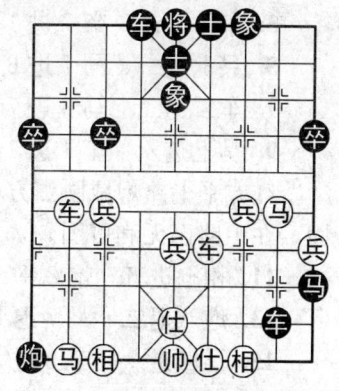

图 105

黑方在左右路均有一定的攻势，此时退车捉车，其意义深远，企图配合右炮展开攻杀。

20. 车四退一　马9进7

应车四退二防守，可能会好一些。

21. 车四退一　车8平5

平车吃中兵，配合右路车炮发动攻势，机智。

22. 车四平三　车5平3　　23. 仕五退六　炮1平3
24. 仕六进五　车3平4　　25. 仕五进六　前车进1
26. 车三平八　后车进3

升车是机动沉稳的攻法。如前车进2，帅五进一，炮3平6，后车平六，红方迫兑一车，黑方攻势大减，处于下风。

27. 前车进五　士5退4　　28. 前车退七　前车平2
29. 帅五进一　前车平6　　30. 前车平三　车4进6
31. 车三退一　车6平5　　32. 帅五平四　象5进7
33. 马二退三　车5平6

黑方上象借助老将攻杀，已成杀局。

第106局　蒋志梁负蔡忠诚

1. 炮二平五　马8进7　　2. 马二进三　车9平8
3. 车一平二　卒7进1　　4. 车二进六　马2进3
5. 兵七进一　马7进6　　6. 炮八进三　炮2进1
7. 车二退二　马6进7　　8. 马八进七　象7进5
9. 马七进六　车1进1　　10. 炮五平七　车8进1

红方平七路炮威胁黑方右路是适合的走法，因黑方中路已经巩固，在中路已无利可图。

11. 相七进五　炮8平7　　12. 车二进四　车1平8
13. 炮八退二　马7退8　　14. 马三进四　卒7进1
15. 马四进六　卒3进1　　16. 兵七进一　马3进4
17. 兵七平六　车8平6　　18. 车九进一　卒1进1

进边卒好着，准备平边炮扩大攻势。

19. 兵六进一	卒 5 进 1	20. 车九平二	卒 5 进 1
21. 兵五进一	马 8 进 7	22. 车二进六	炮 2 退 1
23. 兵五进一	马 7 进 6	24. 车二退六	车 6 进 4
25. 马六进七	炮 7 进 7	26. 仕四进五	马 6 退 5
27. 炮七进一	炮 7 退 3	28. 炮七平三	卒 7 进 1

红方兑炮正确。如炮八平五，炮 7 平 3，以下有车 6 平 5 的捉子手段，红方反而不好。

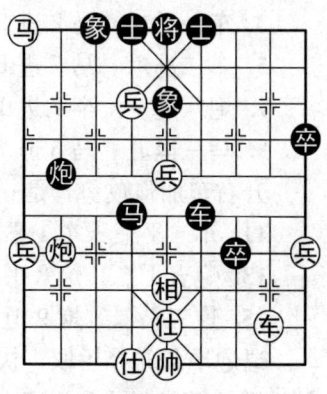

图 106

29. 兵六进一	马 5 进 3
30. 马七退九	炮 2 进 2
31. 马九进八	马 3 退 4
32. 马八进九 (图 106)	炮 2 退 4

红方一味跃马进攻，不细心察看黑方的反击手段，使红马遭到阻击，形势反而不利。应相五进七，保持马八退六捉炮的手段，并伏下兵六平五吃象的先手，对黑方较有威胁。

| 33. 炮八平六 | 马 4 进 2 | 34. 仕五退四 | 车 6 平 4 |
| 35. 车二平六 | 车 4 退 3 | | |

退车吃兵是平稳的应法。如卒 7 平 6，仕六进五，卒 6 平 5，炮六退一，卒 5 进 1，炮六进一，卒 5 平 4，捉死红炮，黑方快捷地获得胜势。

36. 炮六进三	士 4 进 5	37. 车六进二	马 2 进 3
38. 车六退二	马 3 退 2	39. 车六进二	马 2 进 3
40. 车六退二	马 3 退 2	41. 车六进二	马 2 进 3
42. 车六退二	炮 2 进 9	43. 仕六进五	车 4 平 3
44. 炮六平二	卒 7 进 1	45. 炮二进三	象 5 退 7

红方如帅五平六，马 3 退 1，帅六平五，炮 2 平 1，黑方胜势。

| 46. 炮二退一 | 士 5 进 4 | 47. 炮二退一 | 象 3 进 5 |

48. 帅五平六　马3退1

黑方车马炮归边攻杀，红方已无力抵抗，黑方胜定。

第107局　臧如意胜黄少龙

1. 炮二平五　马8进7　　　2. 马二进三　车9平8
3. 车一平二　马2进3　　　4. 兵七进一　卒7进1
5. 车二进六　马7进6　　　6. 马八进七　象3进5
7. 炮八进一　卒7进1　　　8. 车二退一　卒7进1
9. 马三退五　马6退7　　　10. 车二进一　车1进1

升右车加强攻势，是一种急攻的走法。

11. 车二平三　车1平6　　　12. 炮八平三　车6进7
13. 炮五平二　炮8平9　　　14. 炮二进四　马3退5
15. 炮三平二　炮9退1

退炮准备先弃后取，快速抢夺攻势，但兑子之后，攻击能力减弱。可考虑车8平9先避一手。

16. 后炮进六　炮9平7　　　17. 车九平八　炮2平3
18. 车三进一　马5进7　　　19. 相三进一　马7进6
20. 车八进七　炮7进1　　　21. 后炮进二　炮7平6
22. 马五进六　车6平1　　　23. 帅五进一　炮3进3
24. 车八退三　炮3进4

红方不如后炮平四，牵制黑方车马炮。

25. 帅五平六　象5退3　　　26. 仕六进五　车6平9
27. 车八平三　炮6平4　　　28. 马六进五　象3平5
29. 车三平四　马6退7　　　30. 后炮平三　士4进5
31. 马五进三　车9退2　　　32. 车四平八　车9平3
33. 车八进五　炮4退2（图107）

黑方退炮应将失利。应象5退3，车八平七，炮4退2，马三进五，车3平4，帅六进一，炮3退9，马五进七，炮4进1，炮三平六，炮3平4，帅六平五，马7退8，黑方较为好走。

34. 马三进五　车3平8
35. 炮三平一　士5进4

红方平炮一路，是巧妙的攻击手段，准备走炮一进一要杀，黑方无法应付。

36. 车八平六　将5进1
37. 马五进三　马7退9
38. 马三退四

红方退马已成杀势，红胜。

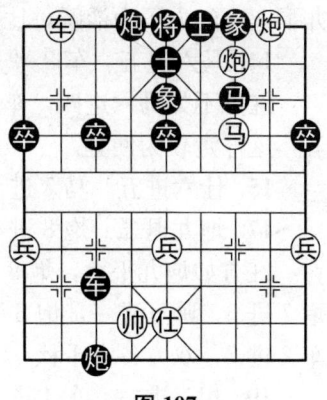

图 107

第 108 局　廖二平负许波

1. 炮二平五　马8进7
2. 马二进三　车9平8
3. 车一平二　马2进3
4. 兵七进一　卒7进1
5. 车二进六　马7进6
6. 马八进七　象3进5

如卒7进1，车二平四，马6进7，车四平三，炮8平5，车三退二，炮2进4，兵九进一，炮2平3，车九进三，炮3进3，仕六进五，马7进5，相三进五，车1平2，炮八进二，炮3平2，黑方可以对抗。

7. 炮八平九　炮2退1

红方平边炮，黑方有卒7进1、车1平2、炮2进1、炮2进4等应法。现在退右炮，准备左移威胁红方右路，并可伺机使左车生根，是较有反弹力的应着。

8. 车二平四　马6进7　　9. 车九平八　炮2平7
10. 车四平三　车8进1　　11. 马七进六　士4进5

上士静观变化，比炮8平6更为含蓄有力。

12. 炮五平六　炮8平6　　13. 车八进一　车8进4

如炮7平6，相七进五，车8进4，马六进七，车1平4，仕六进五，前炮进6，车八进二，后炮进1，车三平四，前炮平8，炮九平七，红方子力活跃，比较有利。

14. 马六退五　车8平4

红方不如马六进四，车1平4，仕四进五，车8平6，马四进五，这样走较为便宜。

15. 仕六进五　马7进5　　**16.** 相七进五　炮7平8

17. 炮九退二　炮8平5　　**18.** 车三平四　炮8平7

红方如炮九平六，炮8平7，后炮进四，炮6进6，仕五退六，炮7进3，帅五进一，炮6平2，相五退三，车1平2，马三进四，车2进7，双方各有千秋。

19. 相三进一　车4进1

20. 炮九平七　车4平3

21. 车八进五　炮6平7（图108）

22. 车八平七　车1平2

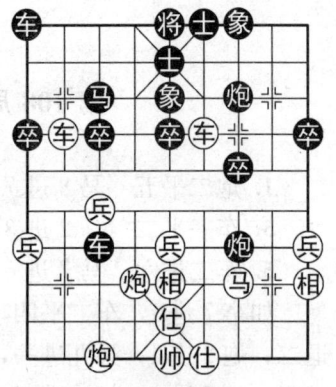

图 108

红方平车吃卒压马，过低估计了黑方的反击力。不如车四平一吃卒，控制黑方右车的出动，局势比较平稳。

23. 车七平六　车2进8

24. 车四退三　马3进2

红方走子比较急躁，黑方的车马轻而易举开出阵地，是造成红方失利的主要原因。

25. 车六平九　马2进1　　**26.** 车九进三　士5退4

27. 车四进二　车2平4　　**28.** 炮七平六　士6进5

29. 车四退二　马1进2　　**30.** 车九退八　卒5进1

31. 车四进三　车3平2　　**32.** 后炮平八　车2平1

33. 炮六平九　后炮平8

红方多次运车，往返徒劳，至此造成了不利局势。此时平炮不如车九进二，前炮平1，车四平九，虽然局势较差，但还可周旋下去。

34. 车四平二　炮8平6　　**35.** 车二平四　象5退3

36. 车四平八　车1平3　　　37. 炮八平六　炮6进6
38. 炮九进七　车3进1　　　39. 车八进三　象7进5
40. 车九进七　车4进1
弃车吃炮已成杀势，黑胜。

第 109 局　邓颂宏胜孙树成

1. 炮二平五　马8进7　　　2. 马二进三　马2进3
3. 兵七进一　卒7进1　　　4. 马八进七　象3进5
5. 车一平二　车9平8　　　6. 车二进六　马7进6
如士4进5则形成另一路攻守变化。
7. 炮八平九　卒7进1　　　8. 车二平四　马6进8
红方也可以车二退一，卒7进1，车二平四，卒7进1，车四平二，卒7平6，车九平八，车1平2，炮五平六，车8进1，仕六进五，红方先手。
9. 马三退五　卒7进1　　　10. 车九平八　车1平2
11. 马七进六　炮8平9
红方跃马稳健。也可车八进六，士4进5，马七进六，炮8平9，马六进五，红方占先。
12. 车八进六　士4进5　　　13. 炮九进四　车8进4
红方边炮出击，是有力的攻法。以往多走马五进七，局势比较平稳。
14. 炮九进一　车8平4
如炮2退1，马六进七，红方仍有攻击力。
15. 马五进七　炮2退1　　　16. 炮五平六　车4平1
17. 炮六退一　车1退2
如炮2平4，车八进三，马3退2，炮六平九，红方先手。
18. 炮六平九　马3进1　　　19. 炮九进五　车2平4
20. 炮九平七　炮2平1　　　21. 车四退二　马8进6
22. 马六退四　卒7平6

23. 车四退一（图109） 车4进3

黑方应车4进6，牵制红方子力，使红方难以发挥优势，这样才能使局势达到平衡。

24. 兵五进一　车1平2

红方进中兵是扩大先手的好着，由此形成了多兵的优势。

25. 车八平九　车2进5
26. 车四平七　炮1平3
27. 兵七进一　卒9进1

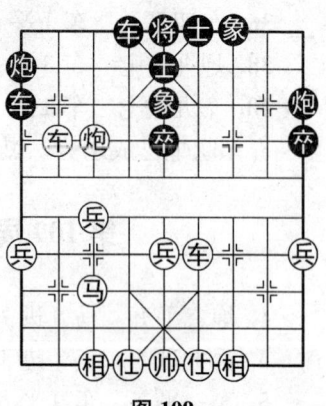

图109

红方进七路兵过早。应相七进五加强防守，较为稳健。此刻黑方应车4进2捉兵，还有对抗的机会。

28. 马七进五　炮9进1

仍应车4进2，比较有力。

29. 兵七平六　车4平3　　30. 车七进三　炮3进8
31. 车七退六　炮9平1　　32. 车七进六　炮1退8
33. 车七平五　士5退4　　34. 马五进七　炮1平5

经过大量兑子之后，局势变化减少，红方多兵较好。此时黑方如车2退2，马七进八，红方占优势。

35. 马七退八　炮5进2　　36. 仕六进五　炮5平9
37. 兵九进一　炮9进3　　38. 兵九进一　卒9进1
39. 兵九进一　卒9平8　　40. 兵五进一

黑方炮卒难以防范马三兵的攻势，红方胜局已定。

第110局　徐天红胜刘殿中

1. 炮二平五　马8进7　　2. 马二进三　车9平8
3. 车一平二　卒7进1　　4. 车二进六　马2进3
5. 兵七进一　马7进6　　6. 马八进七　象3进5
7. 炮八平九　车1平2　　8. 车九平八　炮2进6

进炮压车是创新走法，到底如何还要等更多的实践才能得出结论。如卒7进1，车二平四，马6进8，马三退五，卒7进1，马七进六，炮8平9，车八进六，士4进5，炮九进四，车8进4，炮九进一，炮2退1，炮五平九，炮2平1，车八进三，马3退2，前炮平一，炮1进6，相七进九，象7进9，车四平五，象9退7，车五平七，红方多兵占优势。

9. 车二平四　马6进7　　　　10. 马七进六　炮8平7
11. 车四平三　炮7平6

红方平车捉炮是必要的次序，如直接马六进五将产生不同效果。以下黑方马7进5，相七进五，马3进5，车四平五，炮7进5，炮九平三，卒7进1，相五进三，炮2平5，车八进九，炮5退5，双方易成和局。

12. 马六进五　马7进5　　　　13. 相七进五　马3进5
14. 车三平五　车8进6

不如卒7进1，车五平三，车8进4，车三退二，卒1进1。虽然仍是红方占优，但黑方仍可谋取和局。

15. 马三进四　车8平6

如卒7进1，马四进六，车8退2，马六退七，炮2退2，马七进五，红方占先。

16. 马四进六　炮6进7
17. 炮九进四　车6进2
18. 车五平七（图110）　炮6平4

黑方炮打底仕有些冒险，不如士6进5先行防守。车七平八，车2进3，马六进八，将5平6，虽然红方多兵较好，但黑炮封着红车，以后可走车6平4，局势还能支持下去。

19. 车八平六　炮2进1

如车2进7，炮九进三，象5退3，马六退七，红方胜势。

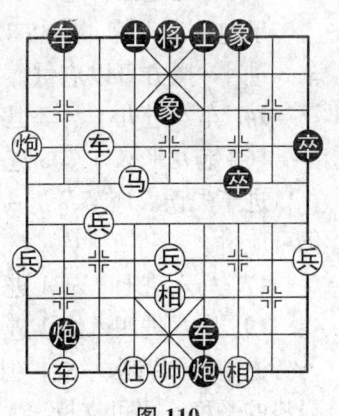

图110

20. 车六进四　车2进8　　　21. 炮九进三　象5退3

红方进炮打将攻击次序准确。如车七平四，车6平3，炮九进三，士4进5，黑方反而获得胜机。

22. 车七平四　车6平3　　　23. 车四平五　士6进5
24. 马六进四　将5平6　　　25. 马四进三　车3进1

如将6进1，车六平四，士5进6，车四进三，红胜。

26. 车六退四　士5进6　　　27. 相五退七　车2平4
28. 车五进三　将6进1　　　29. 车五平六

红方吃士兑车，黑已无力抵抗，红胜。

第111局　张惠民胜卜凤波

1. 炮二平五　马8进7　　　2. 马二进三　车9平8
3. 车一平二　马2进3　　　4. 兵七进一　卒7进1
5. 车二进六　马7进6　　　6. 马八进七　象3进5
7. 炮八平九　车1平2　　　8. 车九平八　炮2进6
9. 车二平四　马6进7　　　10. 马七进六　炮8平7
11. 车四平三　炮7平6　　　12. 马六进五　马7进5
13. 相七进五　炮2平1

平炮兑车失算。应马3进5，车三平五，卒7进1，车五平三，车8进4，黑方可以应付。

14. 车八进九　马3退2　　　15. 马五退六　马2进1
16. 炮九平八　车8进1

进车失误。应卒7进1，以下再车8进4，形势虽然落后，但仍可应付。

17. 马六进七　马1进3　　　18. 车三平七　车8平2
19. 炮八进四　炮1进1　　　20. 仕六进五　炮6进4

进炮力图背水一战，但子力能力有限，还不如卒9进1，保持局势的平稳，仍可支持。

21. 马三进四　炮6平1　　　22. 车七平六　卒1进1

23. 帅五平六　士6进5
24. 马四进六　士5进4
25. 炮八平一　车2进8（图111）

双方展开激烈对攻。由于红方是车马炮，子力攻力性较强，车的位置又好，所以及时平炮打卒，抢先形成杀势。

26. 帅六进一　车2退1
27. 帅六进一　后炮进2
28. 炮一平五　象5退3
29. 车六进一

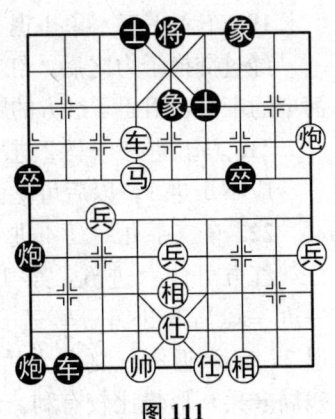

图111

至此，红方车马炮已成杀势，黑已无法解救，红胜。

第112局　柳大华和傅光明

1. 炮八平五　马2进3	2. 马八进七　车1平2
3. 车九平八　马8进7	4. 兵三进一　卒3进1
5. 车八进六　马3进4	6. 马二进三　象7进5
7. 炮二平一　车9平8	8. 车一平二　卒3进1

冲3路卒展开对攻，形成了复杂的变化。

9. 车八平六　马4进2	10. 马七退五　卒3进1
11. 马三进四　炮2平1	12. 车二进六　士6进5
13. 炮一进四　车2进4	

红方炮打边卒可以控制局势，是有力的应法。如马四进五，炮8平9，车二平三，马7退6，黑方双车通畅，红方并不合适。

| 14. 炮一进一　炮8退1 | 15. 炮五平一　炮8平9 |
| 16. 车二进三　马7退8 | |

红方如前炮平五，象3进5，车二进三，马7退8，炮一进六，车2平6，马五进三，炮1进4。红方虽得一象，但形势并不理想。

| 17. 前炮平九　炮9进6 | 18. 相三进一　象3进1 |

19. 车六平五　象1退3　　20. 车五平三　车2平6

经过交换子力之后，红方虽然获得多兵的优势，但由于黑方过河卒的牵制，阻碍了红方的顺利进展。

21. 马五进三　马2进4（图112）

应卒1进1，以后可吃去九路兵。

22. 车三平九　马4进3

红方可仕六进五，卒1进1，兵一进一，马8进6，车三平六，马4退3，车六退一。兑车之后，红方在残局多兵，形势比较有利。

23. 帅五进一　车6平8
24. 帅五平六　车8平3
25. 车九平二　马8进7　　26. 车二平三　马7退6

红方如帅六平五，卒3平4，帅五平四，车3平6，红方仍难取胜。

27. 车三平六　卒3平4　　28. 仕六进五　马3进1

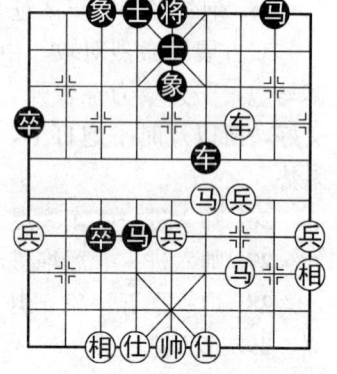

图112

黑方针对红帅不安于位的弱点，运用车马卒展开快速攻击，迫使红方被动应付。

29. 相七进九　车3进3

红方如马四退六，车3进2，红方失子，形成败势。

30. 帅六退一　车3平1　　31. 车六平七　马6进7
32. 兵三进一　象5进7

红方惟恐黑方马7进8强攻，所以送三路兵延缓黑方的攻击。

33. 兵五进一　象7退5　　34. 兵五进一　马1退2
35. 帅六平五　马2进4　　36. 车七退五　卒4进1
37. 仕五退六　车1平1　　38. 仕四进五　车1平7
39. 仕五进六　马4退6　　40. 车七平四　马6退4
41. 马四退六　车7平4　　42. 仕六退五　车4平7
43. 车四进一　马7进8

由于红方的马位较差，虽然多兵也不起作用，终于形成和局。

第 113 局　葛维蒲负陈富杰

1. 炮二平五　马 8 进 7
2. 马二进三　马 2 进 3
3. 车一平二　车 9 平 8
4. 兵七进一　卒 7 进 1
5. 车二进六　马 7 进 6
6. 马八进七　象 3 进 5
7. 车二平四　马 6 进 7

红方先平车捉马是一种应法。如炮八平九，炮 2 进 4，车二平四，炮 2 平 7，马三退五，马 6 退 4，炮五进四，士 4 进 5，相七进五，炮 8 进 7，形成牵制形势，黑方可以对抗。

8. 炮八平九　炮 8 平 7

红方以往多走马七进六，士 4 进 5，炮五平六，炮 8 平 7，相七进五，马 7 退 8，车四平一，红方好走。

9. 车九平八　车 1 平 2
10. 马七进六　炮 2 进 5

进炮容易招致被动。应士 4 进 5，马六进五，马 3 进 5，炮五进四，车 2 平 4，黑方伏下很强的反击力，比较理想。

11. 炮五进四　马 3 进 5（图 113）

由于黑方进右炮的失误，使局势陷入了困境，此时以马换炮已是无奈之举。如士 4 进 5，马六进七，红方可以满意。

12. 马六进五　马 7 退 8
13. 车四平三　炮 7 平 6

红方平车老练，化解了黑炮对三路线上的威胁，由此逐渐扩大了先手。

14. 马五退六　士 4 进 5
15. 马六进四　卒 7 进 1

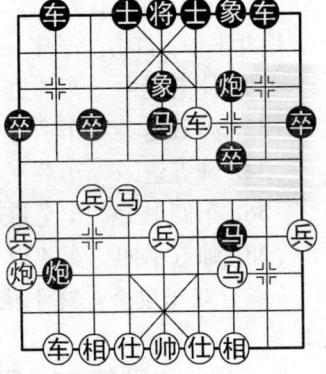

图 113

16. 马四进六　炮 6 退 1

红方可车三退二，马 8 退 6，车三进二，炮 6 进 2，车三平四，炮 6 平 2，车八进二，炮 2 平 5，车八平五。红方多兵，形势令人满意。

17. 炮九进四　马8退9

红方应车三退二，车8进3，马四退五，车8平5，车三进五，红方好走。

18. 车三退二　车8进4　　**19.** 兵九进一　车8平4

20. 马三进四　车4进4

应车4进1，还可支撑下去。

21. 马四进三　马9进7　　**22.** 车三进二　将5平4

23. 相三进五　车2进1　　**24.** 车三平四　炮6平8

25. 仕四进五　炮2退4　　**26.** 车四进二　炮8进8

红方应车四平二，迫使黑方无计可施，红方可成胜势。

27. 马六进七　炮2进5

红方虽然走法失误，但此时还应车四退二，形势仍可对付。

28. 马七退五　车4退6

红方如马七退六，车2进2，兵九进一，炮8平4，仕五退六，车4退5，黑方占优势。此刻黑方退车佳着，由此夺得优势。

29. 马五退四　炮8平4

红方退马造成败势。应车四进一，将4进1，车四平三，车4平5，炮九平一。红方少子多兵，黑方缺士象，双方仍有漫长的争夺战。

30. 仕五退六　车4进7　　**31.** 帅五进一　车4退1

32. 帅五退一　车2进6　　**33.** 相五退三　车4进1

34. 帅五进一　车2平7　　**35.** 马四退六　车7进1

36. 车四退七　车7进1　　**37.** 车四进五　车7平5

38. 帅五平四　车4退1　　**39.** 帅四进一　车4平5

黑方双车攻杀，终于获得胜局。

第114局　柳大华负徐健秒

1. 炮二平五　马8进7　　**2.** 马二进三　卒7进1

3. 车一平二　车9平8　　**4.** 车二进六　马2进3

5. 兵七进一　马7进6　　**6.** 马八进七　象3进5

7. 炮八平九　卒7进1

如炮2进4，车二平四，炮2平7，相三进一，炮8进2，车九进一，车1平2，黑方阵型稳固，足可对抗。但经过不断的实践，红方在炮打底相时，不走相三进一，而改为马三退五，以后有炮五平二打车的先手，所以，黑方炮2进4的变化就很少有人再走了。

8. 车二平四　马6进8　　　**9.** 马三退五　卒7进1
10. 车九平八　车1平2　　**11.** 马七进六　炮8平9
12. 炮五平二　马8进6

红方如马六进五，炮2进1，马五进七，炮2平6，马七进八，炮9进4，黑方弃子抢攻，红方有危险。

13. 炮二平四　士4进5　　**14.** 马六进四　炮2进1

红方可车八进六，炮2平1，车八进三，马3退2，马六进四，红方仍可保住先手。

15. 兵七进一　象5进3　　**16.** 车四平三　象7进5
17. 车三退三　马6退7　　**18.** 车三进一　炮9退1
19. 车八进四　炮9平7
20. 车三平二　车8平5
21. 车八平二　炮2进3（图114）
22. 马五进三　炮2进3

红方跃马三路，造成左路空虚，使防守产生了重大的麻烦。可兵一进一，马7进8，相三进五，车2平4，车二平六，炮2进1，马五退三，红方足可应付。

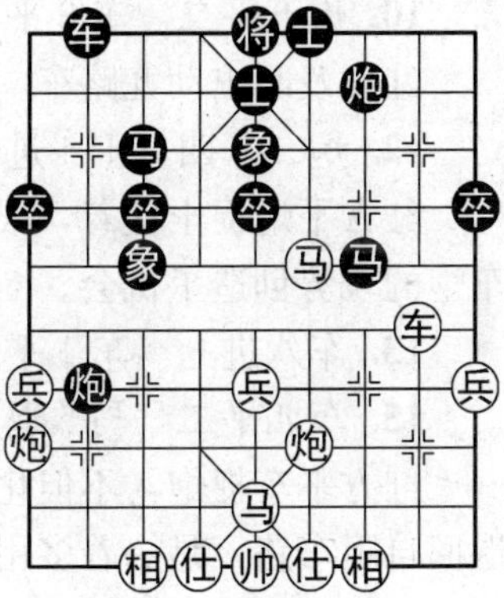

图114

23. 炮九平六　炮2退2

退炮打炮是巧妙的得子方法，由此黑方大占优势。

24. 仕四进五　炮7进6　　**25.** 炮六进四　炮2退4

红方失子之后，调动子力展开袭击。黑方以多子之势沉着应战，识破了红方计谋，取得了防守上的优势。

26. 炮六退五　炮2进1　　**27.** 马四进六　士5进4

28. 炮四平八	车 2 平 3	29. 炮八平七	炮 2 退 1
30. 炮七进四	车 3 平 2	31. 马六退七	炮 2 进 6
32. 炮六进五	卒 9 进 1	33. 相三进五	车 2 进 6
34. 车二进二	士 4 退 5	35. 炮六退一	车 2 退 3
36. 车二退四	炮 7 退 1	37. 车二平三	炮 7 平 8

红方七路炮被捉死，败局已定。

第 115 局　孟立国胜韩福德

1. 炮二平五	马 8 进 7	2. 马二进三	车 9 平 8
3. 车一平二	卒 7 进 1	4. 车二进六	马 2 进 3
5. 兵七进一	马 7 进 6	6. 马八进七	象 3 进 5
7. 炮八平九	炮 2 进 4		

进炮求变并不能取得好的效果，不如卒 7 进 1 较好。

8. 车二平四	炮 2 平 7	9. 马三退五	炮 8 进 2
10. 炮五平二	车 8 平 9	11. 车九平八	车 9 进 1

红方及时出动九路车，各子占位较好，形势占优。

12. 炮二平四　士 4 进 5

红方平炮捉士佳着，限制了黑方左路子力的活动范围，为左路车炮的攻势创造了机会。

13. 车八进七	车 1 平 3	14. 炮九进四	车 9 平 7
15. 车四平二	马 6 退 7		

红方平车捉炮，不但化解了黑方进车兑车的企图，又迫使黑马退回自阻车路，是一着多用的好着。

16. 马七进六	卒 3 进 1	17. 马六进七	马 3 退 4

红方进马压马，极具攻击潜力，已全面控制了局势。

18. 炮九进二	士 5 进 4	19. 马七进八	士 6 进 5
20. 车二平四	车 3 平 1	21. 炮四平九	马 4 进 2
22. 车八进一	卒 3 进 1	23. 前炮退一	将 5 平 4
24. 车四退二	马 7 进 6	25. 车四平七	士 5 退 6

26. 车八退一　将4平5
27. 马五进七　卒7进1
28. 仕六进五　象5进3
29. 车八退一　象7进5
30. 前炮退二（图115）　炮8进1

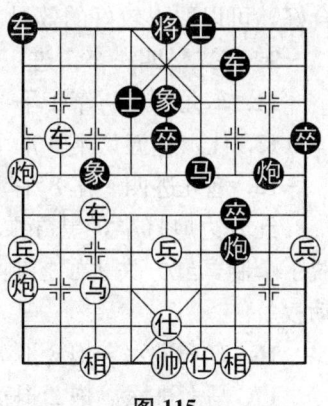

图115

红方退炮打马，得子优势。黑方利用双炮卒奋力攻击红方河口车，虽然取得了一点补偿，但抵不住红方多子的势力强大，反击力量被红方所击退。

31. 炮九平四　车1平4
32. 兵五进一　卒5进1
33. 相七进五　炮8平5
34. 炮四退二　卒7平6
35. 炮四平五　车7进3
36. 车八平四　士4退5
37. 车四退二　车4进6
38. 炮五进二　车7平5
39. 车四平五　车5进1
40. 车七平五　炮7平1
41. 马七进八　车4平9

进马捉车虽然加快了攻击的速度，但不如兵一进一，保持兵的威力，取胜较为有把握。

42. 马八进六　车9平6
43. 车五平九　士5退4
44. 车九进二　卒9进1
45. 马六进四　士6进5
46. 炮九平六

红方可进炮助攻，黑方车炮在外，不好防守，红方取得了胜局。

第116局　黄勇负李忠雨

1. 炮二平五　马8进7
2. 马二进三　车9平8
3. 车一平二　卒7进1
4. 车二进六　马2进3
5. 兵七进一　马7进6
6. 马八进七　象3进5
7. 炮八平九　卒7进1
8. 车二退一　卒7进1

红方退河口车捉马，是控制局势的一种应法。如和左路子力配合好，可以取得较好的效果。

9. 车二平四　卒7进1　　10. 车四平二　卒7平6
11. 车九平八　车1平2　　12. 炮五平六　车8进1
13. 仕六进五　卒6平7　　14. 相七进五　卒7进1
15. 炮九进四　车8平1

红方边炮打卒，黑方乘机平车摆脱了牵制，红方失去了控制局势的主动权。

16. 车八进六　炮8平7（图116）
17. 马七进六　炮2退1

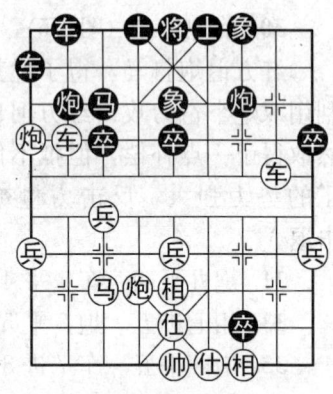

图 116

红方进马是重大失误，应炮九平七打卒压马，红方并不难走。此刻黑方退炮捉马并左移打相要车，红方将要失子。

18. 车八平七　炮2平7　　19. 相三进一　马3进1
20. 车二平九　车2进9　　21. 炮六退二　车1平4

红方如仕五退六，后炮平8，车九进一，炮8进8，黑方攻势较强，红方仍难应付。

22. 马六进四　前炮平8　　23. 车七平六　车4进2
24. 马四进六　士6进5　　25. 车九进一　卒7平6

红方不吃马也是败局。现在黑方平卒攻杀，攻势凶悍，红方已无法解围。

26. 马六退五　炮8进6

黑方要杀巧妙。红方如阻挡7路线的攻势而马五退三，炮8进1黑胜。

第117局　钱洪发和蔡忠诚

1. 炮二平五　马8进7　　2. 马二进三　车9平8
3. 车一平二　卒7进1　　4. 车二进六　马2进3

5. 兵七进一　马7进6　　　　**6.** 马八进七　象3进5
7. 炮八平九　炮2退1

退右炮准备左移进行反击，是一种变化。

8. 车二平四　马6进7

红方也可炮五平四，士4进5，车九平八，炮2平3，车八进八，车1平3，车二退二，卒3进1，车二平四，马6退7，兵七进一，炮3进3，马七进八，红方占优势。

9. 炮五平四　士4进5　　　　**10.** 车九平八　炮2平4
11. 车八进八　炮4进2

红方进车捉炮过早。应车四平二，车8进1，车八进八，炮8平7，车二平三，炮7退1，炮四进四，炮4进2，车八退一，炮4平6，车三平四，炮7进1，车四平三，炮7平6，马七进八，马7退6，双方形成平等局势。

12. 车四退二　炮8平7　　　　**13.** 仕四进五　车8进3

升车要道佳着，不但可走卒5进1，以后又能右炮左移，为攻击红方右路埋下伏笔。

14. 马七进六　卒5进1　　　　**15.** 相三进五　炮4平5
16. 马六进五　车8平5　　　　**17.** 炮四进七　士5退6

红方打士抢攻是凶悍的攻击手段，打乱了黑方的防守，以利于在混战中取势。

18. 车八平三　炮7平9　　　　**19.** 帅五平四　炮9退2
20. 车三平一　卒5进1

红方如车四进四捉象，车1进1兑车。黑方弃还一马，形势较好。

21. 兵五进一　炮9平8　　　　**22.** 车一平二　车5进2
23. 车四退一　卒7进1　　　　**24.** 车二进一　车5平6
25. 车四退一　卒7平6　　　　**26.** 车二退三　车1平4
27. 车二平七　（图117）　车4进8

经过交换子力之后，红方右车控制了形势，比较主动。此刻黑方进车弃马过急，不如马3退1稳妥。

28. 相五退三　马3退1

红方可车七进一吃马，马7进5，帅四进一，马5退7，车七平八，红方优势。

29. 车七平四　车4退3

红方应车七平九，马1退3，车七平四，红方占优。

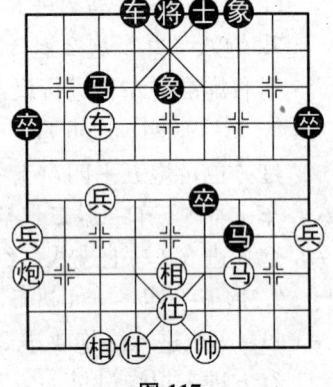

图 117

30. 相七进五　士6进5
31. 炮九进四　卒9进1
32. 炮九退二　车4进1

红方退炮打车没有必要。不如兵九进一，保存实力。

33. 车四退二　车4平1　　**34.** 炮九平八　车1平2
35. 炮八平九　车2平1　　**36.** 炮九平八　车1平2
37. 炮八平九　马1进2　　**38.** 炮九退二　马2进4
39. 车四平三　车2平6　　**40.** 帅四平五　马4进3
41. 炮九平七　车6进2　　**42.** 相五退七　马3退5
43. 马三进五　车6平9　　**44.** 炮七平二　车9退2
45. 炮二进二　车9退1

双方争夺到此，因用时关系，均无进取之机，终于握手言和。

第118局　孙树成胜陶汉明

1. 炮二平五　马8进7　　2. 马二进三　车9平8
3. 车一平二　马2进3　　4. 兵七进一　卒7进1
5. 车二进六　马7进6　　6. 马八进七　象3进5
7. 炮八平九　车1平2　　8. 车九平八　卒7进1
9. 车二平四　马6进8　　10. 马三退五　卒7进1
11. 马七进六　炮8平9　　12. 马六进五　炮2进1

红方如车八进六，士4进5，马五进七，车8进4，车四退二，炮9进4，车四平三，卒7平8，炮五退一，炮9退1，车三退二，马8退6，马六进五，炮2平1，车八进三，马3退2，形成平稳之势。

13. 前马进七　炮2平6
15. 马八退六　车8进1
16. 马六退七（图118）　炮9进3

红方退马吃卒，以往认为是不好的应法，如今打破旧法，显然是有了新的战术。此时一般认为黑方必走炮9平5打中兵，使红方全局受制，但黑方却没有这样走。如炮9平5，马七退五，士6进5，车八进六，炮6进1，炮九进四，将5平6，形成对攻之势，变化复杂，一时难以掌握。

14. 马七进八　炮9进4

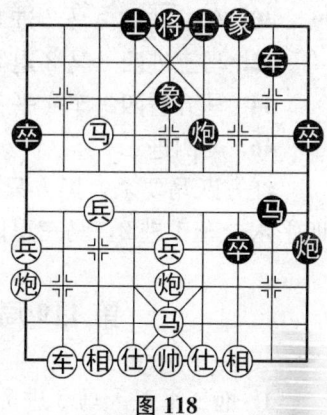

图118

17. 马七退五　马8进6
18. 马五进六　车8平4

红方可马五退四，卒7平6，车八进六，炮6进6，车八平一，卒6平5，炮五平七。仍是对攻之势，红方多子，容易发挥威力。

19. 炮五平四　马6退7

红方平炮压马，谋求弃还一子，以利于夺取形势上的优势，是有力的走法。此时黑方退马力求复杂变化，是争胜的表示。如炮6进4，马五进四，卒7平6，马六退五，卒6平5，炮九进四，红方有攻势，令人满意。

20. 马六退五　炮6进6　　21. 车八进六　卒7平6
22. 炮四平二　卒6平5　　23. 炮九进四　车4进3
24. 马五退三　士6进5　　25. 车八平三　士5退6
26. 车三平八　士6进5　　27. 车八平三　士5退6
28. 车三平八　士6进5　　29. 马三退五　车4进3
30. 炮九进三　象5退3　　31. 后马进三　炮6退2
32. 马三退二　炮6退2　　33. 炮二平五　象7进5
34. 车八平三　炮6平5　　35. 炮五进二　马7进5
36. 车三平一　炮9平7　　37. 马二进三　马5退7

黑方少子，在对攻中没占到便宜，从此红方的实力显示出来，黑方已难应付。

38. 车一进三　士5退6　　39. 车一退九　炮7平4
40. 车一进一　马7进8　　41. 车一平四　士6进5
42. 马三进四　马8退6　　43. 车四进三　车4退1
44. 马五进四　车4平1　　45. 帅五平六　车1退6
46. 马四进二

红方跃马要杀，黑方只好士5进4，马二进三，将5进1，车四平六，车1进2，马三退四，红胜定。

第119局　翁德强胜傅光明

1. 炮二平五　马8进7　　2. 马二进三　车9平8
3. 车一平二　卒7进1　　4. 车二进六　马2进3
5. 兵七进一　马7进6　　6. 马八进七　象3进5
7. 炮八平九　车1平2　　8. 车九平八　卒7进1

冲7路卒是对抢先手的走法，变化比较复杂。

9. 车二平四　马6进8　　10. 马三退五　卒7进1
11. 马七进六　炮8平9　　12. 炮五平二　马8进6
13. 炮二平四　士4进5　　14. 车八进六　马6退7

红方左车过河力图加强攻击力。如马六进四，炮2进1，兵七进一，象5进3，车四平三，象7进5，车三退三，马6退7，车三进一，炮9退1，黑方仍可对抗。

15. 马六进四　车8进5　　16. 马五进七　炮2退1
17. 马四进六　炮2平4　　18. 车八平七　车2进6
19. 仕六进五　车2平3
20. 马六进七（图119）　车3进1

红方进左马展开攻势，有一定的攻击力，是内含锋芒的着法。黑方轻视了红方的攻击力，贪吃红马，被红方乘势捉炮取得了优势。应车8平4，加强防守。

21. 相七进五　车3退1
22. 车七平六　炮9退1
23. 车四进二　将5平4
24. 炮九平六　车3平2
25. 炮六进六　炮9退1

红方双炮车马的攻势已使黑方无力防守，现在勉强退炮是预防红方车四进一的杀势。

26. 相五进三　车2进3
27. 车六退六　车2平4
28. 帅五平六　马3进4
29. 车四退三　车8平7
30. 相三进五　马4进5

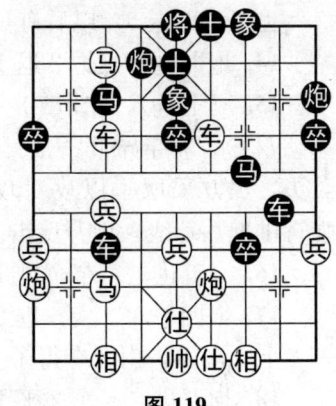

图 119

红方上相逐车好着，为迅速取势创造了条件。如车四平六，车7平3，炮四平六，将4平5。红方虽然多子，但取胜还要费一些周折。

31. 相五进三　炮9平8
32. 炮四平六

黑方大势已去，红胜。

第 120 局　陈启明负徐健秒

1. 炮二平五　马2进3
2. 马二进三　马8进7
3. 车一平二　车9平8
4. 兵七进一　卒7进1
5. 车二进六　马7进6
6. 马八进七　象3进5
7. 炮八平九　车1平2
8. 车九平八　卒7进1
9. 车二平四　马6进8
10. 马三退五　卒7进1
11. 车八进六　士4进5

上士防守含蓄多变。以往多走炮8平9，防止红车封制车炮。

12. 炮九进四　马8进6

红方边炮打卒是不明显的失策，应马七进六。

13. 炮五平四　马6退7

也可马6退5，以后有马5进3及炮8进7的攻势，比较有力。

14. 炮九进一　炮2退1
15. 马七进六（图120）　炮8进4

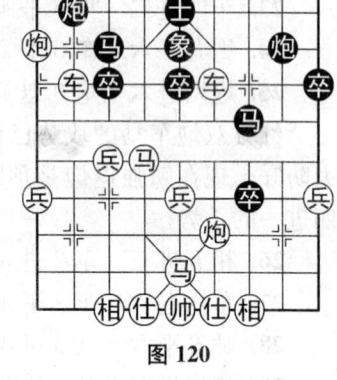

图120

双方的争夺异常紧张。在这紧要关头，黑方采取了以攻对攻的手段，强行进炮兵行线，展开反击。

16. 马五进七　卒7进1
17. 炮四平六　士5进6

上士巧妙，由此夺得了主动。

18. 炮九进二　车2平1

红方进炮交换是无奈之举。如车四退五，炮2平7，黑方形势较好。

19. 车八进二　士6进5

上士老练。先稳定局势，然后再寻机进取。

20. 马六进七　炮8进3

红方进马过于着急，使后防更空虚。应车八退七，仍可支持下去。

21. 仕六进五　卒7进1　　22. 相七进五　卒7进1
23. 相五退三　车8进5　　24. 车八平七　马3进1
25. 后马进六　炮8平9　　26. 马六进四　车8进4
27. 仕五进四　炮9平7　　28. 帅五进一　车8退1
29. 帅五进一　马7进8　　30. 马四进二　马8进7
31. 帅五退一　马7进5

黑方中马回3路，可以吃炮抽将，黑胜。

第121局　臧如意胜徐健秒

1. 炮二平五　马8进7　　2. 马二进三　车9平8
3. 车一平二　卒7进1　　4. 车二进六　马2进3
5. 兵七进一　马7进6　　6. 马八进七　象3进5
7. 炮八平九　卒7进1　　8. 车二平四　马6进8

进马捉马是比较好的走法。如卒7进1或马6进7，形成不同的复杂变化。

9. 马三退五　卒7进1　　　　**10.** 车九平八　车1平2

11. 马七进六　炮8平9

如炮五平二，炮8进5，炮九平二，马8进6，炮二平四，士4进5，马五进四，卒7平6，车四退三，炮2进2，形成平稳之势。

12. 马六进五　炮2平1

红方如炮五平二，马8进6，炮二平四，士4进5，马六进四，炮2进1，兵七进一，象5进3，车四平三，红方先手。

13. 车八进九　马3退2　　　　**14.** 马五退六　炮9进4

15. 马五进七　炮9进3

16. 马七进八　炮1进4

17. 炮五平八　马2进3

18. 马八进七（图121）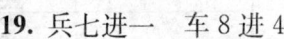　炮9平8

黑方此刻应预防红方兵七进一的强悍攻势，应车8进4加强防守。黑方却炮9平8，准备进车兑车，企图减轻压力，但没达到目的，被红方强行渡兵后失子而成败势。

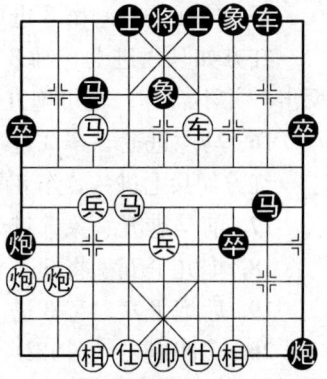

图 121

19. 兵七进一　车8进4

如炮1平3，马六进八，炮3退3，兵七进一，黑方仍难应付。

20. 马六进八　车8平3　　　　**21.** 马八进七　马8进6

应炮1平2拦炮，还可拖延一阵。

22. 炮八进七　士4进5　　　　**23.** 炮九进四　士5进4

24. 前马进六　象5退3

进马叫将巧妙。黑方如果吃马，车四进三成为杀势。

25. 车四平五　士6进5　　　　**26.** 马六退五　象3进1

27. 马五进三

红方攻杀凶猛，取得胜局。

第 122 局　陈信安负陶汉明

1. 炮二平五　马 2 进 3
2. 马二进三　马 8 进 7
3. 车一平二　车 9 平 8
4. 兵七进一　卒 7 进 1
5. 车二进六　马 7 进 6
6. 马八进七　象 3 进 5
7. 炮八平九　车 1 平 2
8. 车九平八　卒 7 进 1
9. 车二平四　马 6 进 8
10. 马三退五　卒 7 进 1
11. 马七进六　炮 8 平 9
12. 车八进六　士 4 进 5
13. 炮九进四　车 8 进 4
14. 炮九进一　炮 2 退 1
15. 马五进七　卒 3 进 1

红方如马六进七，马 8 进 6，炮五平四，车 8 进 3，红方遭受反击，并不合算。也可炮九退三，退炮河口防守，比较稳健。

16. 马六进七　卒 3 进 1

红方如兵七进一，车 8 平 3，黑方反击力增强，红方不占便宜。

17. 前马进五　象 7 进 5
18. 炮九平五　将 5 平 4
19. 后炮平六　卒 3 进 1
20. 车四退二（图 122）　卒 3 进 1

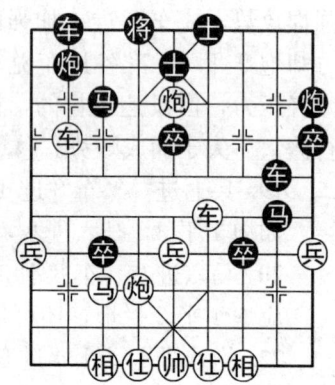

图 122

红方弃马退车，加强攻势，是迫不得已的走法。如马七退九，炮 2 平 1，车八平六，炮 1 平 4，炮六进六，马 3 进 2，车六退四，车 2 进 2，黑方占优。

21. 车四平六　士 5 进 4

上士防守好着。如炮 2 平 4，车六平二，车 8 平 4，炮五平三，炮 4 进 1，炮三进二，将 4 进 1，炮三平八，红方得车占优。

22. 炮五平三　炮 2 平 4

红方如车六进三，将 4 平 5，炮五平七，炮 9 平 3，黑方多子，红方仍难守和。

23. 车六平四　士6进5　　　24. 车八平五　卒3平4

红方平中车吃卒，是无可奈何的应法。如炮三进二，炮4进6，炮三平八，马3进4，黑方得车胜定。

25. 炮三进二　炮9平6　　　26. 炮三平八　马3退2
27. 车五平三　马8退6　　　28. 车三进三　炮6退2
29. 车四平七　将4平5　　　30. 车七进五　炮4退1
31. 车七平八　卒4进1　　　32. 仕六进五　马6进5
33. 车三退六　车8平5　　　34. 相三进五　马5退6
35. 车三退一　马6进8　　　36. 车三平四　马8进6
37. 车四平三　车5进3　　　38. 车三进一　卒4进1

黑方胜。

第123局　陆峥嵘负牛保明

1. 炮二平五　马8进7　　　2. 马二进三　卒7进1
3. 车一平二　车9平8　　　4. 车二进六　马2进3
5. 马八进七　马7进6　　　6. 兵七进一　象3进5
7. 炮八平九　车1平2　　　8. 车九平八　卒7进1
9. 车二平四　马6进8　　　10. 马三退五　卒7进1
11. 马七进六　炮8平9　　12. 车八进六　士4进5

红方也可马六进五，炮2进1，前马进七，炮2平6，马七进八，双方对攻比较激烈，仍是红方较为好走。

13. 炮九进四　车8进4　　14. 炮九进一　炮2退1
15. 马六进七　车8平4

红方如炮五平九，炮2平1，车八进三，马3退2，前炮平一，炮1进6，相七进九，象7进9，形成牵制局势，各有千秋。

16. 马五进七　马8进6　　17. 炮五平四　马6退7

也可炮9平6，车四退二，炮2平1，车八进三，马3退2，炮九平四，士5进6，车四进三，马6退7，车四退三，卒7进1，炮四平五，马7进8，黑方可以满意。

18. 车四平三　炮9进4

红方不如后马进六。虽然形成复杂局势，但有一定的进取机会。

19. 车八进一　马3退4
20. 相七进五　车2平1
21. 前马进八（图123）　马4进2

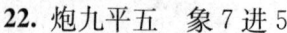

红方以马兑炮，并多吃一象，但在形势上却落入下风。所以，红方不如炮九退三或相五进三，加强防守，黑方一时也难有作为。

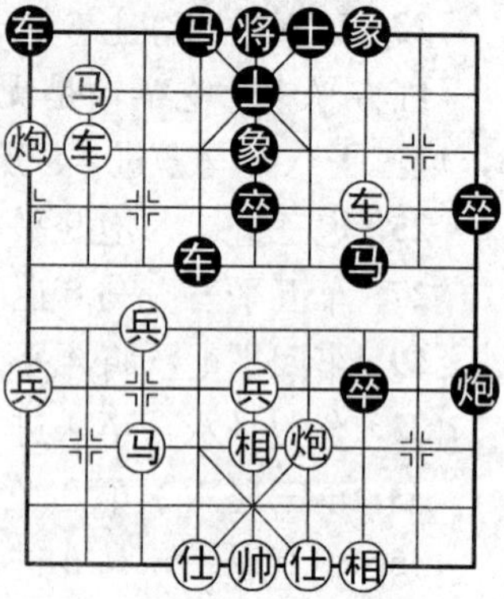

22. 炮九平五　象7进5
23. 车八进一　车1平4
24. 炮四进六　马7进8

图123

红方进炮强行攻击，速度较慢，一时不起作用。不如仕六进五或车八退一较为有力。

25. 车八退七　前车进4
26. 车八平六　车4进8
27. 仕四进五　车4退4
28. 炮四退六　炮9进3
29. 仕五退四　马8进7
30. 帅五进一　将5平4
31. 炮四退一　车4进4

黑车叫将，必吃一炮而成胜局。

第124局　凌正德胜邓颂宏

1. 炮二平五　马8进7
2. 马二进三　车9平8
3. 车一平二　卒7进1
4. 车二进六　马2进3
5. 兵七进一　马7进6
6. 马八进七　象3进5
7. 炮八平九　卒7进1
8. 车二平四　马6进8

如卒7进1，车四退一，卒7进1，车四平二，卒7平6，炮五平六，车1进1，双方形成对攻之势。

9. 马三退五　卒7进1
10. 车九平八　车1平2
11. 马七进六　士4进5

如炮 8 平 9，马六进五，炮 2 进 1，马五进七，炮 2 平 6，马七进八，车 8 进 1，车八进五，双方对抢攻势。

12. 车四平二　马 8 进 6　　13. 马六退四　卒 7 平 6
14. 炮五平二　炮 2 平 1　　15. 车八进九　马 3 退 2
16. 马五进四　车 8 进 1　　17. 马四退五　马 2 进 4

红方退马准备从左路跃出，使黑方车 8 平 6 解开牵制的计划落空，红方形势比较有利。

18. 马五进七　车 8 平 7
19. 炮二进五　车 7 平 8
20. 车二退一　车 8 进 1（图 124）
21. 车二平六　马 4 进 2

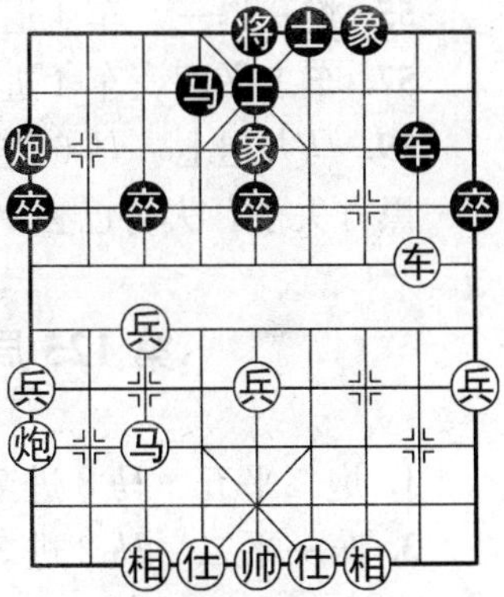

双方经过一阵争斗之后，子力相同，但黑方的子力位置较差，形势比较落后。此时红方不愿兑车成和，而是平车捉马，力图在周旋中扩大优势，正确。

22. 车六平八　马 2 退 3
23. 炮九进四　卒 5 进 1　　24. 相七进五　卒 3 进 1

图 124

弃卒力争跃马拼斗。如马 3 进 4，马七进六，卒 3 进 1，炮九平五，将 5 平 4，炮五平六，将 4 平 5，兵七进一，红方胜势。

25. 兵七进一　车 8 进 1　　26. 炮九退二　马 3 进 4
27. 兵七平六　车 8 平 3　　28. 炮九平七　马 4 进 2
29. 兵六平七　车 3 平 6　　30. 炮七平三　炮 1 平 3

红方平炮紧凑有力。如兵九进一，炮 1 平 2，车八平九，马 2 进 3，相五进七，黑方还有谋和的机会。

31. 马七进六　炮 3 平 2　　32. 车八平九　马 2 退 4
33. 兵七平八　车 6 平 4　　34. 车九退一　炮 2 退 2
35. 仕六进五　炮 2 平 4　　36. 马六退七　车 4 进 3
37. 炮三退一　车 4 退 2　　38. 车九平八　炮 4 进 1
39. 兵九进一　炮 4 平 2　　40. 兵八平九　炮 2 平 3

41. 车八平六　车4平3　　42. 马七进九　炮3退1
43. 兵一进一　车3退1　　44. 前兵平八　炮3平4
45. 车六平三　车3进5　　46. 兵九进一　车3平1
47. 相五退七　炮4平3　　48. 相三进五　车1平4
49. 马九进七　象7进9　　50. 炮三平一　象5退7
51. 炮一退二　车4退2　　52. 炮一进五　炮3进3
53. 兵一进一　炮3平5　　54. 兵一平二　将5平4
55. 炮一退三　车4退2　　56. 车三进二　马4退6
57. 车三平四　车4进1　　58. 马七退九　炮5进3
59. 马九退七　马6进8　　60. 车四退三

黑方失子，大势已去，败局已定。

第125局　卜凤波胜傅光明

1. 炮二平五　马8进7　　2. 马二进三　车9平8
3. 车一平二　马2进3　　4. 兵七进一　卒7进1
5. 车二进六　马7进6　　6. 马八进七　象3进5
7. 炮八平九　车1平2　　8. 车九平八　卒7进1

如炮2进6封车，马三退五，卒7进1，车二退一，马6退7，车二进一，卒7进1，车二平三，马7退5，炮九平八，炮2平4，炮八进四，红方比较主动。

9. 车二平四　马6进8　　10. 马三退五　卒7进1
11. 马七进六　炮8平9

红方也可车八进六，士4进5，马七进六，炮8平9，马六进五，炮2平1，车八平七，马3退4，后马进七。红方子力灵活，比较好走。

12. 马六进五　炮2进1　　13. 前马进七　炮2平6
14. 马七进八　炮9进4　　15. 车八进三　车8进4

红方也可马八退六，车8进1，双方对攻。

16. 马八退六　士6进5

17. 车八平六　车8平6
18. 马五进七（图125）　炮6平7

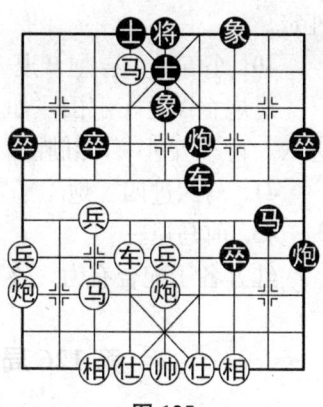

图 125

黑方虽然少一子，但车马炮卒已集结于左路，形成了很大的攻击力。此时黑方可炮9进3沉底攻击，威力较大，红方如仕六进五，炮6平7，帅五平六，车6平2，炮九平八，炮7进6，帅六进一，炮7退2，仕五进四，炮7平5，炮八平五，车2进4，帅六进一，卒7平6，仕四进五，炮9退1，黑方攻力较强，红方不好应付。

19. 相三进一　炮9平8　　　20. 车六进一　炮8进3
21. 仕四进五　马8进9　　　22. 炮五平二　卒7平8

红方平炮阻拦正确。如炮五进五，将5平6，红方局势难以收拾。

23. 车六平三　炮8平9　　　24. 炮二平四　炮7平6

红方如车三进二，马9进8，仕五退四，马8退7，黑方有连杀手段，红方形成败局。

25. 炮九平八　马9进8　　　26. 仕五退四　士5进4
27. 马六退四　将5平6　　　28. 马四退二　车6进2
29. 帅五进一　炮6进4

红方上帅准备弃还一子，从而解除受攻之势，并有利于子力的出击，佳着。

30. 马七进六　车6平5　　　31. 帅五平六　车5平4
32. 帅六平五　炮6平4　　　33. 车三平四　将6平5
34. 马二进四　将5进1　　　35. 马四进三　将5退1
36. 马三退四　将5进1　　　37. 马四进三　将5退1
38. 马三退四　将5进1　　　39. 车四平五　将5平6

红方平中车伏下杀机。黑方如炮4退2，车五进三，将5平6，炮八平四，炮4平6，马四退三，炮6平5，车五退三，红方胜定。

40. 车五进三　炮9退3

退炮企图兑车解围。如车4退1，马四进二，士4进5，炮八进六，再车五进一，红胜。

41. 马六进四　炮4平8　　42. 炮八平四　车4平6

43. 前马退三

红方各子配合有力，终于利用车马炮完成杀局而取胜。

第126局　柳大华胜蒋志梁

1. 炮二平五　马8进7　　2. 马二进三　卒7进1
3. 车一平二　车9平8　　4. 车二进六　马2进3
5. 马八进七　士4进5　　6. 炮八平九　车1平2
7. 车九平八　马7进6

可以炮8平9兑车，成为另一种变化。

8. 兵七进一　炮2进4　　9. 车二平四　马6进7
10. 马七进六　炮8进4

红方跃马河口，伏下冲七路兵的攻势，黑方还要防范，由此红方扩大了先手。

11. 马六进五　马7进5　　12. 相七进五　马3进5
13. 车四平五　炮8平7　　14. 车五平七　车8进8
15. 车七平四　象3进5

红方平车防守要道，防止黑车的打扰，好着。如马三退五，车8平6，马五进七，炮7进1，车八进二，车6退2，红方车马受制约，黑方足可对抗。

16. 马三退五　车8退2　　17. 兵一进一　车8退1
18. 马五进七　炮7进1　　19. 车四退四　炮7平8
20. 车八进二　炮8退1　　21. 仕六进五　车2平4

红方上仕效力不大。应车四平二，车2进3，仕六进五，车8退2，兵五进一，黑方难以应付。

17. 车八平六　车8平6
18. 马五进七（图125）　炮6平7

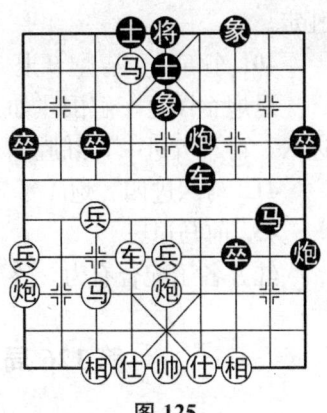

图 125

黑方虽然少一子，但车马炮卒已集结于左路，形成了很大的攻击力。此时黑方可炮9进3沉底攻击，威力较大，红方如仕六进五，炮6平7，帅五平六，车6平2，炮九平八，炮7进6，帅六进一，炮7退2，仕五进四，炮7平5，炮八平五，车2进4，帅六进一，卒7平6，仕四进五，炮9退1，黑方攻力较强，红方不好应付。

19. 相三进一　炮9平8
20. 车六进一　炮8进3
21. 仕四进五　马8进9
22. 炮五平二　卒7平8

红方平炮阻拦正确。如炮五进五，将5平6，红方局势难以收拾。

23. 车六平三　炮8平9
24. 炮二平四　炮7平6

红方如车三进二，马9进8，仕五退四，马8退7，黑方有连杀手段，红方形成败局。

25. 炮九平八　马9进8
26. 仕五退四　士5进4
27. 马六退四　将5平6
28. 马四退二　车6进2
29. 帅五进一　炮6进4

红方上帅准备弃还一子，从而解除受攻之势，并有利于子力的出击，佳着。

30. 马七进六　车6平5
31. 帅五平六　车5平4
32. 帅六平五　炮6平4
33. 车三平四　将6平5
34. 马二进四　将5进1
35. 马四进三　将5退1
36. 马三退四　将5进1
37. 马四进三　将5退1
38. 马三退四　将5进1
39. 车四平五　将5平6

红方平中车伏下杀机。黑方如炮4退2，车五进三，将5平6，炮八平四，炮4平6，马四退三，炮6平5，车五退三，红方胜定。

40. 车五进三　炮 9 退 3

退炮企图兑车解围。如车 4 退 1，马四进二，士 4 进 5，炮八进六，再车五进一，红胜。

41. 马六进四　炮 4 平 8　　　　**42.** 炮八平四　车 4 平 6

43. 前马退三

红方各子配合有力，终于利用车马炮完成杀局而取胜。

第 126 局　柳大华胜蒋志梁

1. 炮二平五　马 8 进 7　　　　2. 马二进三　卒 7 进 1
3. 车一平二　车 9 平 8　　　　4. 车二进六　马 2 进 3
5. 马八进七　士 4 进 5　　　　6. 炮八平九　车 1 平 2
7. 车九平八　马 7 进 6

可以炮 8 平 9 兑车，成为另一种变化。

8. 兵七进一　炮 2 进 4　　　　9. 车二平四　马 6 进 7
10. 马七进六　炮 8 进 4

红方跃马河口，伏下冲七路兵的攻势，黑方还要防范，由此红方扩大了先手。

11. 马六进五　马 7 进 5　　　　12. 相七进五　马 3 进 5
13. 车四平五　炮 8 平 7　　　　14. 车五平七　车 8 进 8
15. 车七平四　象 3 进 5

红方平车防守要道，防止黑车的打扰，好着。如马三退五，车 8 平 6，马五进七，炮 7 进 1，车八进二，车 6 退 2，红方车马受制约，黑方足可对抗。

16. 马三退五　车 8 退 2　　　　17. 兵一进一　车 8 退 1
18. 马五进七　炮 7 进 1　　　　19. 车四退四　炮 7 平 8
20. 车八进二　炮 8 退 1　　　　21. 仕六进五　车 2 平 4

红方上仕效力不大。应车四平二，车 2 进 3，仕六进五，车 8 退 2，兵五进一，黑方难以应付。

22. 车四进四　炮2平4
23. 车八进二　炮8进1
24. 车四退四　炮8进2
25. 炮九进四　卒7进1
26. 车四进四　卒7进1
27. 炮九平五　卒7平6
28. 炮五退一　车8进1
29. 兵七进一　车8退2
30. 兵七平六　炮8退2
31. 仕五进四（图126）　车4平3

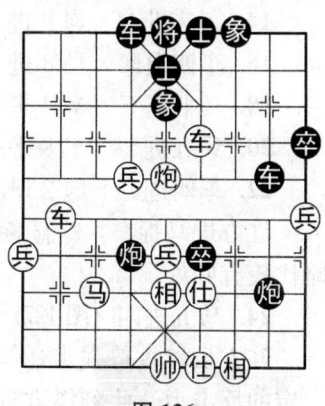

图 126

上仕好着，使黑方企图一车换取马炮的计划无法实现，由此红方形势占优。

32. 兵五进一　炮4平5

平炮兑炮无可奈何。如车8平5，兵五进一，车3进7，车四退三，黑方车双炮无法对抗双车多兵的攻击。

33. 马七进五　卒6平5
34. 车四平八　车8平6
35. 前车进三　车3平4
36. 兵六进一　炮8退3
37. 兵六进一　炮8平5
38. 兵五进一

红方冲六路兵精妙。黑方失车，红方胜定。

第127局　何连生胜于幼华

1. 炮二平五　马8进7
2. 马二进三　车9平8
3. 车一平二　马2进3
4. 兵七进一　卒7进1
5. 车二进六　马7进6
6. 马八进七　象3进5
7. 炮八平九　车1平2
8. 车九平八　炮2进1

进炮有卒3进1的反击手段，但所处位置比较呆板，所以不少棋手多走炮2进6封车，展开弹性攻势，另成一种变化。

9. 炮九进四　士6进5

上士防守是平稳之着。如卒7进1，车二退一，卒7进1，车二平四，卒7进1，车四平二，卒7平6，炮五平六，红方仍占主动。另外,如马3进1,车八进六,车2进3,炮五进四,红优。

10. 炮九平七　卒7进1　　　11. 车二平四　马6进8
12. 马三退五　卒7进1　　　13. 马七进六　炮8平9
14. 车八进五　炮9进4　　　15. 马五进七　炮9进3
16. 车四退四　马8进6　　　17. 马六退四　车8进9
18. 马七退五　卒7平6　　　19. 车四进一　车8退4
20. 兵五进一　车8平5　　　21. 马五进三　车5平3
22. 车四进五　炮2退1　　　23. 马三进五　车3退2

红方进马捉车,略显急躁,可以车八进一,采取徐图进取的策略比较有好处。

24. 马五进四(图127)　车3进2

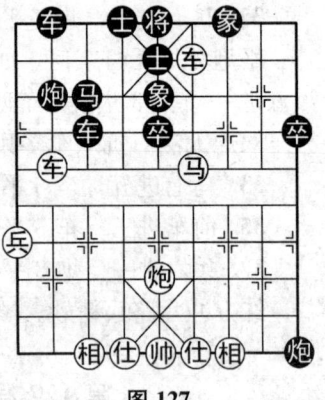

图 127

红方虽然攻势强大,但黑方也有一定的反击力。此刻黑方进车是攻守两用的好着,使红方的攻势由此在一定程度上被化解。

25. 车八进二　车3平6

红方弃车吃炮,加快攻势,但没有十分把握。如炮五进五,炮2平5,马四进五,马3进2,马五进三,车3平7,红方反成败势。

26. 炮五进五　士5退6

应士5进4,车八进二,车6进4,帅五进一,马3退2,黑占优势。

27. 车四平七　车6退1

吃马弃车正确。如车2进2,炮五平八,车6进4,帅五进一,车6退5,炮八进二,士4进5,车七进一,士5退4,车七退二,将5进1,黑方不占好处。

28. 车八进二　车6进5　　　29. 帅五进一　马3进4
30. 车七平六　车6平5　　　31. 帅五平四　马4退5
32. 相三进一　士6进5　　　33. 车八退七　车5退3

应车5退5占据河口，可以保护左象的安全，比较稳健。

34. 车八平三　象7进9　　　**35.** 车六退二　炮9平3

红方退车是老练的走法，有力地限制了黑马的跃出，保持了局势的平稳。此刻黑方应车5退2，保卫边象，仍可支持。

36. 车三进五　象9进7　　　**37.** 车三进二　士5退6
38. 车三退四　车5平6　　　**39.** 帅四平五　车6退3
40. 车三进二　马5退3　　　**41.** 车三平七　炮3退5
42. 车六退一　炮3进5　　　**43.** 车七退七　马3进5

红方设法吃炮，使黑方更难防守。

44. 车七进七　马5进7　　　**45.** 车六平三　士4进5
46. 帅五平六　马7退6　　　**47.** 车三平六　士5进4
48. 车七进二　马6退4　　　**49.** 车六进二　士6进5
50. 车六平五

红方双车兵对车马，黑方无法抵抗，终于形成杀势。

第 128 局　　卜凤波负柳大华

1. 炮二平五　马8进7　　　**2.** 马二进三　车9平8
3. 车一平二　卒7进1　　　**4.** 车二进六　马2进3
5. 兵七进一　马7进6　　　**6.** 马八进七　象3进5

黑方如卒7进1，车二平四，马6进8，兵三进一，马8进7，炮五进四，马3进5，车四平五，炮2平5，炮八平三，炮8进7，仕六进五，车1进1。双方对抢攻势，各有千秋。

7. 炮八平九　卒7进1　　　**8.** 车二平四　马6进8
9. 马三退五　卒7进1　　　**10.** 车九平八　车1平2
11. 马七进六　炮8平9　　　**12.** 车八进六　士4进5

红方如炮五平二，马8进6，炮二平四，士6进5，马五进四，卒7平6，车四退三，红方先手。

13. 炮九进四　车8进4　　　**14.** 炮九进一　炮2退1
15. 马六进七　炮9进4　　　**16.** 马五进七　炮2平1

平炮兑车，化解压力，好着。

17. 车八进三　马3退2　　18. 炮九退三　马8进6
19. 炮五平四　车8平4　　20. 前马退六　马6退7

红方可车四退二，切断马路，加强防守。

21. 车四退一　车4平6　　22. 马六进四　卒7平6
23. 炮四平二　炮1平3
24. 相七进五　卒5进1
25. 仕六进五　炮9退2
26. 马四进三　马2进1（图128）
27. 炮九进一　马7进9

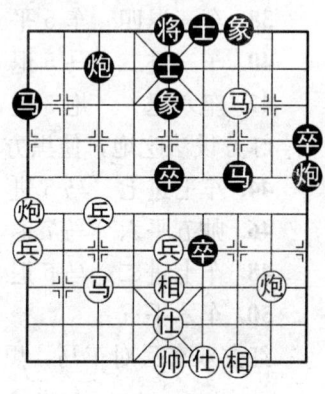

图 128

双方在斗无车局时，各自表现出功力，但由于黑方有一卒过河，形势较为主动。此刻红方进九路炮企图打马交换子力，没有必要，反而造成失子失势。应炮九进二压马，双方还要进行长时间的争斗。

28. 炮九平一　马9进8　　29. 炮一平二　炮3进6
30. 马三退一　卒6平5　　31. 帅五平六　马8退6
32. 马一进三　前卒进1　　33. 相三进五　炮3退1

红方失子又遭受攻击，已难防守，黑方胜定。

第129局　臧如意胜林宏敏

1. 炮二平五　马8进7　　2. 马二进三　车9平8
3. 车一平二　卒7进1　　4. 车二进六　马2进3
5. 兵七进一　马7进6　　6. 马八进七　象3进5
7. 炮八平九　卒7进1

进7路卒是一种复杂的对攻变化。如炮2进1，车九平八，车1平2，形势较为平稳。

8. 车二平四　马6进8　　9. 马三退五　卒7进1

10. 车九平八　车1平2　　　11. 马七进六　炮8平9
12. 马六进五　炮2进1

红方如炮五平二，马8进6，炮二平四，士4进5，马六进四，炮2进1，各有攻守。

13. 前马进七　炮2平6　　　14. 马七进八　车8进4

不如炮9进4先取边卒，双方争夺较为激烈。

15. 马八退六　士6进5　　　16. 炮五平八　车8平2
17. 兵七进一　车2进2

如卒3进1，炮九进四，士5进4，马六退四，将5平6，马四进二，将6平5，炮九平五，士4退5，马五进六，双方对抢攻势，红方好走。

18. 马五进七　马8进6
19. 炮九退一（图129）　炮9退1

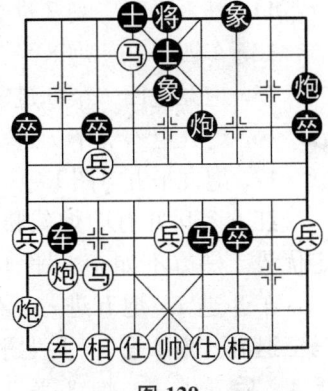

图129

黑方退炮打马反成败势。应卒3进1，炮八平九，车2进3，马七退八，炮9进4。红方虽然占优，但黑方仍有谋和机会。

20. 马六退七　车2平3
21. 炮八进七　象5退3
22. 车八进二　炮9平8
23. 炮八平九　马6进7

红方平炮好着。如仕六进五，炮8进6，黑方有一定的反击力。

24. 后炮平四　卒7平6

平卒似急实缓。应车3退2加强防守，以后还有一定变化。

25. 车八进七　士5进4　　　26. 炮九平七　将5进1
27. 车八退五　卒6进1　　　28. 车八平五　象7进5
29. 车五进三　将5平6　　　30. 马七退五　炮6进1
31. 车五平二

红方平车要杀，胜局已定。

第 130 局　李来群胜郭福人

1. 炮二平五　马 8 进 7
2. 马二进三　卒 7 进 1
3. 车一平二　车 9 平 8
4. 车二进六　马 2 进 3
5. 马八进七　士 4 进 5
6. 炮八平九　车 1 平 2
7. 车九平八　马 7 进 6
8. 兵七进一　炮 2 进 4
9. 车二平四　马 6 进 7

红方平车捉马稳健，可以跃出七路马抢夺攻势。

10. 马七进六　炮 8 进 4

进炮防止红方兵七进一扩大先手，是保持反击势力的走法。

11. 马六进五　马 7 进 5
12. 相七进五　马 3 进 5
13. 车四平五　炮 8 平 7
14. 车五平七　象 3 进 5
15. 炮九进四　卒 9 进 1
16. 炮九退一　卒 7 进 1
17. 炮九平五（图 130）　卒 7 平 6

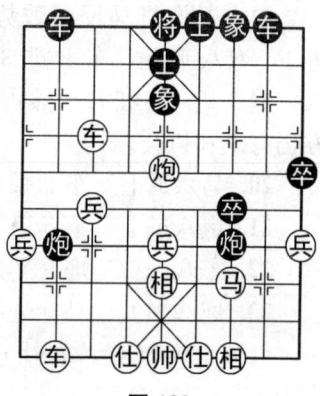

图 130

红方多兵并有中炮威胁，占有一定优势。黑方不如车 2 平 4，兵七进一，车 8 进 4，炮五进一，卒 7 平 6，马三退五，炮 2 平 3，兵七平八，车 8 平 4，兵五进一，炮 3 平 9，马五进七，卒 6 平 5，仕六进五，炮 7 退 3，炮五进二，士 6 进 5，车七平三，炮 9 平 5，马七进五，卒 5 进 1，形成平稳局势。

18. 兵七进一　车 8 进 8

仍应车 2 平 4，兵五进一，炮 2 平 4，马三退五，炮 4 进 2，车八进四，车 8 进 5，车七平八，卒 6 平 5，前车进三，炮 7 平 3，前车平六，将 5 平 4，车八进五，将 4 进 1，车八退九，象 5 进 3，车八平七，炮 3 平 5，炮五退二，卒 5 进 1，车七进五，车 8 平 4，双方各有千秋。

19. 马三退五　车2平4　　20. 马五进七　车8平3
21. 车八进二　卒6进1　　22. 仕四进五　炮7平8

不如炮7进1，车八进一，炮7平3，兵七平六，车4进4，车七进三，车4退4，车八进六，车3平4，车七平六，车4退8，车八退六，卒6平5，局势比较平稳。

23. 车七平二　卒6平5　　24. 马七进五　车3退4
25. 马五进三　车4进6　　26. 车二平八　将5平4
27. 后车平六　车4进1　　28. 仕五进六　炮2平5
29. 帅五平四　炮8进3　　30. 相三进一　炮8退7
31. 车八平六　士5进4

不如将4平5，还可应付一阵。

32. 车六退三　炮5退1　　33. 炮五平六　将4平5
34. 马三进四　炮5平2

红方运子细致老练，此时进马夺取一炮，胜局已定。

第131局　吴贵临和柳大华

1. 炮二平五　马2进3　　2. 马二进三　马8进7
3. 车一平二　车9平8　　4. 兵七进一　卒7进1
5. 车二进六　马7进6　　6. 马八进七　象3进5
7. 炮八平九　卒7进1

如炮2进4或炮2进6，形成较为平稳的变化。

8. 车二平四　马6进8　　9. 马三退五　卒7进1
10. 车九平八　车1平2　　11. 车八进六　炮8平9
12. 马七进六　士4进5　　13. 马五进七　车8进4

红方跃出七路马，容易形成对攻之势，如马六进五，炮2平1，车八平七，马3退4，马五退六，红方较为好走。此时黑方进河口车效力不大，容易落入下风，可炮9平7，相三进一，马8进9，炮九退一，形成对抢先手之势。

14. 车四平三　卒7平8（图131）

可车 8 平 2，车八退一，马 8 退 7。红方虽然占先，但黑方仍可应付。

15. 炮九退一　卒 8 进 1

红方的子力位置较好，但此时退炮比较保守。不如炮九进四，炮 2 平 1，车八进三，马 3 退 2，炮九平五，马 2 进 4，炮五退二，红方先手。

16. 车三退二　马 8 进 7

17. 车三退一　炮 2 平 1

红方退车防守过于谨慎。不如炮九进五，炮 9 进 4，炮九进一，红方占优。

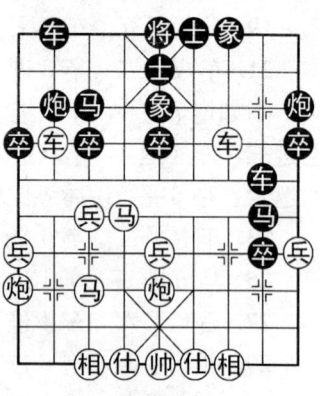

图 131

18. 车八进三　马 3 退 2

19. 炮九进五　马 2 进 3

20. 炮九平五　马 3 进 5

红方以炮兑马得不偿失。可炮九退二，炮 1 进 2，马六进五，马 3 进 5，炮五进四，炮 1 平 7，相三进五，炮 9 平 7，车三平四。红方有兵五进一的攻势，比较好走。

21. 马六进五　车 8 进 1
22. 马七进六　炮 1 平 2

黑方运子含蓄有力，阻挡了红方的攻势，使局势趋向平稳。

23. 马六进四　车 8 退 1
24. 马五退六　炮 2 进 3

25. 马四进三　车 8 退 2
26. 马三退四　车 8 退 2

27. 马四进三　车 8 退 2
28. 马六进四　炮 9 平 7

29. 马四进三　车 8 进 3
30. 炮五平四　炮 2 进 3

红方平仕角炮，加强防守能力，明智。

31. 相三进五　炮 2 平 7
32. 车三进四　马 7 退 6

33. 车三退三　车 8 平 7
34. 相五进三　马 6 退 4

35. 兵五进一　马 4 退 6
36. 炮四进三　卒 3 进 1

37. 兵七进一　象 5 进 3

双方经过兑子之后，已无力争夺，终成和局。

第132局　朱祖勤负李智屏

1. 炮二平五　马8进7　　　2. 马二进三　车9平8
3. 车一平二　卒7进1　　　4. 车二进六　马2进3
5. 兵七进一　马7进6　　　6. 马八进七　象3进5
7. 炮八平九　车1平2　　　8. 车九平八　卒7进1
9. 车二退一　马6退7　　 10. 车二进一　马7进6
11. 车二退一　马6退7　　12. 车二进一　卒7进1

如卒7平6，车二平三，马7退5，马七进六，红方大占先手。

13. 马三退五　炮8平9　　14. 车二平三　车8进2
15. 马七进六　卒7平6

平卒是全局战略的下法，企图对中路进行打扰。红方如退马吃卒，炮2进4，黑方形势令人满意。

16. 马六进四　炮2退1　　17. 马四进六　炮2平4
18. 车八进九　马3退2　　19. 炮五进四　马7进5
20. 车三平五　车8进4　　21. 马五进七　士4进5
22. 仕六进五　车8退2　　23. 车五平四　车8平4

红方不如马六退五，形势较好。

24. 马六进七　卒3进1
25. 炮九进四　卒3进1
26. 炮九进三　马2进3
27. 马七退九　马3退1（图132）

黑方退马捉马是巧妙的应法，由此化解了红方三子归边的强大攻势，从而取得了反击的机会。

28. 车四平七　炮9平1
29. 车七进三　炮4退1
30. 车七退四　炮1退2　　31. 车七平六　卒3进1
32. 马七退八　卒6平5　　33. 马八进九　卒5平4

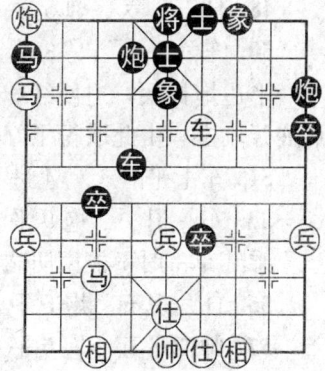

图 132

黑方通过一车换取马炮之后，又利用双卒封住了红马的出击，由此扩大了优势。

34. 车六进一　卒9进1　　　　**35.** 车六平七　马1退3

红方平车并没有多大作用。不如兵九进一，炮1进5，马九进八，炮1进4，相七进五，马1退3，车六平九，炮1平2，马八进六，红方还可对抗。

36. 兵九进一　炮1进7

以炮换马老练，从此红方难有反击机会。

37. 相七进九　马3进4　　　　**38.** 兵九进一　马4进5
39. 车七平四　卒4平5　　　　**40.** 仕五退六　马5进4

红方应仕五进六，有利于防守。

41. 相九退七　马4进3　　　　**42.** 帅五进一　卒3平4
43. 车四平六　炮4进2

红方帅位不好，仕相又无联系，形势很危险。

44. 兵九平八　象5进7　　　　**45.** 兵八进一　炮4平5
46. 帅五平四　卒5平6　　　　**47.** 仕四进五　卒4平5

红方想利用边兵发起攻势，但徒劳无益。不如及时吃去边卒，设法谋取和局为好。

48. 仕五进六　炮5平6　　　　**49.** 帅四平五　炮6平9
50. 车六平七　马3退4

平边炮捉兵，迫使红车跟随，然后利用红方老帅不安于位的弱点展开攻击，由此取得了好处。

51. 车七平一　马4进2　　　　**52.** 相三进五　卒5平4
53. 车一退一　炮9平5　　　　**54.** 帅五平四　马2进4

乘红车一时不能回防之际，运子猛烈攻击，红方已难支撑。

55. 仕六退五　炮5平6　　　　**56.** 仕五进四　卒6平1
57. 帅四平五　炮6平5　　　　**58.** 相五进三　马4退5
59. 相三退五　马5进7

红方如相五进三，卒4平5，帅五平六，马7进6，帅六进一，卒5平4，黑方获胜。

第133局　孟立国负林宏敏

1. 炮二平五　马8进7
2. 马二进三　车9平8
3. 车一平二　卒7进1
4. 车二进六　马2进3
5. 兵七进一　马7进6
6. 马八进七　象3进5
7. 炮八平九　卒7进1
8. 车二平四　马6进8
9. 马三退五　卒7进1
10. 车九平八　车1平2
11. 车八进六　炮8平9

红方以往多走马七进六，炮8平9，马六进五，炮2平1，车八进九，马3退2，双方对攻，各有千秋。

12. 马七进六　士4进5
13. 马六进五　炮2平1

兑车容易形成被动形势。应马3进5，交换子力，炮五进四，车8进4，炮九平八，车8平4，马五进七，车4退4，黑方可以对抗。

14. 车八平七　马3退4

可车2进2，红方如前马进七，炮1平3，炮五平二，马8进6，马五进四，卒7平6，炮二进四，车8进1，仍是对攻之势。

15. 前马退四　车2进7
16. 马四进六　车8进4
17. 马六进八　炮1平2
18. 炮九进四　车8平1

红方应兵七进一，形势较为有利。

19. 车七平六（图133）　车1退1

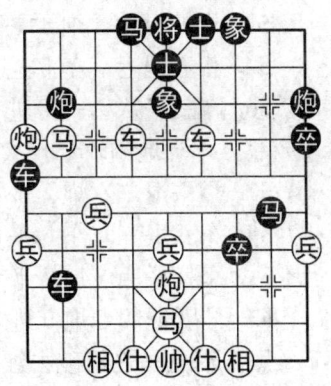

图133

红方没有谋算到黑方一车换取炮马的计划，从而使局势发生了变化。是否红方可不走车七平六，而改走马八退九，先避一下，局势可能会好一些。

20. 马八进六　炮9平4
21. 车六平九　马8进6
22. 车九平六　马6进7

黑方卧槽马的攻势比较凶悍，红方只好平六路车阻挡黑炮的联合攻击。

23. 车四退五　卒7进1　　24. 炮五平七　车2退3
25. 车六退四　车2平6　　26. 炮七退一　炮2平3
27. 车四平三　卒7进1　　28. 炮七平三　车6平7
29. 炮三平一　车7进2

黑方在急攻中谋取一子，大占优势。而红方在25回合时，应先弃七路兵为好。

30. 炮一进五　车7平5　　31. 相七进五　炮4进4
32. 炮一平八　炮3平4　　33. 炮八退三　前炮平1
34. 炮八进六　马4进3　　35. 车六平八　炮1平2
36. 马五进七　车5平3　　37. 炮八平九　马3进2
38. 兵七进一　象5进3　　39. 炮九退八　象3退5
40. 炮九平七　车3平9　　41. 仕六进五　马2退4
42. 车八平九　炮2退2　　43. 车九进七　士5退4
44. 炮七退一　马4进5　　45. 车九退四　炮2平3
46. 车九退一　马5退7　　47. 炮七进五　象5进3
48. 车九平三　象7进5　　49. 马七进六　车9平5
50. 马六进四　车5退3　　51. 马四退三　士6进5
52. 仕五退六　炮4平1　　53. 仕四进五　炮1进1
54. 相五退七　车5进3　　55. 马三进一　炮1平7
56. 车三平八　马7进8

黑方车马炮的攻势较大，红方已难防守。

57. 马一退二　炮7平5　　58. 相三进五　马8退7
59. 车八平三　车5平8　　60. 马二退三　炮5平7
61. 车三平四　炮7平9　　62. 马三进四　车8进3
63. 仕五退四　炮9进6　　64. 相五退三　马7进8

黑方借兑马之机破去红相，胜局已定。

第134局 于幼华负林宏敏

1. 炮二平五　马8进7
2. 马二进三　车9平8
3. 车一平二　卒7进1
4. 车二进六　马2进3
5. 兵七进一　马7进6
6. 马八进七　象3进5
7. 炮八平九　卒7进1
8. 车二平四　马6进8
9. 车九平八　车1平2
10. 马三退五　卒7进1
11. 马七进六　炮8平9
12. 车八进六　士4进5

红方如马六进五，炮2平1，车八进九，马3退2，马五退六，炮9进4，马五退七，炮9进3。双方对攻，黑方有一定的反击力。

13. 马五进七　车8进4

红方如马六进五，炮2平1，车八平七，马3退4，马五退四，车2进7，红方不占便宜。

14. 车四退二　炮9进4

红方不如炮九退一，待机而动。

15. 车四平三　卒7平8
16. 炮五退一　炮9退1
17. 车三退二　马8退6
18. 车三平四　炮9平3
19. 相三进五（图134）　马6进4

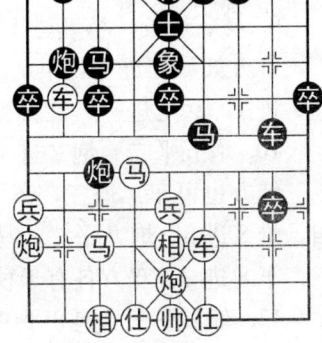

图134

红方上相失算，由此造成失利之势。应炮五平七，马6进4，炮七进三，车8平3，马七进六，车3进1，马六进四。红方虽然少兵，但红马灵活，仍可进行对抗。

20. 马七进六　车8平4
21. 马六进四　炮3退1
22. 马四进二　将5平4
23. 炮五平三　车4进5

红方平炮无可奈何。如炮九退二，炮3平1，黑方得子胜定。

24. 帅五进一　炮2平1
25. 车八平七　炮1进4
26. 车七进一　炮1平3
27. 车七平九　前炮进2

红方如相五进七，后炮平 9，车七平六，车 4 退 7，炮九平六，车 4 平 2，车四进二，前车进 6，炮三平八，车 2 进 8，帅五退一，车 2 平 7，仍是黑方胜势。

28. 车九进二　车 2 平 1　　　29. 炮九进七　前炮平 7
30. 车四进一　炮 3 平 9　　　31. 车四平二　炮 9 进 4
32. 车二退三　炮 7 进 1　　　33. 车二平一　车 4 退 1

黑方进炮叫将巧妙。红方无法应付，黑胜。

第 135 局　许银川和郑亚生

1. 炮二平五　马 8 进 7　　　2. 马二进三　卒 7 进 1
3. 车一平二　车 9 平 8　　　4. 车二进六　马 2 进 3
5. 马八进七　士 4 进 5　　　6. 炮八平九　车 1 平 2
7. 车九平八　马 7 进 6　　　8. 车八进四　象 3 进 5

进车河口是红方喜欢走的着法。如车八进六，变化比较紧张。

9. 马三退五　卒 3 进 1

红方如兵七进一，卒 7 进 1，车二平四，马 6 进 8，马三退五，卒 7 进 1，兵七进一，红方先手。

10. 炮五平二　炮 2 进 1　　　11. 车二退二　卒 7 进 1

红方也可车二退三，卒 7 进 1，兵三进一，马 6 退 8，车二平四，炮 8 进 5，炮九平二，马 8 进 7，炮二平三，马 7 退 5，车四平三，车 8 进 3，双方各有千秋。

12. 车二平三　炮 8 平 9　　　13. 兵七进一　卒 3 进 1
14. 车三平七　马 3 进 4

不如炮 2 退 2，对局势比较有利。

15. 车八进一　马 6 进 5　　　16. 马七进五　马 4 进 5
17. 车七平五　车 8 进 7　　　18. 相七进五　车 8 退 4
19. 车五退一　炮 9 进 4　　　20. 兵三进一　炮 9 退 2
21. 炮九进四　卒 5 进 1　　　22. 炮九平二　炮 9 平 2
23. 车五进二　前炮进 5

可前炮平3，马五进七，炮2进6，黑方仍可应付。

24. 相五退七　车2平4　　25. 马五进七　前炮平1
26. 相三进五　车4进8　　27. 仕四进五　炮2平6
28. 炮二平七　炮2退2　　29. 炮七退二　卒9进1

红方应马七进五，炮2进1，车五平八，炮1平2，相五进七，红方优势。

30. 兵九进一　卒9进1　　31. 帅五平四　炮2退7
32. 炮七平五　卒9进1　　33. 车五平八　炮2平3
34. 车八进四　将5平4　　35. 马七进八　车4退5
36. 兵九进一　卒9进8　　37. 兵九进一　车4平5
38. 炮五平六　将4平5　　39. 马八进六　士5进6

不如车5进4。红方如走马六进四，车5平3，马四进三，将5平4，车八退三，炮3进3，黑方可以对抗下去。

40. 马六进七　车5平6　　41. 帅四平五　士6进5
42. 炮六进四　炮3平4　　43. 兵九平八　炮1平2

应车6进3，炮六平九，车6平3，兵八进一，车3平1，黑方仍可应付。

44. 兵八平七　炮2平1　　45. 炮六退二　卒8进1

进卒没有什么效力。不如象7进9，炮六平五，将5平6，马七进六，士5退4，车八平六，将6进1，兵七平六，炮1退3，黑方还可抗衡。

46. 炮六平五　将5平6　　47. 马七进六　士5退4
48. 车八平六　将6进1　　49. 车六退一　将6退1
50. 兵七平六　卒8平7　　51. 车六平九　炮1平2
52. 车九进一　将6进1　　53. 车九平三　炮2退3
54. 兵三进一　炮2平5　　55. 车三退三　车6进3
56. 炮五平四　士6退5（图135）
57. 兵三平二　卒7平6

红方多兵，占有优势，此刻应炮四退一采取攻势，黑方如走将6退1（如卒7进1，车三平四，士5进6，兵三进一，红方有车四

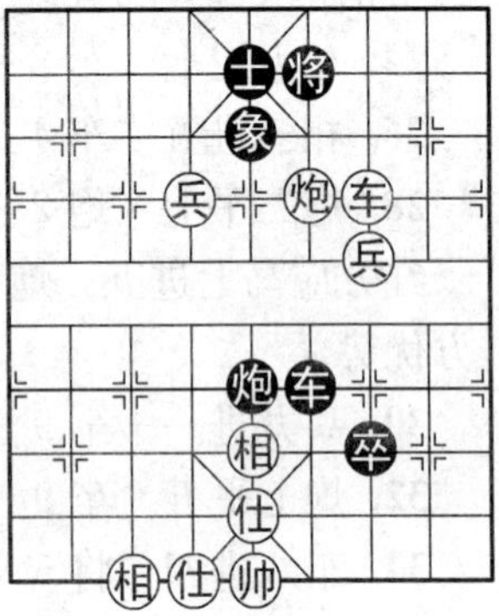

进一的杀法，已成胜势。又如象 5 进 7，车三平四，士 5 进 6，兵六平五，卒 7 平 6，兵五进一，红胜），兵六平五，卒 7 进 1，车三平四，将 6 平 5，炮四平五，红方胜势。

58. 炮四退四　车 6 进 1

红方如兵六平五，车 6 平 8，车三进二，将 6 退 1，车三退八，车 8 退 2，象 5 进 3，红方也难取势。

59. 车三退六

红方退车防守，已无力取势，形成和局。

图 135

第 136 局　钱洪发胜蔡福如

1. 炮二平五　马 8 进 7　　2. 马二进三　车 9 平 8
3. 车一平二　马 2 进 3　　4. 兵七进一　卒 7 进 1
5. 车二进六　马 7 进 6　　6. 马八进七　象 3 进 5
7. 炮八平九　炮 2 进 1

进炮是对付五九炮的一种变化，但不如卒 7 进 1 较为有力。

8. 车九平八　车 1 平 2　　9. 兵五进一　卒 7 进 1
10. 车二退一　马 6 退 7　　11. 车二退二　卒 7 平 6
12. 兵三进一　卒 6 平 5　　13. 兵三进一　象 5 进 7

红方献三路兵是紧要之着，造成黑方中路空虚，并为消灭中卒开通车路。

14. 车二进一　象 7 进 5　　15. 车二平五　士 6 进 5

红方虽然吃去中卒，但黑方也加强了防守，至此，双方形成比较平稳的局势。

16. 车五平三　炮 2 进 1　　17. 马七进五　炮 8 进 2
18. 仕六进五　车 8 平 6
19. 车三平二　炮 2 进 3（图 136）

红方平二路车意义不大，不如车八进三。此刻黑方应先走炮2进1打车，然后再进炮打马封车。

20. 马三进四　炮2退2

21. 车八进四　车2进5

红方以车换炮紧凑有力，是为了不使形势落入下风所采取的大胆走法。

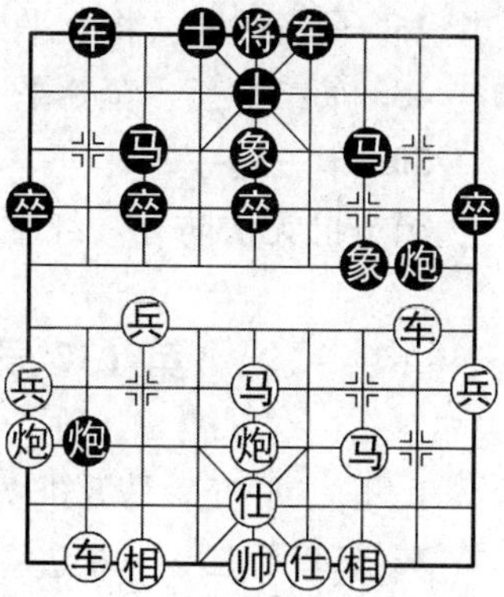

22. 马四进二　车6平8

23. 马五进六　车2退1

24. 马六进四　士5进6　**25.** 车二平六　车8进3

红方乘机平车解脱牵制，着法灵活有力。

26. 车六进三　马7进8　**27.** 马四退二　马3退2

不如车8进1吃马，使局势保持稳定。

28. 马二退三　士6退5　**29.** 车六退一　车8进3

30. 马三进五　卒5进1　**31.** 兵七进一　车2进1

32. 马五退六　卒5进1

不如用3路卒先吃掉七路兵，然后再过中卒，比较稳健。

33. 兵七进一　车8平1

运车吃兵较为缓慢，应改走卒5进1，再而卒5平4，黑方并不难走。

34. 车六平四　象5退7　**35.** 炮五平一　车1平9

36. 马六进四　卒5平6　**37.** 炮九平五　象7进5

38. 马四进二　车2平5　**39.** 马二进一　象7退9

红方再一次跃马运炮发起攻势，对黑方构成很大威胁。

40. 马一进三　马2进4　**41.** 兵七平六　卒6进1

42. 车四平二　马9平7　**43.** 车二进三　象5退7

44. 马三退一　车7平9　**45.** 马一退三　车5进1

在此危急关头，应车5进2夺炮，再走象9进7吃马，一车换马炮，虽失双象，但还有车马双卒的威力，仍可周旋下去。

图 136

46. 马三进四　将5平6　　47. 马四进二　将6进1
48. 车二平三　车9平7　　49. 马二退三　将6进1
50. 车三退一

黑方已无法防守，红胜。

第137局　徐健秒胜傅光明

1. 炮二平五　马8进7　　2. 马二进三　车9平8
3. 车一平二　马2进3　　4. 兵七进一　卒7进1
5. 车二进六　马7进6　　6. 马八进七　象3进5
7. 炮八平九　车1平2

如炮2进4，车九平八，炮2平3，兵五进一，卒7进1，车二平四，马6进4，马三退五，炮8进5，车四退三，马4进5，炮九平五，炮3平7，车八进七，车1平3，马七进八，红方形势较好。

8. 车九平八　卒7进1　　9. 车二平四　马6进8
10. 马三退五　卒7进1　　11. 车八进六　士4进5
12. 马七进六　炮8平6　　13. 车四退二　马8进6

红方退车力求稳健。如炮九进四，马8进6，马六退四，卒7平6，炮五平九，炮2平1，车八进三，马3退2，红方没有便宜。

14. 炮五平四　车8进6　　15. 马五进七　炮2平1
16. 车八进三　马3退2　　17. 兵一进一　马2进4
18. 仕六进五　车8退2　　19. 炮九退一　卒3进1
20. 兵七进一　车8平3　　21. 炮九平七　车3平7
22. 炮四平六　马4进2　　23. 马六进五　车7退1

不如车7平5，保持车路通畅，比较有利。

24. 炮六平五　马2退4　　25. 马七进六　炮1进4
26. 炮七平九　车7平8　　27. 车四进一　车8进2
28. 车四平八　马4进5

兑马之后红方反而好走，不如炮1平3，炮九平六，马4进5，黑方不难走。

29. 车八进四　士5退4　　30. 炮五进四　士6进5

31. 炮五退二　车8退2

不如车8退1，红方如马六进八，车8平3，马八退九，车3进5，仕五退六，车3退3，黑方取回一子，形势好走。

32. 炮九平六　炮6退2
33. 车八退六　炮1进3
34. 相七进九　马6退7
35. 炮五进一（图137）　车8进2

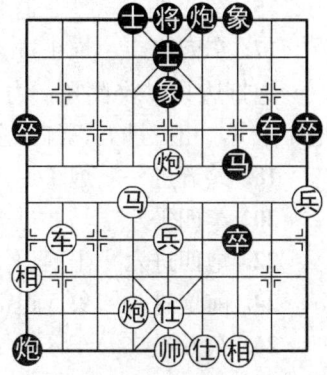

图 137

进车捉马造成失子，形成败局。应马7进6，炮五进一，车8进2，黑方不难走。

36. 炮六平七　马7退5
37. 马六进五　车8平3
38. 车八退二　车3进1
39. 马五退三　炮6进1　　40. 马三退五　炮6平7
41. 相三进五　车3进1　　42. 马五退三　将5平6
43. 仕五进四　士5进6　　44. 相九进七　车3退1
45. 马三进五

红方多子，形势占优，胜局已定。

第138局　吕钦负刘殿中

1. 炮二平五　马8进7　　2. 马二进三　车9平8
3. 车一平二　卒7进1　　4. 车二进六　马2进3
5. 马八进七　马7进6　　6. 兵七进一　象3进5
7. 炮八平九　卒7进1　　8. 车二平四　马6进8
9. 马三退五　卒7进1　　10. 车九平八　车1平2
11. 车八进六　炮8平9　　12. 车四退二　马8进6

红方如炮五平二，马8进7，炮二进四，局势复杂，各有千秋。

13. 炮五平四　士4进5　　　14. 马七进六　炮2平1

红方进马六路，力求一搏。如保持平稳可马五进四，车8进6，马七进六，卒7平6，车四退一，车8平6，马六退四，炮2平1，双方易成和局。

15. 车八进三　马3退2　　　16. 马五进四　卒7平6
17. 车四退一　炮1进4

炮打边兵以攻代守，力争展开对攻。如车8进4，马六进七，炮1平3，相三进五，红方多兵，较有优势。

18. 兵五进一　炮1退1　　　19. 马六进七　炮1平5
20. 车四平八　马2进3　　　21. 马七进九　炮9退1
22. 炮四进六　士5退4　　　23. 炮四平九　车8进1
24. 前炮进一　象5退3　　　25. 兵七进一　炮9进1
26. 车八平二　车8平2

红方如兵七进一，炮9平1，后炮进五，车8平1，兵七进一，车1进1，车八进三，容易形成和局。

27. 车二进四　炮9进4

红方仍应兵七进一，比较好一些。

28. 帅五进一　象7进5
29. 兵七进一　马3退2（图138）

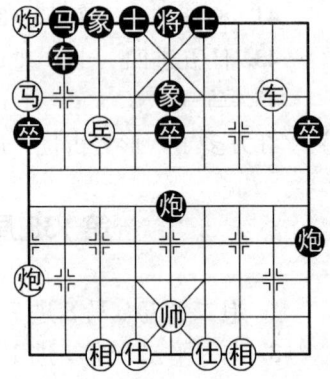

图138

黑方退马有力地化解了红方的攻势，使多卒优势显示出来。经过兑子之后，黑方取得了优势。

30. 马九进八　车2进7
31. 帅五进一　车2退8
32. 帅五平四　炮9平6

红方平帅毫无价值。应车二退一，车2进7，帅五退一，车2进1，帅五进一，卒5进1，兵七进一，红兵冲入黑方阵营，保持一定的牵制力，还可对抗下去。

33. 车二平四　炮6进3

红方平车失去仕相，更难于防守。应车二退一，还可支持下去。

34. 帅四平五　炮 6 平 3　　　35. 车四退三　卒 5 进 1
36. 帅五平四　士 6 进 5　　　37. 后炮平五　炮 5 平 2
38. 炮九退一　炮 2 进 2　　　39. 帅四退一　车 2 进 6
40. 炮九进一　车 2 平 5　　　41. 帅四平五　卒 5 进 1
42. 车四平二　炮 3 平 7　　　43. 兵七进一　炮 2 退 3

红方在中局的攻击中过于勉强，被黑方巧妙兑子后，取得了优势。此时黑方车双炮卒攻击猛烈，红方无法防守，黑胜。

第 139 局　黄海林胜徐天红

1. 炮二平五　马 8 进 7　　　2. 马二进三　车 9 平 8
3. 车一平二　卒 7 进 1　　　4. 车二进六　马 2 进 3
5. 马八进七　马 7 进 6　　　6. 兵七进一　象 3 进 5
7. 炮八平九　车 1 平 2　　　8. 车九平八　卒 7 进 1
9. 车二平四　马 6 进 8　　　10. 马三退五　卒 7 进 1
11. 车八进六　炮 8 平 9　　　12. 车四退二　炮 9 进 4

红方如马七进六，局势比较复杂，而退车河口比较平稳。此时黑方炮打边兵，意欲乱中取势。以往多走马 8 进 6，炮五平四，士 4 进 5，马五进四，卒 7 平 6，车四退一，炮 2 平 1，双方形成平稳之势。

13. 车四平三　卒 7 进 1

红方平车控制局面，明智。此时黑方冲卒不见好处，应炮 9 进 3，车三退一，车 8 进 4，形势令人满意。

14. 马五进三　马 8 进 7　　　15. 车三退二　车 8 进 5

不如车 8 进 6，抢占要道。

16. 炮五平四　士 4 进 5

红方应炮九进四，车 8 平 3，炮九进一，红方占优势。此时黑方上士防守是必要的应法，如车 8 平 3，炮四进五，红方得子占优。

17. 相七进五　车8进1
18. 车三进二（图139）　炮2平1

黑方平炮兑车，难以在乱战中求得机会。不如炮9平5，马七进五，车8平5，车三平六，炮2平1，这样也许还会出现拼杀的机会。

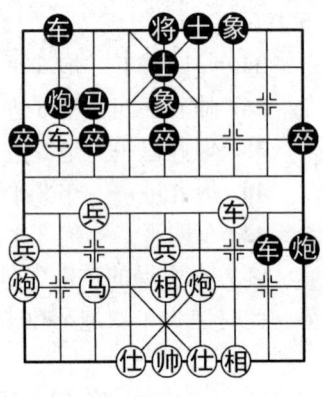

图139

19. 车八平七　马3退4
20. 车七平五　车2进7
21. 炮九退二　马4进2
22. 车三进二　炮1平3
23. 车五平八　车2退4
24. 车三平八　炮3进5
25. 炮四平七　马2进4
26. 车八退三　马4进5

跃马失利。应车8平6，炮九进六，车6进3，帅五平四，炮9平2，这样黑方还有争斗的机会。

27. 仕六进五　车8平6
28. 车八进六　士5退4
29. 炮九进六　炮9平5
30. 炮九进三　马5退6
31. 炮七平八　马6进7

红方平炮佳着，伏下抽子的手段，黑方已难应付。

32. 车八退四

如士4进5，车八平三，象5进7，炮八进七，红胜。

第140局　李望祥负刘殿中

1. 炮二平五　马8进7
2. 马二进三　卒7进1
3. 车一平二　车9平8
4. 车二进六　马2进3
5. 兵七进一　马7进6
6. 马八进七　象3进5
7. 炮八平九　车1平2
8. 车九平八　炮2进6
9. 车二平四　马6进7
10. 马七进六　炮8进4

进炮是求变的着法。如炮8平7，马六进五，马7进5，相七进五，马 3 进 5，车四平五，虽然仍是红方好走，但容易形成和局。

11. 马六进七　士 4 进 5

进马吃卒正确。如马六进五吃中卒，马 7 进 5，相七进五，马 3 进 5，车四平五，炮 8 平 7，黑方好走。

12. 炮五进四　车 2 进 7

红方炮击中卒好着，由此对黑方右路构成攻势。而黑方进车捉炮是背水一战的走法，如车 8 进 5，相七进五，马 3 进 5，车四平五，车 2 进 7，车五平六，红方子力占据要道，控制了局势，仍占优势。

13. 马七进九　车 8 进 5（图 140）

红方进边马攻击是过急的走法。不如炮五退一，车 2 平 1，车八进一，车 1 平 4，仕六进五，红方占优势。

14. 车四退五　马 3 进 5

如炮五平八，车 8 平 4，炮八退五，象 5 退 3，马九退七，车 4 进 3，黑方比较好走。

15. 车四平八　车 2 进 1

16. 马九进七　将 5 平 4

17. 车八进一　车 8 平 3

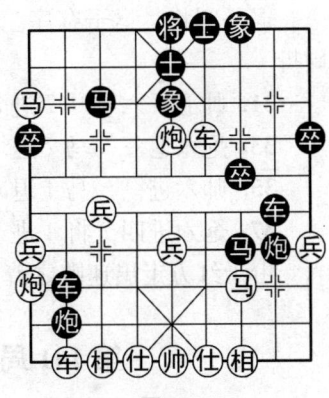

图 140

18. 车八平六　车 3 平 4

红方如车八进八，象 5 退 3，车八平七，将 4 进 1，炮九进四，车 3 退 3，炮九进二，将 4 进 1，车七平八，车 3 退 1，车八退二，马 5 退 3，炮九退一，将 4 退 1，炮九平七，炮 8 退 4，炮七退二，炮 8 平 5，炮七平五，车 3 进 8，仕四进五，车 3 退 2，黑方占优势。

19. 车六进三　马 5 进 4

如炮九平六，士 5 进 4，以下有马 5 进 6 及炮 8 进 2 之应法，均为黑方占优。

20. 炮九平六　马 4 进 2　　**21. 炮六退一　炮 8 进 2**

进炮巧妙，使红方不能上仕，又有马7进9的攻势，为取势创造了条件。

22. 马七退六　将4平5　　　23. 帅五进一　炮8退7
24. 相三进五　炮8平7　　　25. 马三退一　马2进3

红方退马不见好处，应兵五进一，仍可对抗下去。

26. 兵五进一　士5进4　　　27. 炮六进六　炮7平1

红方运炮吃士造成失势，应忍耐一下，虽然难保中兵，但尚可支撑。

28. 炮六平九　象5退3　　　29. 马六进七　将5平4
30. 炮九平六　马3退4

退马叫将，运子有序。否则红炮退回二路，黑方取胜将大费周折。

31. 帅五平六　马7进5　　　32. 帅六进一　马5退7
33. 炮六退三　马7进5　　　34. 帅六退一　马5进6
35. 帅六进一　马4退6　　　36. 马七退六　炮1平4
37. 炮六进四　将4进1

由于红方走出速败之着，黑方必得一子形成胜局。

第141局　郭长顺负陶汉明

1. 炮二平五　马8进7　　　2. 马二进三　卒7进1
3. 车一平二　车9平8　　　4. 车二进六　马2进3
5. 兵七进一　马7进6　　　6. 马八进七　象3进5
7. 炮八平九　车1平2　　　8. 车九平八　卒7进1
9. 车二平四　马6进8　　　10. 马三退五　卒7进1
11. 炮九进四　炮8平9　　　12. 炮五进四　马3进5
13. 炮九平五　士4进5　　　14. 车八进五　车2平4

红方不如车八进六比较有力。以下黑方如车2平4，炮五退二，然后乘机吃掉3路卒，双车联成一线，对攻守都有好处。

15. 炮五退二　车4进7（图141）　16. 马七进八　将5平4

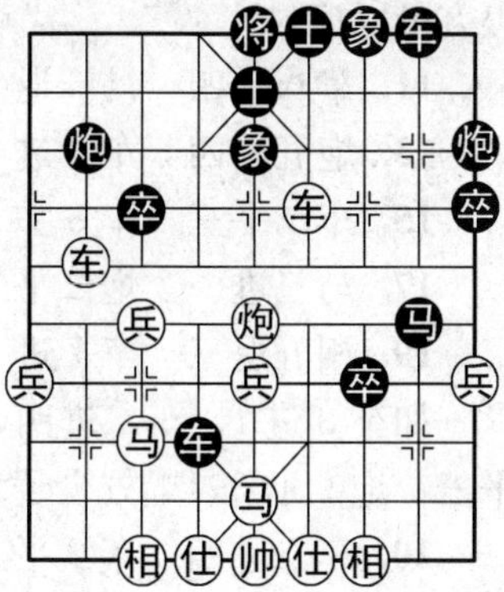

中炮过河车七路马对屏风马左马盘河

红方虽然多兵，子力又很灵活，但由于双马的位置欠佳，容易发生危险，所以进八路马失策。应车四平七，炮2平4，车八平三，马8进6，马五进四，卒7平6，仕六进五，车4进1，红方并不吃亏。

17. 马五进七　马8进6
18. 仕六进五　车4进1
19. 车八平九　车8进3

图141

红方应仕五进四，先防守为好。虽然形势落后，但仍可保持对攻。

20. 车九进四　将4进1
21. 车四退二　马6进7
22. 车四退三　卒7进1
23. 马八进九　车8平6
24. 车四平三　卒7进1
25. 马九进八　炮9平7
26. 相三进一　炮7平8
27. 车九平七　炮8进7
28. 相一退三　炮2进7
29. 马七退八　车6进6
30. 仕五退四　车4进1

双方互相攻杀，黑方捷足先登，取得胜局。

第142局　刘殿中胜蒋志梁

1. 炮二平五　马8进7
2. 马二进三　车9平8
3. 车一平二　卒7进1
4. 车二进六　马2进3
5. 马八进七　士4进5

也可卒3进1，车九进一，炮2进1，车二退二，象3进5，双方各有千秋。

6. 炮八平九　车1平2
7. 车九平八　马7进6
8. 车八进四　象7进5
9. 车二平四　马6进7
10. 车四平二　马7退6

不如炮2进1，静观一下变化。红方如车二退三，卒3进1，黑方可以应付。

11. 车八平四　马6退7
12. 兵七进一　炮2进4
13. 炮五平四　车2进4
14. 相三进五　炮8平9
15. 车二平三　车8平7
16. 车四平二　炮9进4
17. 马三进一　炮2平9
18. 车二退一　炮9进3
19. 相五退三　卒7进1

如卒3进1，车二进四，卒3进1，车三进一，车7进2，车二平三，炮9退3，黑方少子多卒，仍处下风。

20. 车二进四　车2平7
21. 车三退一　象5进7
22. 炮四进四　卒5进1
23. 马七进六　卒5进1（图142）

红方进六路马不太精确，应马七进八，攻击效力较好。

24. 马六进七　卒5进1

红方进马吃卒正确。如兵五进一，炮9退4，红方还要应付，并不合算。

25. 车二退四　卒7进1

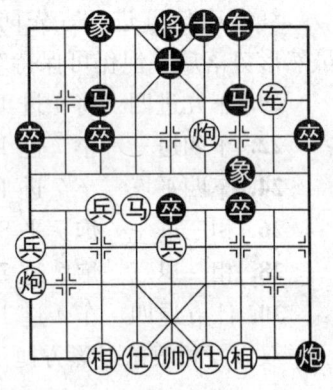

图 142

如马7进6，车二进四，车7进3，车二平七，车7平6，炮九进四，红方有攻势，占优。

26. 炮四平三　马7进5
27. 炮三退三　象7退5
28. 炮九平三　车7平9
29. 前炮进一　马5进6
30. 后炮退一　卒9进1
31. 车二平五　车9进3
32. 马七退五　车9平5

平中车不占便宜。应马3进5，仍有一定的反击机会。

33. 兵七进一　马6进4

进马失误。不如卒9进1，兵七进一，卒9平8，兵七进一，卒8平7，还可坚持对抗下去。

34. 前炮平六　马4进3
35. 帅五进一　前马退2

应炮9退1，仍可支持一阵。

36. 炮六平五　车 5 进 1　　37. 炮五进三　象 3 进 5
38. 车五进二　马 2 退 4　　39. 车五退一

黑方无法和红方的车炮兵对抗，败局已定。

第 143 局　臧如意负杨官璘

1. 炮二平五　马 8 进 7　　2. 马二进三　车 9 平 8
3. 车一平二　卒 7 进 1　　4. 车二进六　马 2 进 3
5. 兵七进一　马 7 进 6　　6. 马八进七　象 3 进 5
7. 炮八平九　车 1 平 2　　8. 车九平八　炮 2 进 1
9. 车八进四　卒 7 进 1　　10. 车二平四　马 6 进 7
11. 炮五平四　卒 3 进 1

红方也可车四平三，局势比较平稳，仍持先手。

12. 车四进二　炮 8 进 3　　13. 马七进六　卒 3 进 1
14. 车八平七　士 6 进 5

上士是稳健之着。如马 3 进 2，马六进四，炮 8 平 3，车四进一，将 5 进 1，马四进三，将 5 平 4，车四退一，士 4 进 5，车四平五，将 4 退 1，马三进二，红方夺还一子并有攻势，黑方反而不好。

15. 车七进三　炮 8 平 4　　16. 车四平三　炮 2 进 6
17. 车三退四　车 2 进 7　　18. 炮九进四　车 2 平 6

红方炮打边卒华而不实。不如仕四进五，车 2 平 1，车三退一，车 1 平 2，炮四平五，红方略占优势。

19. 炮九进三　炮 2 退 9　　20. 车七进二　车 6 平 2
21. 车三退一　车 8 进 4　　22. 兵九进一　车 2 退 6
23. 车三进三　车 8 平 5

平车保卒稳健。如车 8 平 2，车七退五，炮 4 退 3，炮九退三，红方车炮受牵局势得到化解，略占优势。

24. 仕四进五　炮 4 退 2　　25. 车三退二　炮 4 退 1
26. 马三进二　车 5 进 2

如车5平2,马二进三,车2平1,马三进四,将5平6,车三进五,将6进1,车七退五,红有攻势。

27. 马二进三　车5平6
28. 相三进五　炮4进4
29. 车七退六　车6平9
30. 车三退四　车2平1
31. 马三退四　车1退1
32. 车七平六　车9平4
33. 马四退六　车1进5
34. 车三进六　车1进1
35. 车三平一　车1平4
36. 车一平五　车4平6
37. 车五平八　炮2平3
38. 车八平七　炮3平1(图143)
39. 车七退二　将5平6

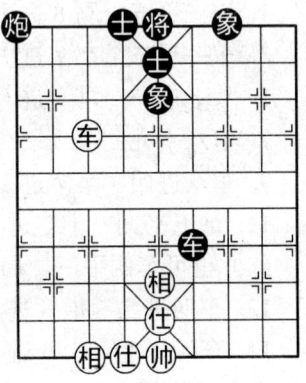

图143

红方面对黑方车炮的攻势没有足够的认识,由此产生危机形势。此时红方应车七平三,炮1进4,车三退六,炮1平5,车三平四。抢占将门之后,黑方难以取势。

40. 车七平九　炮1平2
41. 车九平八　炮2平1
42. 车八平五　炮1进4
43. 相五进七　炮1平3

红方已无好着可应。如车五平九,炮1平8,车九平二,炮8平9,车二退四,炮9平5,车二平三,象5进7,车三平二,炮5退2,相七进九,象7进9,相九退七,车6平3,车二进九,将6进1,车二退三,车3进3,车二平四,士5进6,帅五平四,车3退3。红方失相之后,难以守和。

44. 相七退九　士5进4
45. 车五进一　炮3退3

红方如车五退二,炮3平8,相九进七,车6退1,相七退九,炮8平9,车五平四,炮9平5,帅五平四,炮5平6,黑胜。

46. 车五退三　炮3平5
47. 相九进七　车6退2

以下红方如相七退九,车6进1,黑方控制了局势,红方必失仕相,败局已定。

第144局　熊学元负傅光明

1. 炮二平五　马8进7　　　2. 马二进三　车9平8
3. 车一平二　马2进3　　　4. 兵七进一　卒7进1
5. 车二进六　马7进6　　　6. 马八进七　象3进5
7. 炮八平九　车1平2　　　8. 车九平八　卒7进1

如炮2进6，马七进六，炮8平7，形势比较平和。

9. 车二平四　马6进8　　　10. 马三退五　卒7进1
11. 马七进六　炮8平9　　　12. 炮九进四　士4进5

红方不如先走车八进六，看情况再打边卒较为灵活。

13. 炮九进一　炮2进6

红方应车八进六，限制黑方右炮的活动空间，有利于控制局势。

14. 炮五平九　车8进4　　　15. 车四进二　车2进2
16. 马六进七　车8平4　　　17. 马五进七　马8进6
18. 后马进六　炮2平8

平炮先弃后取，并诱使红方主力进入伏击范围之中，是一步夺取优势的佳着。如象5进3，前炮平七，车4进1，兵七进一，炮2平8，车八进七，炮9平2，炮九平四，炮2进7，黑方占优。

19. 车八进七　马6进7
20. 车四退七　炮8平6（图144）21. 帅五进一　象5进3

红方如炮九进二发动攻势，炮6退5，帅五进一，炮9进4，帅五平六，炮6平3，车八进二，车4退4，车八平六，将5平4，后炮平六，炮3平4，炮六进四，马3进2，兵七进一，马2进3，马六退七，炮9平5，双方各有千秋。

22. 车八平七　象3退5　　　23. 车七进一　炮6退7

红方如炮九平五，象7进5，车七平五，炮6退6，车五退一，车4平2，炮九平六，车2进4，炮六退一，炮9进4，车五平一，炮6平8，车一平二，炮9进2，车二退五，马7退8，黑方胜。

24. 马七进五　炮 6 平 3
25. 马五进七　车 4 退 3
26. 前炮平三　马 7 退 6

如后炮平七，炮 9 平 8，帅五平六，炮 8 平 3，炮七进五，将 5 平 4，炮九退三，车 4 平 3，炮七平三，卒 7 平 6，相七进九，卒 6 平 5，炮三退五，卒 5 进 1，黑方好走。

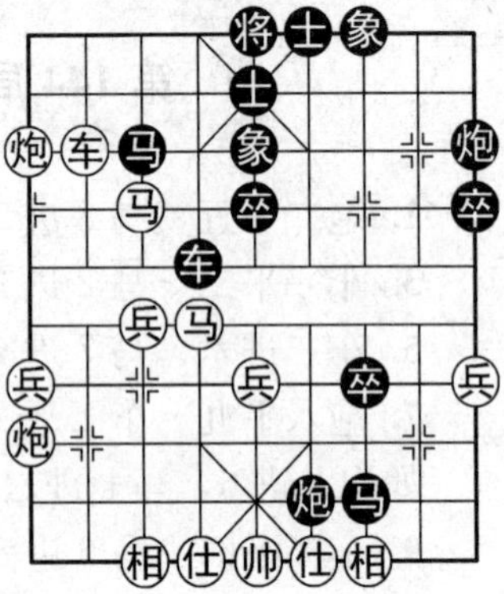

27. 马六退四　卒 7 平 6
28. 炮九平三　卒 6 平 7
29. 后炮平七　将 5 平 4
30. 帅五平四　车 4 进 1
31. 炮三退一　车 4 进 5
32. 炮七进一　车 4 退 1
33. 炮七退一　炮 9 平 6

图 144

黑方车炮卒攻近九宫，红方已无力防守，黑方胜定。

第 145 局　赵剑胜党斐

1. 炮二平五　马 8 进 7
2. 马二进三　车 9 平 8
3. 车一平二　卒 7 进 1
4. 车二进六　马 2 进 3
5. 兵七进一　马 7 进 6
6. 马八进七　象 3 进 5
7. 炮八平九　卒 7 进 1
8. 车二退一　马 6 退 7

红方退车捉马，是攻击左马盘河的一种变化，双方的攻守比较复杂。

9. 车二进一　卒 7 进 1
10. 马三退五　炮 8 平 9
11. 车二平三　车 8 进 2
12. 车九平八　车 1 平 2
13. 马七进六　炮 2 进 1

如卒 7 平 6，马六退四，炮 9 退 1，黑方仍有一定的反击力。

14. 车三退三　车 8 进 3
15. 马五进七　马 7 进 8
16. 车三平四　士 4 进 5
17. 车八进四　炮 9 平 6
18. 炮五平四　马 8 进 6

19. 马六进四　车 8 退 1（图 145）
20. 马四进五　象 7 进 5

红方弃车，马踏中象，是有力的攻法。黑方如贪吃车而炮 6 进 4，马五进七，将 5 平 4，兵七进一，卒 3 进 1，炮四平六，将 4 进 1，车八平四，红方有攻势，比较好走。

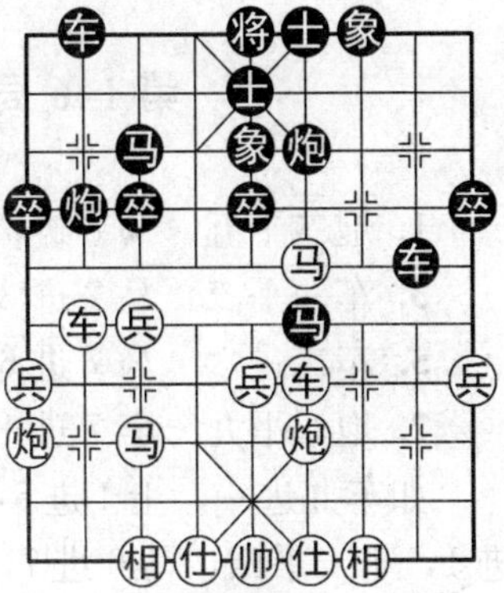

21. 车四进一　炮 6 进 5
22. 炮九平四　卒 3 进 1
23. 马七进六　炮 2 进 1
24. 马六进七　象 5 退 7
25. 车四平三　卒 3 进 1
26. 炮四平三　象 7 进 9
27. 车八平七　车 8 退 2
28. 炮三平五　车 2 平 4
29. 仕四进五　车 4 进 3

图 145

红上中仕保持攻势，以免黑方平中炮兑子求和。

30. 马七退六　炮 2 退 4
31. 马六进四　车 4 平 2
32. 车三进三　车 8 平 7
33. 马四进三　车 2 退 1
34. 马三退五　马 3 进 5
35. 炮五进四　士 5 进 6
36. 车七进五　将 5 进 1
37. 炮五平二　车 2 进 4
38. 车七退一　将 5 退 1
39. 炮二退三　车 2 退 3
40. 车七进一　将 5 进 1
41. 兵五进一　象 9 退 7
42. 兵五进一　象 7 退 5
43. 车七平四　炮 2 平 2
44. 车四平八　象 5 进 3
45. 相七进五　车 2 进 3

红方上相防守，可以解除后顾之忧，使黑方毫无反击的机会。

46. 炮二进一　车 2 退 1
47. 炮二进一　象 3 退 5
48. 兵五进一　象 5 进 7
49. 炮二进一　卒 1 进 1
50. 车八退一　将 5 退 1
51. 炮二平四　士 6 退 5
52. 兵五进一

红方车炮兵构成杀势，胜局已定。

第 146 局　吴贵临负陶汉明

1. 炮二平五　马 8 进 7
2. 马二进三　车 9 平 8
3. 车一平二　马 2 进 3
4. 兵七进一　卒 7 进 1
5. 车二进六　马 7 进 6
6. 马八进七　象 3 进 5
7. 炮八平九　卒 7 进 1

如车九进一，士 4 进 5，车九平六，炮 2 进 2，兵五进一，卒 7 进 1，车二平四，马 6 进 7，兵五进一，卒 5 进 1，车四进二，马 7 退 5，炮五进三，卒 3 进 1，炮五平八，马 3 进 2，炮八进二，马 5 退 7，马三进五，卒 3 进 1，炮八平三，炮 8 进 2，形成牵制形势，双方各有千秋。

8. 车二平四　马 6 进 8
9. 车九平八　车 1 平 2
10. 马三退五　卒 7 进 1
11. 车八进六　炮 8 平 9
12. 马七进六　士 4 进 5
13. 马五进七　车 8 进 4

进车河口是追求稳健的走法。如炮 9 平 7，相三进一，马 8 进 9，车四平三，马 9 进 7，帅五进一，炮 7 平 6，炮九退一，马 7 退 6，帅五退一，马 6 退 7，马六进四，红方比较好走。

14. 车四退二　炮 9 进 4
15. 车四平三　卒 7 平 8（图 146）
16. 马六进七　炮 9 退 1

红方不如马六进五踏中卒，炮 2 平 1，车八平七，马 3 退 4，兵七进一，红方较为好走。

17. 车三进二　车 8 平 4
18. 车三平二　马 8 进 6
19. 炮五平四　马 6 退 7
20. 车二退二　炮 2 平 1
21. 车八进三　马 3 退 2
22. 相七进五　炮 1 平 3
23. 仕六进五　马 2 进 4
24. 车二平六　车 4 进 1

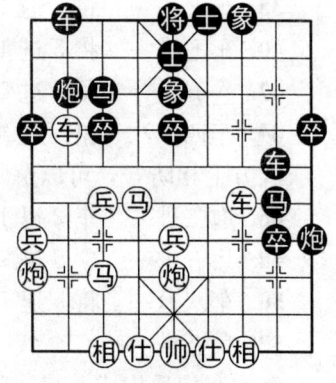

图 146

25. 前马退六　卒 8 平 7

兑车之后，形势比较平稳。黑方有一卒过河，仍有一定的攻击力，较为乐观。

26. 炮四进三　卒 5 进 1　　27. 炮九进四　卒 7 平 6

红方可兵七进一，形成对攻之势。

28. 炮四进三　马 4 进 2　　29. 马六进七　马 7 进 8
30. 马七退五　炮 3 进 5

红方弃马换取双卒，造成败势。仍应炮九平八，还可对抗。

31. 马五退四　炮 9 进 1　　32. 马四进五　炮 9 平 5
33. 帅五平六　马 2 进 4　　34. 炮九平一　马 4 进 5
35. 炮一平五　炮 5 退 2　　36. 炮五退二　炮 5 平 4
37. 兵七进一　炮 4 进 1　　38. 兵七进一　炮 3 退 3
39. 炮四退七　炮 3 平 5　　40. 相五退七　马 8 退 7

黑马捉炮并伏下马 7 进 5 的杀势，胜局已定。

第 147 局　蒋川和陈富杰

1. 炮二平五　马 8 进 7　　2. 马二进三　车 9 平 8
3. 车一平二　马 2 进 3　　4. 兵七进一　卒 7 进 1
5. 车二进六　马 7 进 6　　6. 马八进七　象 3 进 5
7. 炮八平九　卒 7 进 1　　8. 车二退一　马 6 退 7
9. 车二进一　卒 7 进 1　　10. 车九平八　车 1 进 2

进车保炮容易造成子力拥塞，一时难以反击，改走车 1 平 2 比较平稳。

11. 车二平三　炮 8 退 1　　12. 车三进一　炮 8 平 2
13. 车八平九　卒 7 进 1（图 147）14. 马七进六　卒 7 进 1

红方跃马并有炮打 7 路卒的先手，是争先的好着。而黑方进 7 路卒也是具有大局观的应法。

15. 车三退六　车 8 进 5　　16. 马六进四　车 8 退 1
17. 马四进三　车 8 平 4　　18. 车九进一　后炮平 4

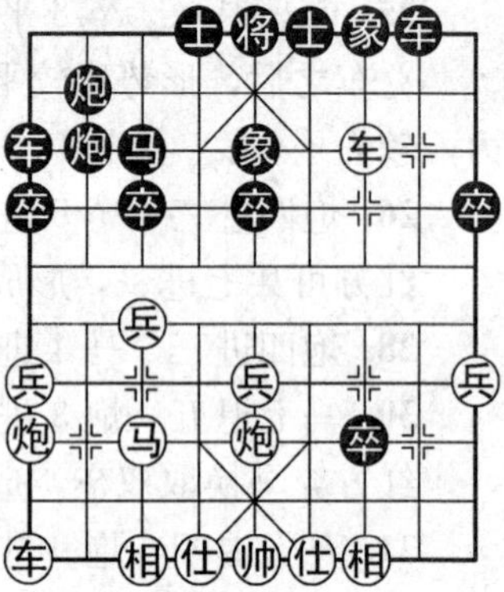

19. 车九平八　卒3进1
20. 兵七进一　车4平3
21. 车三平四　士4进5

红方平车要杀，可以阻拦黑方双炮的反击，能够更平稳地展开攻势。

22. 车四平七　车3进4
23. 车八平七　炮2退2
24. 马三退五　马3进5
25. 炮五进四　炮4退1
26. 相三进五　车1平4
27. 车七进二　车4进3

红方多一兵，并有中炮的威力，形势比较好。

28. 仕四进五　炮2平1　　29. 车七平八　卒9进1
30. 炮五平八　炮1平2　　31. 炮八平三　炮2平1
32. 炮三退二　车4退2　　33. 兵五进一　士5进4

在黑方加紧看守的情况下，红方进中兵徐图进取，是加强攻势的好着。

34. 兵五进一　士6进5　　35. 炮三平二　象7进9
36. 炮二平五　象9退7　　37. 兵五平四　车4平2
38. 炮五进一　车4平6　　39. 兵四平三　将5平6
40. 兵三进一　车6退1　　41. 炮五退一　卒1进1

红方退中炮平稳。如车八平五，炮1进6，炮九进四，炮1退2，红方也没有多大的进取机会。

42. 炮五平二　车6平8　　43. 车八平四　将6平5
44. 炮二平八　车8平2　　45. 炮八平七　车2平8
46. 炮二平八　车8平7　　47. 兵三平四　车7平2
48. 炮八平二　车2平8　　49. 炮二平八　车8进5
50. 仕五退四　车8退5　　51. 炮八进五　象5退3
52. 炮八退八　车8平4　　53. 仕四进五　车4进4
54. 炮八进三　车4退3　　55. 炮八进四　车4平2

图147

56. 炮八平七	车 2 退 1	57. 炮七退二	象 7 进 5
58. 炮七平五	车 2 平 5	59. 相五进七	炮 1 进 3
60. 炮九平七	象 3 进 1	61. 炮五平七	炮 4 平 3
62. 相七进五	炮 1 平 2	63. 前炮进一	炮 2 进 6
64. 后炮退二	炮 2 退 5	65. 后炮平八	炮 2 退 1

以下红方如炮七平八还有一些攻势，但由于 50 回合的限着数字已到，被判为和局。

第 148 局　蒋川胜黄海林

1. 炮二平五	马 8 进 7	2. 马二进三	车 9 平 8
3. 车一平二	马 2 进 3	4. 兵七进一	卒 7 进 1
5. 车二进六	马 7 进 6	6. 马八进七	象 3 进 5
7. 炮八平九	炮 2 进 4		

进炮兵线是一种应法，但是应该在车 1 平 2 的情况下才这样走。

8. 车九平八　炮 2 平 3

也可以炮 2 平 7，配合左路的车炮展开反击。

9. 兵五进一	卒 7 进 1	10. 车二退一	马 6 退 7
11. 车二进一	卒 7 进 1	12. 马三进五	马 7 进 6

如卒 7 平 6 捉马，则兵五进一，卒 6 平 5，马七进五，红方弃子之后有较强的攻势。

13. 车二退一　卒 7 平 6

如马 6 进 5，马七进五，卒 7 平 6，马五退七，车 1 进 1，炮五平二，黑方无根车炮受到威胁，并不乐观。

14. 车二平四	炮 8 进 5	15. 炮五退一	炮 8 平 1
16. 马五退六	炮 3 平 9	17. 车八进七	车 1 平 3
18. 相七进九	炮 9 进 3	19. 车四退二	车 8 进 9
20. 炮五平一	车 8 平 7		

如炮 9 平 7，帅五进一，黑方强行得一子，但子力不足，仍是

红方占优。

21. 车四平一　炮 9 平 8
22. 车一退三　车 7 退 2
23. 车一平二　车 7 平 5
24. 马七退五　车 5 退 2
25. 车二进三　士 4 进 5（图 148）
26. 车二平五　卒 5 进 1

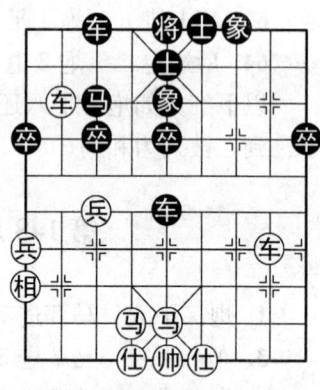

图 148

经过一阵争夺之后，红方多子少兵，形势颇为有利。此时平中车兑车，虽然不利于争取胜机，但如车八退一，车 3 平 4，红方左马受威胁，红方也不见得有好处。

27. 马五进六　车 5 平 4
28. 后马进四　马 3 进 5
29. 车五进二　马 5 进 7
30. 仕六进五　马 7 进 8

红方如车五退二，卒 3 进 1，黑方仍有谋和的机会。

31. 车八退一　卒 1 进 1
32. 车八退一　车 3 平 4
33. 马四进二　前车进 1
34. 马二进四　前车平 1
35. 车五进一　车 4 平 3

可以车 1 进 1，尽力寻求和局。

36. 车五平六　卒 1 进 1
37. 马四进二　车 1 平 6
38. 车六平四　车 6 平 4

不如车 6 退 3，马二进四，车 3 进 1，争取和棋。

39. 车四进二　卒 3 进 1
40. 车八进三　车 3 平 4
41. 马二进三　后车进 1
42. 车八进一　后车退 1
43. 车八退二　后车进 2
44. 车八进二　后车退 2
45. 车八退一　后车进 1
46. 车八退三　前车退 2
47. 车八进四　后车退 1
48. 车八退一　后车进 1
49. 车八进一　后车退 1
50. 车八退七　前车平 7
51. 马三退四　车 4 进 2
52. 车八进七　士 5 退 4
53. 车八退三　卒 3 进 1
54. 车八平五　士 4 进 5

55. 马四进五　卒 3 进 1　　56. 马五退三　将 5 平 4
57. 车五平七　车 4 平 7　　58. 车四退二　后车进 1

可象 7 进 5，加强守势，增加红方取势的难度。

59. 车四平三　车 7 退 1　　60. 车七平三　卒 1 进 1
61. 车三进三　卒 1 平 2　　62. 车三退三　士 5 进 6
63. 仕五退六　士 6 进 5　　64. 车三平一　士 5 进 4
65. 车一平六　士 6 退 5　　66. 帅五进一　将 4 进 1
67. 车六平八

黑方双士双卒被控制后，难以防守，红胜。

第 149 局　李家华负刘殿中

1. 炮二平五　马 8 进 7　　2. 马二进三　卒 7 进 1
3. 车一平二　车 9 平 8　　4. 车二进六　马 2 进 3
5. 兵七进一　马 7 进 6　　6. 马八进七　象 3 进 5
7. 炮八平九　车 1 平 2　　8. 车九平八　炮 2 进 6
9. 车二退二　卒 7 进 1

红车进退容易失先，应车二平四较为有力。以下黑方如马 6 进 7，马七进六，红方先手。

10. 车二平三　炮 8 平 7

黑方弃 7 路卒，活跃了左路的子力，伏下了反击的能力。

11. 马七进六　马 6 进 4

进马吃马是有力的应法。如被假象所迷惑而走炮 2 退 3 牵制马车，马六进四，炮 2 平 7，车八进九，马 3 退 2，马四进三，车 8 进 2，兵三进一，车 8 平 7，炮五进四，士 4 进 5，相三进五。兑子之后，局势平稳，红方多兵稳占优势。

12. 车三平六　车 8 进 6　　13. 车六平三　炮 7 进 4

红方平三路车虽然意义不大，但为了减轻三路线上的压力，也只好勉强这样走。如兵三进一，车 2 进 7，红方有失子的危险。

14. 相三进一　炮 2 退 1

利用红方左车无根的弱点展开攻击，反击意识极强，是紧凑有力的好着。

15. 车三平六　车8进2
16. 车六退二　炮2平5（图149）

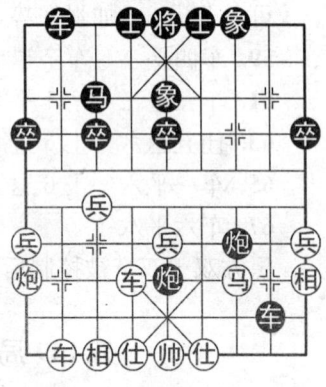

图149

黑方的攻击手段非常隐蔽而又巧妙，红方一时难以觉察。红方应仕四进五，尚可支持下去。此刻黑方中路兑子异常有力，造成了弃车攻杀的精彩场面。

17. 车八进九　炮5平9
18. 车八退七　炮9进2

红方如马三退一，马3退2，车六平一，炮7进3，仕四进五，炮7平9，黑方得子胜定。

19. 仕四进五　车8平6

下一步黑方有炮7平8的杀法，红方无法化解，黑胜。

第150局　胡荣华胜朱永康

1. 炮二平五　马8进7　　2. 马二进三　卒7进1
3. 兵七进一　马2进3　　4. 马八进七　象3进5
5. 车一平二　车9平8　　6. 车二进六　马7进6
7. 车九进一　士4进5　　8. 车九平六　卒7进1

红方如车九平四，炮8平6，车二进三，炮6进6，车二退八，炮6退1，车二平四，炮6平3，车四进四，车1平4，黑方局势并不落后。

9. 车二退一　卒7进1　　10. 车二平四　卒7进1
11. 车四平二　卒7平6

红方平车牵制车炮，黑方有卒过河，各有千秋。

12. 炮五平六　车1平4

红方如炮五退一，卒6进1，炮五进一，卒6进1，帅五平四，车8进1，帅四平五，车8平7，黑方好走。

13. 炮六进二　卒5进1　　14. 炮八平四　马3进5
15. 炮四进四　卒3进1　　16. 车二平五　炮8进7
17. 车六平八　车8进7

红方平车捉炮老练。如车五进一，车8进7，车六平八，车8平3，车八进六，车4进5，黑方占优。

18. 车八进六（图150）　车8平3
19. 炮六进二　卒3进1

黑方如炮8退6保马，兵七进一，车3进2，黑方仍可周旋。

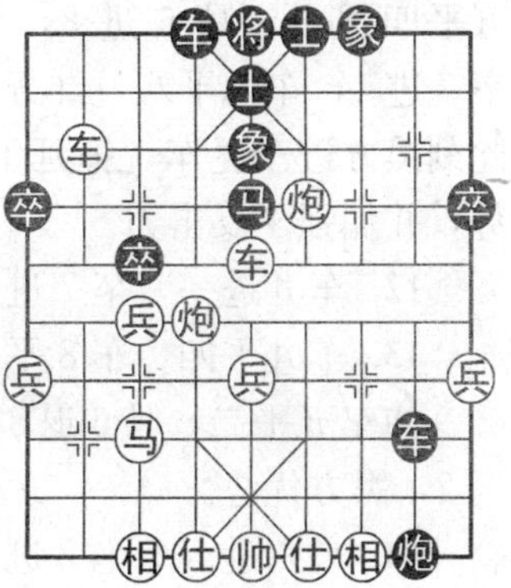

20. 车五进一　车3平7
21. 兵五进一　车7进2
22. 兵五进一　卒3进1
23. 相七进五　车7退6
24. 仕四进五　卒3平4
25. 帅五平四　卒4平5
26. 炮四平一　车4进3

图150

红方平炮弃还一子，由此稳占先手。

27. 车八进二　士5退4　　28. 车五平六　车7平4
29. 炮一平五　象5进7　　30. 车八退二　卒5平6
31. 车八平五　士4进5　　32. 车五平二

红方抽将得炮，胜局已定。

第151局　王嘉良负胡荣华

1. 炮二平五　马8进7　　2. 马二进三　车9平8
3. 车一平二　马2进3　　4. 兵七进一　卒7进1
5. 车二进六　象7进5　　6. 马八进七　马7进6
7. 炮五进四　马3进5

红方炮取中卒，虽然获取了一卒的便宜，但黑方却取得了抗衡的机会,红方不占便宜。

8. 车二平五　炮8平7

乘机过卒,积极反攻,正确。

10. 炮八平五　士6进5

11. 马七进六(图151)　车8进3

红方跃马河口华而不实,不如车五平四捉马,马6进8,马三退五,卒7进1,车九平八,红方仍有攻势。此刻黑方进车兑车,拖延了红方的攻势,并加强了反击力。

12. 车九进一　卒7进1

13. 车九平四　车8平5

9. 炮八进三　卒7进1

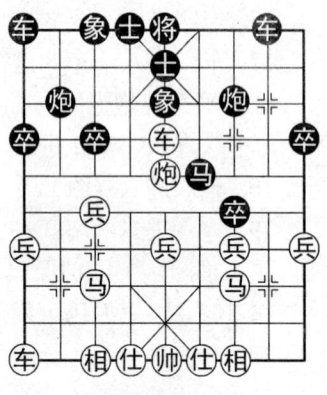

图151

如车五平二,马6退8,车九平二,马8退6,车二进八,炮7退2,黑方优势。

14. 马六进五　炮2进2　　　**15.** 马三退一　炮7平6

红方可炮五退一捉马,则马6退4,马五进三,马4进5,兵五进一,卒7进1,车四进五,各有千秋。

16. 车四平二　将5平6　　　**17.** 车二进八　将6进1

18. 炮五平六　车1进1

红方如兵五进一,车1进1,兵七进一,炮2退1,车二退四,炮2平5,车二平四,炮5进2,黑方并不难走。

19. 兵五进一　车1平4　　　**20.** 兵五进一　马6进5

21. 马五进三　炮2平5

红方进马叫杀是败着。应兵七进一,炮2平4,马五进三,炮6进3,兵七平六,红方优势。

22. 相三进五　马5退6

黑方抽将得马,胜局已定。

第 152 局　王嘉良胜胡荣华

1. 炮二平五	马2进3	2. 马二进三	马8进7
3. 车一平二	车9平8	4. 兵七进一	卒7进1
5. 车二进六	象7进5	6. 马八进七	马7进6
7. 炮五进四	马3进5	8. 车二平五	车1进1
9. 车九进一	车1平4		

红方如炮八进三，车1平6，黑方阵型牢稳，红方的攻势很难展开。

10. 车五退一	马6退7	11. 炮八平九	士6进5
12. 相三进五	炮8平9		

红方可车九平八，然后再上左中相，仍可稳持先手。

13. 马七进八	车8进7	14. 马三退五	车8进1
15. 马五进七	车8平1	16. 马七退九	车4进7
17. 马九进七	车4平7		

经过兑车及子力的移动，已化解了红方的先手。

18. 车五退一	炮9进4	19. 仕四进五	车7平8
20. 车五平一	车8进1	21. 仕五退四	马7进8

如炮9进3，马七退五，黑方无子可抽，并不占便宜。

22. 车一进二	象5退7	23. 炮九进四	将5平6
24. 马八进七	车8平6		

红方进马踏卒，大胆弃仕，决心和黑方展开对攻。

25. 帅五进一	卒7进1		
26. 炮九退二	卒7进1		
27. 车一进三	将6平5		
28. 兵七进一	炮2平9		
29. 车一平三	士5退6		
30. 车三退四	前炮进2		
31. 炮九平五 (图152)	卒7平6		

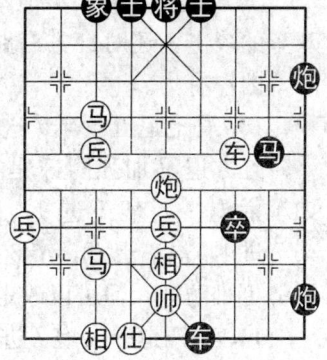

图 152

由于黑方未能及时发挥马炮的威力，红方的炮马占据了有利位置。红方中炮抽将，颇使黑方不好应付。此刻黑方如将5进1，后马进六，前炮平8，马六进五，象3进5，马五进七，将5平4，前马进八，将4进1，马七退五，红胜。

32. 前马进五　士4进5　　　　**33.** 帅五平六　象3进5
34. 车三平六　车6退1　　　　**35.** 仕六进五

红方弃马出帅叫杀，入局精妙，获得胜局。

第153局　郑乃东负柳大华

1. 炮二平五　马8进7　　　　**2.** 马二进三　车9平8
3. 车一平二　马2进3　　　　**4.** 兵七进一　卒7进1
5. 车二进六　马7进6　　　　**6.** 马八进七　象3进5
7. 炮五进四　马3进5　　　　**8.** 车二平五　炮8平7
9. 车九进一　士4进5

红方也可炮八进三，卒7进1，炮八平五，士4进5，车五平四，马6进8，马三退五，红方可以对抗。

10. 车五平四　马6进7
11. 车九平六　车1平3
12. 车六进四　(图153)　马7退8

黑方退马8路，不但牵制了红方双车的攻击，还对红方右路产生了威胁，凶悍有力。

13. 马七退五　卒7进1

红方退马加强防守是一种应着。如车六退一，卒7进1，车四平三，卒7进1，马三退五，卒3进1，红方局势更难防守，但可以改走车四退二，尚可应付。

14. 车四退一　炮7进2　　　　**15.** 车四进三　卒7进1
16. 马三退二　炮7进2　　　　**17.** 车四退三　炮7进2

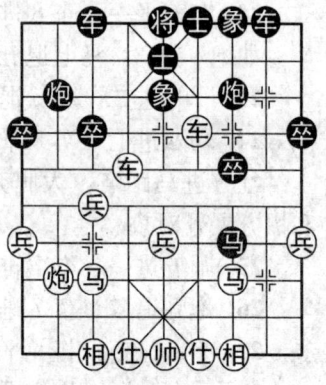

图153

18. 车四退三	卒7平8	19. 马五进四	炮7退2
20. 马四进五	马8进7	21. 相三进五	卒8平9
22. 车四进一	马7进8	23. 炮八平七	卒9平8

至此，黑方有一卒过河，比较好走。

24. 车四进三	卒8平7	25. 马二进四	炮7进2
26. 车六进三	炮2进1	27. 车四进二	炮7平9
28. 车六平八	炮9进5	29. 帅五进一	车3平4
30. 马五进七	马8进6		

看到有机可乘，黑方弃子抢攻，红方更难应付。

31. 马七进六	车8进8	32. 相五进三	炮2平5
33. 相七进五	炮5平8	34. 车四平二	炮9退1
35. 帅五退一	车8平6	36. 车二退二	马6退8
37. 车二退五	车6平8	38. 炮七平六	车8进1
39. 帅五进一	卒7进1		

红方无法抵挡黑方的攻杀，只好认负。

第154局　蒋全胜和李望祥

1. 炮二平五	马8进7	2. 马二进三	车9平8
3. 车一平二	马2进3	4. 兵七进一	卒7进1
5. 车二进六	马7进6	6. 马八进七	象3进5
7. 炮八进一	卒7进1	8. 车二退一	卒7进1
9. 马三退五	马6退7	10. 车二进一	炮8平9
11. 车二平三	车8进2	12. 炮五平四	炮2退1
13. 炮四进六	炮2平4		

红方进炮拦炮是必走之着。如炮四进五打车，炮2平7，炮四平二，炮7进2，以下黑方可走车1进1，红方反而被动。

14. 炮八平三	炮4进2	15. 车三退二	炮4退1
16. 车九进一	车1进1		

进车捉炮效力不大。可车1平2，车九平六，士6进5，车六

进五，车2进4，局势比较复杂。

17. 车九平六　车1平6
18. 车六进六　马7进8
19. 车六平七　马8进7（图154）

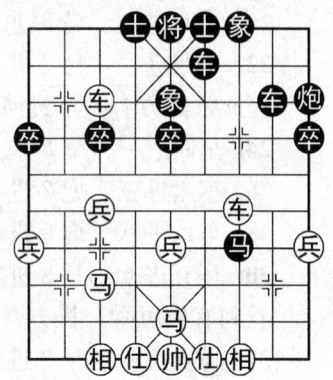

黑方以马换炮是明智的下法。如马8进9，车三进二，马9进8，炮三进六，士6进5，车三退五，车8平6，马五进四，前车进4，车七平五，前车进3，帅五进一，红方占优势。

20. 车三退一　车6进7
21. 马五进四　车8平6

图154

如车8进5，车三进六，炮9平3，马四退二，车6退1，马二进三，车6平3，车三退三，红方占优势。

22. 车七退一　后车进4

红方退车吃卒力求平稳中占优。如马七退五，车6进3，车七退一，炮9平6，马五进七，前车进1，帅五平四，车6进1，帅四平五，车6平7，红方有顾忌。

23. 车三平四　车6退2　　24. 车七平九　卒5进1
25. 车九平五　炮9退1　　26. 车五平一　炮9进5
27. 车一平五　车6进1

如炮9平5，车五退一，炮5平2，车五平八，黑方谋取和局仍有困难。

28. 相七进五　炮9进3　　29. 帅五进一　车6退3
30. 兵九进一　士6进5

红方进兵比较缓慢。应马七进六，车6进5，相三进一，车6平4，马六进四，红方较有胜机。

31. 马七进六　车6进1　　32. 马六进七　将5平6
33. 帅五平六　炮9退1　　34. 马七退五　车6进3
35. 帅六进一　车6进1　　36. 帅六退一　车6退1
37. 帅六进一　车6退4　　38. 兵五进一　将6平5

39. 兵九进一　炮 9 退 4　　40. 兵九进一　士 5 进 4
41. 帅六退一　炮 9 退 3

黑方运子老练，迫使帅位不正，给红方的求胜制造了许多困难。

42. 帅六平五　炮 9 平 5　　43. 车五平六　炮 5 进 3
44. 车六退一　车 6 退 1　　45. 兵五进一　车 6 平 1
46. 车六进二　车 1 进 1　　47. 兵五进一　车 1 进 4
48. 帅五退一　车 1 退 5　　49. 兵五进一　车 1 平 5
50. 兵五平四　士 4 进 5　　51. 车六平七　士 5 进 6
52. 车七进二　将 5 进 1

黑方防守细腻又准确，表现出较高的残局功力。红方虽然是高兵，将来可被黑方形成单车领士的和局。又争夺一阵之后，红方没有掌握机会，终成和势。

第 155 局　彭建军和孙树成

1. 炮二平五　马 8 进 7　　2. 马二进三　车 9 平 8
3. 车一平二　马 2 进 3　　4. 兵七进一　卒 7 进 1
5. 车二进六　象 3 进 5　　6. 马八进七　马 7 进 6
7. 车九进一　士 4 进 5　　8. 车九平六　炮 2 进 2
9. 兵五进一　卒 7 进 1　　10. 车二平四　马 6 进 7
11. 马三进五　卒 7 平 6　　12. 兵五进一　卒 5 进 1
13. 车四退二　卒 5 进 1

红方退车吃卒，力图减少变化，是一步平稳的下法。如炮五进三，炮 8 进 4，车六平三，卒 6 进 1，马七进六，双方的攻守比较紧张。

14. 炮五进二　炮 2 平 7
15. 车四平三　马 7 退 5（图 155）

黑方退马吃中炮，失去了控制局势的机会。应马 3 进 5，红方如车三退一，炮 8 平 7 打车，车三进二，马 5 进 7，炮五平三，炮 7 进 3，马五进三，车 1 平 2，黑方可以牵制红方的子力，局势比较乐观。

16. 车三平五　车 1 平 2　　17. 炮八进二　炮 8 平 7

18. 相三进五　车8进3

双方的防守极为谨慎，争夺的机会自然减少，终难有所突破。

19. 车六进四　卒3进1
20. 车六平四　车2进3
21. 兵七进一　前炮平3
22. 马五进三　车8平5
23. 车五进二　车2平5
24. 马七进五　炮7进1
25. 车四平五　车5进1
26. 马三进五　炮3平4
28. 炮八退三　炮7退2
30. 马五退三　象5进7
32. 兵一进一　马4进6

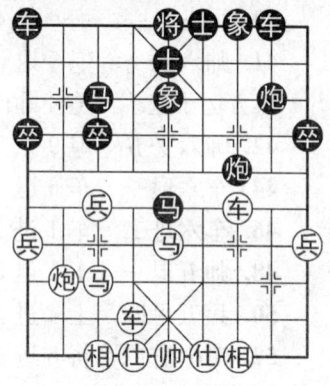

图 155

27. 马五进六　马3进4
29. 炮八平一　炮7平9
31. 炮一进五　炮9平1
33. 兵一进一　炮1进4

双方难以进取，已成和局。

第156局　李来群和柳大华

1. 炮二平五　马8进7
2. 马二进三　卒7进1
3. 车一平二　车9平8
4. 车二进六　马2进3
5. 马八进七　卒3进1
6. 车九进一　士4进5

如炮2进1，车二退二，象3进5，兵三进一，卒7进1，车二平三，马7进6，车九平四，炮2进1，车四平二，红方好走。

7. 车九平六　马7进6
8. 兵五进一　卒7进1
9. 车二平四　马6进7
10. 马三进五　炮8平7

红方也可车四平二牵制车炮，卒7平6，兵五进一，卒5进1，车六进二，马7进5，炮八平五，车8进1，马三进四，车8平6，马四进五，红方占优势。

11. 马五进三　马7退5
12. 车四平二　车8进2

先升车稳健。如炮7进7贪吃红相，仕四进五，车8进2，炮五进四，车8平5，炮五退一，炮2进2，马三进四，马5进6，炮八平四，炮2平5，炮四平五，红方优势。

13. 仕四进五　炮7进2
14. 炮五进四　车8平5（图156）
15. 车六进三　车5进1

红方进车捉马平稳。经过子力交换之后，难有进取的机会，不如炮五平一打边卒，以下黑方如炮7平5，相三进五，马5退7，炮一进三，红方的双车马炮较有威力。

16. 车二平五　马3进5
17. 车六平五　马5退7
18. 马七进五　象3进5

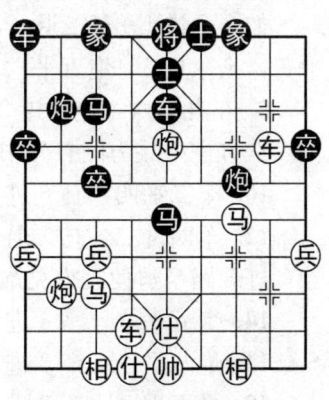

图156

红方如车五平四，仍有较多选择攻守的机会，现在黑方乘势升炮平中路，化解了红方的攻势，机智。

19. 炮八平五　炮2进1
20. 车五平四　炮2平5
21. 车四进二　炮5进4
22. 相三进五　卒1进1
23. 车四平三　马7退8
24. 马五进六　马8进9
25. 车三平一　马9退7
26. 车一平三　马7进9
27. 车三平八　车1平4
28. 马六进七　车4进1

升一步车加强防守，正确。如车4进2，车八进三，士5退4，马三进五，红方得车胜定。

29. 兵一进一　炮7退2
30. 马七退五　炮7退1
31. 马三进二　炮7平6
32. 马五进三　车4进3

如兵一进一，车4平2兑车，仍然是和局。

第157局　左永祥和丁晓峰

1. 炮二平五　马8进7
2. 马二进三　车9平8
3. 车一平二　马2进3
4. 兵七进一　卒7进1

5. 车二进六　马7进6　　　6. 马八进七　象3进5
7. 车九进一　士4进5

如卒7进1，车二退一，卒7进1，车二平四，卒7进1，车四平二，士4进5，炮五平六，车1平4，相七进五，红方占优势。

8. 车九平六　炮2进2　　　9. 兵五进一　卒7进1

红方进中兵力图打开中路攻势，并利用双车配合展开攻击。

10. 车二平四　马6进7　　11. 兵五进一　卒5进1
12. 车四进二　马7退5　　13. 炮五进三　卒3进1

进3路卒迫使红方兑炮，力争化解红方中路的攻势。

14. 炮五平八　马3进2　　15. 炮八进二　马5进3
16. 炮八平三　卒3进1　　17. 马三进五　炮8进7
18. 马五进四　车8进2

红方进马捉象，是有力的走法。

19. 炮三进三（图157）　车1平4

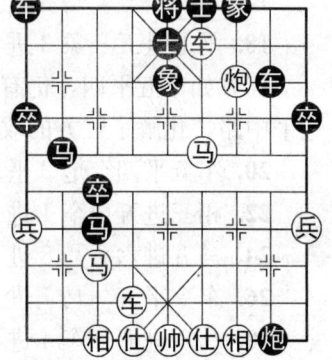

图157

黑方平4路车兑车，化解红方的攻势。如象5进7，车六进七，仍是红方好走。

20. 车六进八　将5平4
21. 马七进五　马2进4
22. 仕六进五　马4退6
23. 马五进四　象5进7
24. 炮三退一　炮8退4　　25. 马四退三　车8平4
26. 车四退二　炮8退3　　27. 车四平五　炮8平5

平炮中路牵制红车，缓和了红方的攻势。

28. 相三进五　车4进2　　29. 炮三平二　卒1进1
30. 炮二退一　象7退9　　31. 炮二进四　将4进1
32. 炮二退一　将4退1　　33. 炮二退一　将4进1
34. 炮二退一　将4退1　　35. 炮二退五　车4平7
36. 马三退四　车7进4　　37. 炮二进六　车7平6
38. 车五进一　车6平8　　39. 炮二平一　车8退8

40. 车五退四　车8平9　　　41. 相五进七

红车捉死黑马，已成和局。

第158局　胡荣华胜柳大华

1. 炮二平五　马8进7　　　2. 马二进三　车9平8
3. 车一平二　卒7进1　　　4. 车二进六　马2进3
5. 兵七进一　马7进6　　　6. 马八进七　象3进5
7. 车九进一　卒7进1　　　8. 车二平四　马6进7
9. 炮五平四　士4进5　　　10. 车四平三　炮2进2
11. 车九平二　炮2平7　　12. 炮四进四　卒7平8

红方进炮压象肋，有利于发挥三路车的攻击力，消除巡河炮的威胁。此刻黑方如车1平2提炮，车三退一，车2进7，车三退一，车2平3，车三退一。黑方车炮受制，红方比较有利。

13. 车二进三　马7退8　　14. 车三平二　炮7进5
15. 仕四进五　车1平2　　16. 炮八平九　马8退6
17. 前车平四　车2进7　　18. 车四退四　炮8进2
19. 马七进六　车2平6　　20. 仕五进四　炮8平5
21. 仕四退五　车8进5　　22. 马三进二　卒3进1

红方兑去双车之后，子力活跃，借此可以取得多兵的优势。

23. 兵七进一　象5进3　　24. 马二进一　象3退5
25. 马一进三　炮5平4　　26. 炮九平五　士5进6
27. 马三退四　士6进5　　28. 兵一进一　炮7退6
29. 马四进二　炮4退3　　30. 马六进五　马3进4

不能兑马，否则红方多兵，兵种又好，黑方很难防守。

31. 马二退三　炮4平1　　32. 炮五平六　炮7进1
33. 马五退六　马4退6　　34. 马六进四　炮1进5
35. 兵一进一　炮1退2　　36. 兵五进一　马6进4
37. 马四进六　炮7退3　　38. 兵五进一　马4进3
39. 马六退七　炮1平3　　40. 炮六进四　马3退5

41. 炮六平七　马5退7　　42. 马七退五　炮7进4
43. 马五进三　马7进5

交换马炮之后，红方受攻之势减少，以马炮双兵的优势进入持久的残局之战。

44. 兵一进一　炮3平2　　45. 炮七平二　马5退3
46. 炮二进三　士5退6　　47. 兵一平二　士6退5
48. 兵二平三　象5进7　　49. 兵三平四　马3进4
50. 仕五进六　卒1进1　　51. 炮二退八　炮2进3

进炮企图进马兑子谋和，但红方上仕可以化解。

52. 仕六进五　卒1进1　　53. 兵五平四　象7退9
54. 炮二进八　马4退3　　55. 后兵平五　炮2退3
56. 兵五进一　象9进7

红方双兵迫近九宫，又有沉底炮的威力，只要运马攻击得法，红方取势的大局已成定论。

57. 相七进五　马3进4　　58. 马三退五　炮2进3
59. 相五进三　炮2退2　　60. 马五进六　炮2平5
61. 帅五平四　马4退3　　62. 相三退五　炮5平8
63. 炮二退四　卒1平2　　64. 兵四平三　马3进4
65. 兵三进一　卒2平3　　66. 兵三进一　卒3平4
67. 炮二进四　将5平4（图158）

红方兵临城下，黑方出将是无可奈何。如炮8平6，帅四平五，以下红方有马六进四，准备兵五进一作杀，黑方不好应付。

68. 马六进七　将4进1
69. 马七进八　将4进1
70. 兵五平六　将4平5
71. 马八退九　炮8平6
72. 马九进七　将5平6
73. 帅四平五　炮6进1　　74. 炮二退九　炮6平7

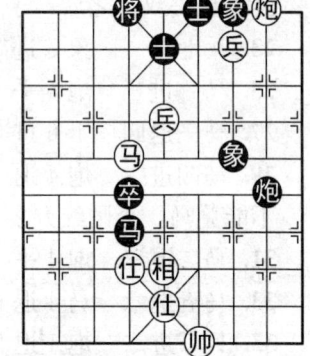

图158

75. 炮二平三　马4退6　　76. 炮三平四　马6进5
77. 兵六平五

红方马炮兵攻杀巧妙，取得胜局。

第159局　王嘉良和杨官璘

1. 炮二平五　马8进7　　2. 马二进三　车9平8
3. 车一平二　马2进3　　4. 兵七进一　卒7进1
5. 车二进六　马7进6　　6. 马八进七　象3进5
7. 车二退二　卒7进1

红方退车保持稳健局势，但也给黑方一定的反击机会。

8. 车二平三　炮8平7
9. 车九进一　炮2退1
10. 马七进六（图159）　马6进4

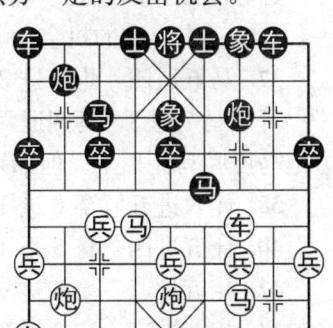

图159

黑方进马兑马正确。如炮2平7，马六进四，后炮进4，马四进三，车8进2，前马退五。兑子之后红方多兵，比较好走。

11. 车三进三　士4进5
12. 车九平六　车1平4
13. 车六进二　车8进4
14. 车三退三　炮2进4

红方退车反而被黑方进炮所牵制，形成了被动之势。不如炮五平六，炮2平4，车六进一，炮4进6，车三退三，形成平稳之势。

15. 车三平四　卒3进1　　16. 车四退三　卒3进1
17. 车四平七　车8平3　　18. 炮五平六　炮2退4
19. 炮六进二　车4进5　　20. 车六进一　卒3平4
21. 车七进四　象5进3　　22. 兵三进一　象3退5
23. 炮八平五　炮2平1

交换子力之后，黑方有卒过河，比较好走。现在运炮取兵，力争在残局上取势。

　　24. 马三进四　炮1进5　　**25.** 兵三进一　象5进7
　　26. 炮五进四　象7退5

　　红方炮打中卒是弃兵后的运子手段。如马四进五，马3进5，炮五进四，象7退5，黑方多卒占优。

　　27. 炮五平七　炮1平9　　**28.** 马四进六　马3进5
　　29. 炮七平一　马5进7　　**30.** 炮一平四　马7进8
　　31. 马六退八　卒1进1　　**32.** 马八进七　卒4进1
　　33. 马七退九　马8进7　　**34.** 炮四退五　卒4平5
　　35. 马九退七　卒5平6　　**36.** 马七进五　卒6平1

　　红方不如仕四进五，炮9进3，相三进一，马7退9，炮四平一，红方还有谋和的机会。

　　37. 马五退四　炮9进3

　　可以马7退8，马四退六，卒6进1，马六退四，马8进7，黑方炮马可胜马仕相全。但如果红方是炮的话，黑方就不能取胜。

　　38. 仕六进五　卒6进1　　**39.** 马四退三　卒6平7
　　40. 仕五进四　将5平4　　**41.** 相七进五　象5进7
　　42. 相五进三　士5进6　　**43.** 相三退一　卒7平6
　　44. 相一进三　炮9平8

　　平炮走法不对。应卒6进1，帅五进一，卒6平7，黑方炮低卒可胜单仕象。

　　45. 相三退一　炮8退3　　**46.** 仕四进五　将4进1
　　47. 仕五退四　将4进1

　　还可以炮8进3，仕四退五，将4平5，黑胜。

　　48. 仕四进五　将4平5　　**49.** 帅五平六　士6进5
　　50. 帅六进一

　　由于黑方没有掌握炮卒对仕相全的攻击之法，所以没有取得胜局。

第 160 局　孟祥阁负张晓平

1. 炮二平五　马 8 进 7　　2. 马二进三　马 2 进 3
3. 车一平二　车 9 平 8　　4. 兵七进一　卒 7 进 1
5. 车二进六　马 7 进 6　　6. 车二平四　马 6 进 7
7. 马八进七　车 1 进 1

升右车可以取得反击机会，否则局势会向平稳方向发展。

8. 炮五进四　马 3 进 5

红方炮打中卒意欲谋取实利，但影响了子力的开展，应炮八进一较为有利。

9. 车四平五　炮 8 平 5

不如炮 2 平 5，相七进五，炮 8 进 6，车九进一，车 1 平 2，炮八进二，车 8 进 7，黑方较有攻势。

10. 相七进五　车 1 平 4　　11. 炮八平九　车 8 进 8

红方平边炮准备开出左车，但在时间上已来不及。不如仕六进五，车 4 进 7，炮八进一，红方还可周旋。

12. 仕四进五　车 8 平 6
13. 车九平八　炮 2 进 5（图 160）

黑方进炮弃炮，由此打开了马踏中相的有力攻势，红方难以招架。以下如相五退七，车 4 进 7，车八进二，马 7 进 5，黑方胜定。

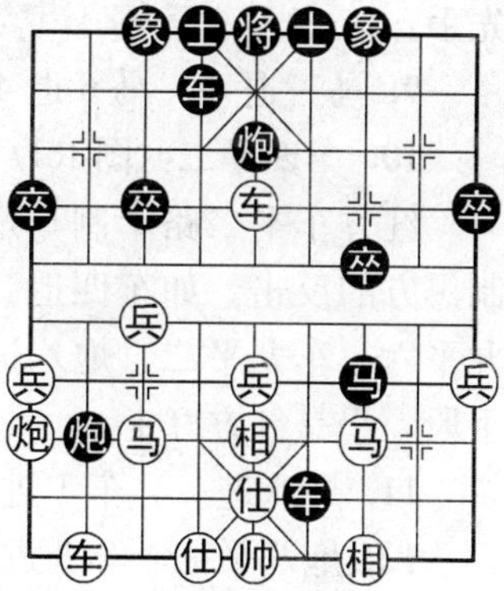

14. 马七进八　炮 2 平 7

可马 7 进 5，炮九平五，炮 2 平 7，以下可车 4 平 8，黑方胜势。

15. 炮九平三　马 7 进 5
16. 车八平七　车 4 进 7

红方如车八进一防守，车 4 平 2，车五平六，士 6 进 5，炮三进七，将 5 平 6，黑方胜。

图 160

17. 马八退九 士6进5   18. 炮三平四 车4退3
19. 车七进二 车4平7

红方如车五退二，车4平5，兵五进一，马5退6，车七进二，马6进8，炮四平五，马8进7，炮五进五，将5平6，黑方胜定。

20. 相三进一 车7平8

红方无法防守，黑胜。

第161局 孙勇征胜陈富杰

1. 炮二平五 马8进7   2. 马二进三 车9平8
3. 车一平二 马2进3   4. 兵七进一 卒7进1
5. 车二进六 马7进6   6. 马八进七 象3进5
7. 车九进一 卒7进1

黑方冲7路卒过早，可士4进5巩固中路。以下车九平六，炮2进2，形成对攻之势。

8. 车二平四 卒7进1

如马6进7吃兵，炮五平四，士4进5，车四平三，红方仍持先手。

9. 马三退一 马6退4
10. 车四平二 （图161）   马4进3

红方车平二路牵制车炮，力求控制黑方的反击。如车四退二，伏下车九平六、车九平二、炮八进四的三种手段，仍是红方好走。

11. 炮八进一 车1进1
12. 炮八平三 车8进1
13. 相七进九 车1平7
14. 车二退三 前马退2
15. 马七进六 卒3进1

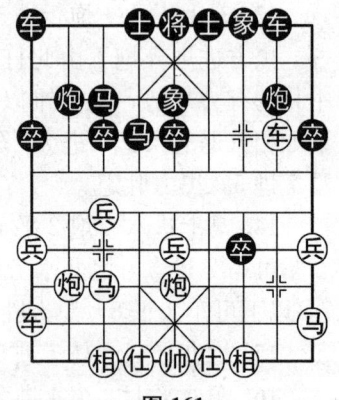

图161

16. 炮五平三 车7平4

17. 马六进四 马2进4

应马 3 进 4，使双炮形成担子炮，有利于防守马四进三的攻击，才是上策。

18. 车九平四　马 4 退 6　　19. 车二进三　炮 2 进 7
20. 仕六进五　炮 2 退 6　　21. 前炮进四　马 3 进 4
22. 后炮进四　士 4 进 5　　23. 车四进一　马 4 进 3
24. 马一进三　车 4 进 3　　25. 马三进二　炮 2 进 6

红方运子有序，占尽先机，黑方局势受困，难作持久战，只好进底炮对攻。

26. 车四平八　炮 2 平 1　　27. 后炮平五　将 5 平 4
28. 仕五进六　车 8 平 7　　29. 车二平四　车 7 进 1
30. 炮五进二　士 6 进 5

红方弃炮打中士，为施展双车的攻击创造条件。黑方如将 4 平 5，车八进七，将 5 进 1，车四进三，红方胜势。

31. 车八进七　象 5 退 3　　32. 车八平七　将 4 进 1
33. 车七退一　将 4 退 1　　34. 车七进一　将 4 进 1
35. 车七退一　将 4 退 1　　36. 车四平八

如将 4 平 5 解杀，马四进三，红方得车胜定。

第 162 局　王琳娜负张国凤

1. 炮二平五　马 8 进 7　　2. 马二进三　车 9 平 8
3. 车一平二　卒 7 进 1　　4. 车二进六　马 2 进 3
5. 兵七进一　马 7 进 6　　6. 马八进七　车 1 进 1
7. 兵五进一　卒 7 进 1　　8. 车二平四　马 6 进 8
9. 马三进五　卒 7 进 1　　10. 兵五进一　卒 5 进 1
11. 炮五进三　马 8 进 6　　12. 炮五退一　炮 8 平 7

红方不如车四退二，炮 8 平 7，马七退五，红方中炮的优势较易施展。

13. 相三进一　车 8 进 5　　14. 炮八进二　卒 3 进 1
15. 车九进一（图 162）　卒 3 进 1

红方如车四平五叫将，车1平5，炮五进四，车8进2，炮八退二，车8平3，马五退七，马3进5，黑方弃子有攻势，比较有利。

16. 马五进七　马3进4

红方进马吃卒保持变化。如车四平五，车1平5，车五进二，将5进1，马五进七，马3进2，前马进六，马2退4，炮八平二，马4进5，黑方一车换取马炮之后，较有攻势，比较好走。

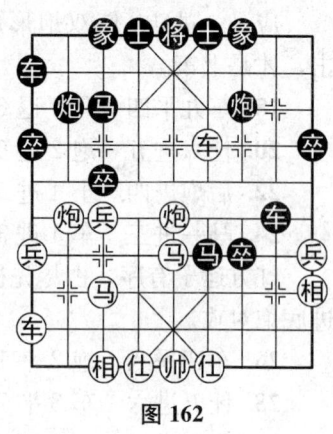

图162

17. 车四平五　士6进5
18. 炮八平九　车1平3
19. 相七进五　将5平6

红方如前马退五打车，车8平5，车五退二，炮2平5，相七进五，马4进5，马七进五，车3进5，黑方得还一子，仍占优势。

20. 车五平三　炮2平5
21. 前马进六　车8平3
22. 马六进七　车5进2
23. 仕六进五　车5平3
24. 仕五进四　车3退6

也可以车3进2，帅五进一，马4进5，马七退五，马5进3，帅五进一，车3平5，仕四进五，马6退4，帅五平六，马4进2，帅六退一，马3退5，黑胜。但这样走在比赛中容易招来麻烦，还不如吃马，形成必胜之势较好。

红方大势已去，黑方胜定。

第163局　徐超负蒋川

1. 炮二平五　马8进7　2. 马二进三　车9平8
3. 车一平二　卒7进1　4. 车二进六　马2进3
5. 马八进七　马7进6　6. 兵七进一　卒7进1

红方可以兵五进一，卒7进1，车二退一，卒7进1，兵五进一，马6退7，形成复杂的抢攻局势。

7. 车二平四　马6进8

红方如车二退一，马6退7，车二平三，炮8退1，兵三进一，炮8平7，车三平八，炮2进5，炮五平八，局势比较平和。

8. 马三退五　卒7进1（图163）

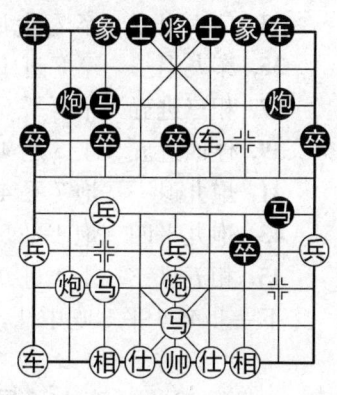

图163

红方如兵三进一，马8进7，炮五进四，马3进5，车四平五，士6进5，炮八平三，炮8进7，马七进六，炮2平6，车九进二，车8进8。双方形成混战，形势复杂，黑方的反击力较大。

9. 马七进六　炮8平5
10. 马五进七　炮2进4

如炮5平7，相三进一，士4进5，相一进三，炮7平6，形成各有牵制之形势。

11. 兵七进一　卒3进1　　**12.** 马六退八　卒3进1
13. 马八进七　士4进5　　**14.** 车四退二　卒3进1

红方不如前马退五，对防守比较有好处。

15. 前马退九　马3进4　　**16.** 车四平六　卒3进1
17. 车六进一　车1平2

出车限制了边马炮的行动。黑方虽少一子，但车马炮双卒有很大威力，局势主动。

18. 炮八平九　车2进5　　**19.** 车九进一　车8进3
20. 车九平六　炮5进4

红方可走车六进一，伏下炮五进四打卒的攻势，比较有力。

21. 仕六进五　马8进6　　**22.** 前车平七　象7进5
23. 车七退三　卒1进1　　**24.** 帅五平六　卒5进1

进中卒保护中炮，并开通车路。如卒1进1，炮九进二，红炮将产生威胁，黑方反而不好。

25. 车六进四　车8进2　　**26.** 炮五进三　车8平4

27. 车七平六	车4进2	28. 仕五进六	卒1进1
29. 炮九进二	马6退5	30. 车六平五	炮5平9
31. 炮九进五	车2退5	32. 车五平九	卒7进1

由于红方的子力位置较差，又少一兵，黑方明显占优势。

33. 仕六退五	卒7进1	34. 车九进一	卒9进1
35. 车九退一	卒9进1	36. 车九退一	炮9平7
37. 相三进五	卒7平6	38. 仕五进六	卒9进1
39. 仕四进五	士5退4	40. 炮九退三	车2进3
41. 炮九退一	炮7平4	42. 帅六平五	车2平8
43. 炮九平四	炮4平5	44. 帅五平六	车8平4
45. 相五进三	士4进5	46. 炮四平五	将5平4

下一步卒6平5吃中仕，黑方胜定。

第164局　陈鱼负蒋志梁

1. 炮二平五	马8进7	2. 马二进三	车9平8
3. 车一平二	卒7进1	4. 车二进六	马2进3
5. 兵七进一	马7进6	6. 马八进七	车1进1
7. 兵五进一	卒7进1	8. 车二平四	马6进8

红方如车二退一，马6进7，兵五进一，车1平7，兵五进一，士6进5，双方对抢攻势，互有顾忌。此刻黑方如马6进7，兵五进一，炮8平5，兵五进一，炮5退1，马三进五，红方好走。

9. 马三进五	卒7进1	10. 兵五进一	卒5进1
11. 炮五进三	马8进6		

弃空头炮是预定的计划，力求在对攻中寻求机会，是有胆识的着法。

12. 车四退二	炮8平7	13. 马七退五	车8进7

红方退中马不但可以保右相，还可闪出左炮平中路展开攻势，佳着。

14. 炮八平五	马6进7	15. 车四退三	卒7平6

16. 后马进七　炮7进7

进炮打车是必然之着，企图阻拦进马造成重炮叫将的攻势。

17. 仕四进五　炮2进6

18. 仕五进四　车8进2

19. 马五进六　卒6平5

20. 马七进五　将5进1

21. 车九进二　车1平2

22. 马六进七　将5平6

23. 马七进六　将6进1（图164）

24. 仕四退五　炮2平6

双方的攻杀激烈精彩。此时红方如前炮平四，车2平4，车九平八，车4进7，黑方可以抢先攻杀，形成胜局。

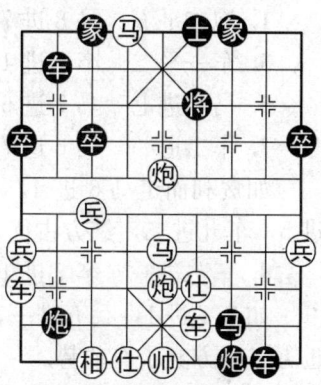

图164

25. 后炮平四　炮7平4

26. 仕五退四　炮6平4

27. 炮四退一　前炮退9

28. 马五进四　马7退6

29. 车九平四　后炮平5

红方平车错失良机。应炮五退一，前炮退5，车九平五，前炮平6，马四进六，将6退1，炮五平四，炮6平5，车五进四，车2平5，车五进二，士6进5，马六退四，士5进6，马四退二，士6退5，马二退四，将6退1，前炮平五，士5进6，马四退五，士6退5，马五进四，红胜。

30. 马四退五　将6平5　　31. 炮五进四　车8退2

32. 车四进一　车2进8　　33. 车四进二　将5退1

如车2平3，帅五进一，炮4平6，车四平五，将5平4，马五退四，车8平4，炮五平六，红方胜定。

34. 炮四平五　车8平5　　35. 帅五平六　象7进5

36. 马五进三　炮4退7　　37. 马三进四　将5退1

红方进马失误。应车四进四吃士，胜局已定。

38. 马四进三　将5进1　　39. 马三退四　将5退1

40. 马四进三　将5进1

由于红方的错着，黑方获胜。

第165局　谢业枧负许银川

1. 炮二平五　马8进7　　　　**2.** 马二进三　车9平8
3. 车一平二　卒7进1　　　　**4.** 车二进六　马2进3
5. 马八进七　马7进6　　　　**6.** 兵五进一　卒7进1
7. 车二退一　马6退7

如贪利而走马6进4，兵三进一，马4进3，炮八进四，士4进5，车九进二，红方占优。

8. 车二进一　卒7进1　　　　**9.** 兵五进一　士4进5

如卒7进1，兵五进一，士4进5，兵五平六，象3进5，马七进五，红方弃子有攻势。

10. 马三进五　卒7平6

如卒5进1，马五进三，红方优势。

11. 马五进六　卒3进1

进卒兑马是必应之着。如卒5进1，车二平七，马3退4，炮八进三，红方有较大的攻击力。

12. 马六进七　炮8平3　　　　**13.** 车二进三　马7退8
14. 炮五进四　炮3平5　　　　**15.** 炮八进四　将5平4
16. 马七退五　车1进1

红方可相七进五防守。炮5进2，仕六进五，仍可坚守下去。

17. 马五退四　车1平4　　　　**18.** 相七进五　车4进5
19. 仕六进五　车4平6

红方如马四进三，炮5进2，仕六进五，车4退3，黑方得子占优。

20. 车九平六　炮5平4　　　　**21.** 车六进六　马8进7
22. 车六平七　象3进1　　　　**23.** 炮五平六　将4平5
24. 车七进一　炮2退2　　　　**25.** 车七平九　车6平3
26. 车九进二　炮2平4

红方可炮六平三，象7进9，车九进二，炮2平4，炮八进一，车3平7,车九退三,红方有谋和的希望。

27. 炮八进一　马7进8　　　28. 炮六平五　士5进6
29. 炮八平四　马8退7　　　30. 车九退二　车3平4
31. 兵五平四　将5进1　　　32. 兵四平三　后炮平5
33. 炮五平二　将5平4

红方如车九进一,炮4退1,车九退二,车4退4,炮五进三,将5退1,炮四退三,红方在艰辛的争夺中,还有谋取和局的可能。

34. 车九退一　炮4平5　　　35. 炮二平五　士6进5
36. 车九进二　将4退1　　　37. 车九平五　后炮平6
38. 车五进一　将4进1　　　39. 车五退一　将4退1
40. 车五进一　将4进1　　　41. 车五退一　将4退1
42. 车五进一　将4进1　　　43. 车五平八　车4退3

红方如兵三进一,车4平5,兵三进一,车5退3,仍是黑方优势。

44. 炮五退三　象7进9　　　45. 兵三进一　炮6平7

红方巧妙进三兵,含蓄有力。黑方车4平7,车八退一,将4退1,车八退一,红方得回失子反占优势。

46. 炮四平一(图165)　炮5进5

黑方炮打中相,好着,有利于利用车马炮展开攻势。如炮7进3,炮一平五,车4平5,后炮平三,车5退1,炮三进四,车5平7,车八退三,黑方难有胜机。

47. 相三进五　炮7进3
48. 车八退一　将4退1
49. 车八进一　将4退1
50. 车八退一　将4退1
51. 车八退一　马7进5
53. 车八退一　将4退1

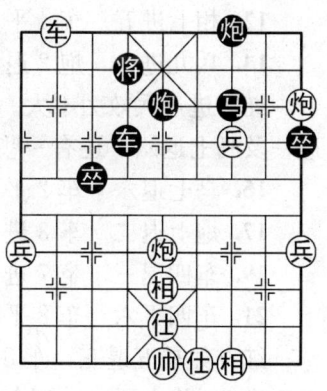

图165

52. 车八进二　将4进1
54. 炮五平二　炮7平8

平炮加强防守是必要的应法,否则红方有沉炮要杀的攻势。

55. 车八进一　将4进1　　56. 炮一进一　马5进6
57. 车八退一　将4退1　　58. 车八进一　将4进1
59. 炮二平三　马6进5

红方没有杀势,而黑方车马攻杀凶悍,红方无法防守,黑胜。

第166局　王嘉良负于幼华

1. 炮二平五　马8进7　　2. 马二进三　车9平8
3. 车一平二　马2进3　　4. 兵七进一　卒7进1
5. 车二进六　马7进6　　6. 马八进七　象3进5
7. 车二平四　马6进7　　8. 炮五平六　士4进5
9. 马七进六　炮2进1

以往多走炮8平6,相七进五,马7退8,车四平三,马8退9,车三平一,卒7进1,相五进三,炮2进3,马六进七,炮2平7,相三进五,炮7退4,车九平八。红方少一相,但子力活跃,各有千秋。

10. 马六进七　车1平4　　11. 仕六进五　车4平6
12. 相七进五　车4平2　　13. 炮八平七　炮8平6
14. 兵九进一　炮2退3

红方进边兵效力不大。不如车四退二,以后根据情况再走兵七进一及马七退六,还有一些攻势。

15. 马七退六　车2平3　　16. 车九平八　炮2平3
17. 炮七退二　车3平2　　18. 马六进五　马3进4
19. 车四退三　卒7进1　　20. 车四进二　车8进3
21. 车四平六　车8平5

红方如马五退三,车8平7,车四平六,车7进1,车六平三,象5进7,炮七平六,红方好走。

22. 车八进九　炮6进6 (图166)

红方进车底线强行攻击,但没有攻杀力,不如炮七平六,红方并不难走。此刻黑方乘机进炮压相眼,迫使红方失相,由此打开红方的九宫防线,使其很难做出较好的防范。

23. 车六进三　车5平3
24. 兵七进一　象5进3
25. 车八退九　马7进5
26. 炮六退一　后车平6

平车交换子力,黑方由此扩大了优势。

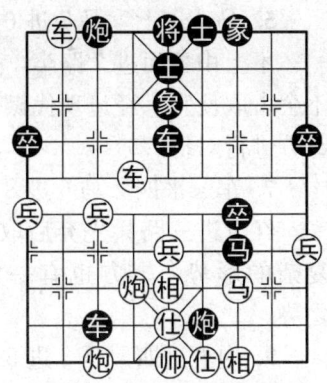

图166

27. 炮六平四　车6进5
28. 炮七平六　马5进7
29. 炮六进一　车3平4

以车换炮,佳着,以后可得一马,形成胜势。

30. 车六退七　炮3平4
31. 车六进八　将5平4
32. 车八平六　将4平5
33. 车六进二　卒7进1
34. 帅五平六　车6退3
35. 兵五进一　车6平5
36. 马三退一　车5平1
37. 相三进五　车1平5
38. 相五退七　车5平8
39. 马一退三　车8平4
40. 相七进五　卒7平6
41. 车六平八　士5退4
42. 车八进四　象7进5
43. 车八平九　马7退5
44. 车九平三　卒6平7
45. 车三平五　马5退4
46. 车五平六　马4进3
47. 帅六进一　车8平7
48. 车六进三　将5进1
49. 车六退七　车7退2
50. 仕五进四　马3进2

黑方车马卒杀势有力,黑胜。

第167局　万春林负黄海林

1. 炮二平五　马8进7
2. 马二进三　卒7进1
3. 车一平二　车9平8
4. 车二进六　马2进3

5. 马八进七　马7进6　　　6. 兵七进一　卒7进1

不上中象而进7路卒，是一种变化复杂的走法，以前认为黑方不会占取便宜。经过现代棋手的创新，走出了许多新的内容，可和红方进行对抗。

7. 车二平四　马6进8　　　8. 兵三进一　马8进7

红方进三路兵先弃后取，形成了复杂的形势，黑方也有一定的反击之势。

9. 炮五进四　马3进5

10. 车四平五　士6进5

11. 炮八平三　炮8进7

12. 马七进六（图167）　炮2平6

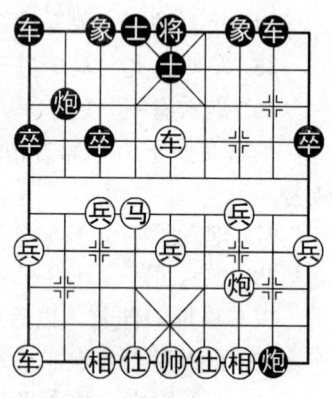

图167

红方进七路马，使防守出现空虚。如仕六进五，车8进7，炮三平四，炮2平6，车五平四，炮6平5，马七进六，车1平2，黑方仍有攻势，比较好走。

13. 车九进二　车8进8

红方应车九平八，防止黑方出车。此刻黑方进炮打车巧妙，使红方的防守更不协调，并有利于右车的出动，展开全面攻势。

14. 相七进五　炮6进5

15. 相五退七　车8平6　　16. 车五平四　车6进1
17. 帅五进一　炮8退2　　18. 车九平六　炮6进1
19. 炮三退一　车1平2　　20. 车六平二　车2进8
21. 帅五进一　车6平5　　22. 帅五平六　车5平4
23. 帅六平五　车2退1　　24. 帅五退一　车2平8

黑方胜。

第168局　赵国荣胜邓颂宏

1. 炮二平五　马8进7　　　2. 马二进三　车9平8
3. 车一平二　卒7进1　　　4. 车二进六　马2进3

5. 炮八平六　马7进6

如卒3进1，马八进九，炮2进1，车二退二，炮8平9，车二进五，马7退8，车九平八，车1平2，车八进四，象3进5，兵三进一，卒7进1，车八平三，士4进5，兵九进一，双方各有攻守。

6. 马八进七　车1进1　　7. 车九平八　车8进1

8. 车八进四　马6进7

运马吃兵过早，不如炮8平7比较稳妥。

9. 仕六进五　炮8平9　　10. 车二平一　车8平7

11. 兵五进一　马7进5

以马换炮虽然在步数上吃亏，但由于形势需要，也是值得的。

12. 相七进五　炮2退1　　13. 兵五进一　卒5进1

红方弃中兵之后，再跃马抢攻是比较凶悍的下法。也可以马三进四，局势仍占主动。

14. 马三进四　车7平4　　15. 车一平三　炮9平5

16. 车三进三　车4进1　　17. 马四进二　卒5进1

红方进二路马可保持底车的通畅，但也可以马四进三，以下黑方如炮2平4，则炮六进六，车1平4，车八平四，士4进5，马三进二，炮5平6，车三退四，红方仍占先手。

18. 车八平五　炮2平7（图168）　19. 炮六退二　车4进3

双方的争夺已进入紧张的状态，哪方都没有退让的余地。此时红方退炮缓慢。不如马二进一，炮7进8，相五退三，车4进5，马一进三，车1平7，车三退一，车4平3，车三平六，车3进2，车六退八，车3退3，相三进五，下一步可走车六进八压象眼，红方占优势。此刻黑方进车捉车华而不实，被红方退车生根反而不好。应车4进1，马二进一，炮7进8，相五退三，马3进5，车五平二，车1平6，双方各有千秋。

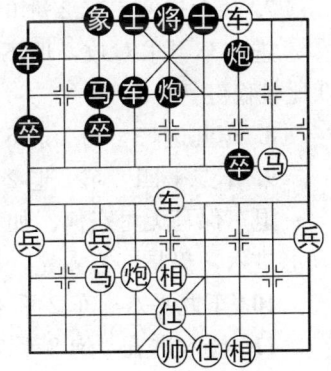

图 168

20. 车五退一　车4退2　　　21. 马二进一　炮7进8

由于红车已有根,再弃炮打相已无效力。应炮7平6,虽然局势落后,但还可应付。

22. 相五退三　马3进5　　　23. 车三退三　炮5进4

红方退车牵制车马,黑马必丢无疑,等于红方一车换三子,已成胜局。

24. 马七进五　车1平6
25. 仕五进六　车4进4
26. 车三平五　士6进5
27. 马五进七　卒3进1
28. 车五平二　象3进5
29. 马七进五　士5退6
30. 车二平五　士6进5
31. 马五进三　车6进7
32. 马一进三　将5平6
33. 前马退五　车4退5
34. 仕四进五　卒7进1
35. 炮六进二

红方下一步走炮六平四。黑方无法防守,红胜。

第169局　何连生胜陈明生

1. 炮二平五　马8进7
2. 马二进三　车9平8
3. 车一平二　卒7进1
4. 车二进六　马2进3
5. 炮八平六　车1平2
6. 马八进七　炮2平1
7. 兵七进一　车2进6

进右车寻求对攻,但不如炮8平9比较稳健。

8. 车九进二　马7进6
9. 车二平四　车2退2

退车保马无可奈何。如马6进7,马七进六,仍是红方占先。

10. 车九平八　车2平4
11. 仕六进五　炮8平7
12. 车八进四　车8进8（图169）

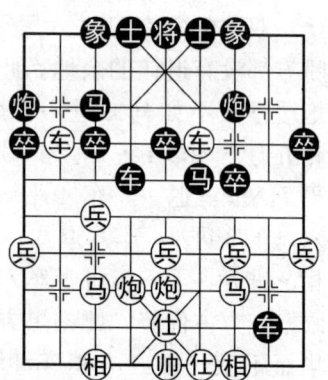

图169

黑方进车下二路,力图展开对攻,但机会还不成熟。不如象7

进5，先加强防守，然后再作对策。

13. 炮五平四	士6进5	14. 车八平七	马6进5
15. 车四平三	车4退2	16. 兵七进一	车4平6
17. 车七平八	马5退3	18. 炮六进二	炮1退1
19. 相七进五	前马进1	20. 马七进五	车8退7

由于黑方强行进攻，局势更为不利。现在退回左车，企图落士后移右炮于左路，作最后的抢攻。

21. 炮六进四	士5退6	22. 炮六平八	卒5进1
23. 兵七进一	卒5进1	24. 马五进七	马1退3
25. 相五进七	车8平4		

如马3退2，炮四平五，象7进5，炮八退一，红方得子占优。

26. 兵七进一	车6平3	27. 炮四平五	炮7平5
28. 炮五进五	象7进5	29. 车三平五	车4进4
30. 相三进五	卒9进1	31. 炮八平二	炮1平7
32. 炮二进一	炮7退1	33. 车五平四	士4进5
34. 车四进二	车3退1	35. 车八平三	将5平4
36. 车三进三	车3平2	37. 相七退九	

红方多子，黑方无法抵挡，红胜定。

第170局　吴贵临负吕钦

1. 炮二平五	马8进7	2. 马二进三	车9平8
3. 车一平二	马2进3	4. 兵七进一	卒7进1
5. 车二进六	马7进6	6. 车二平四	马6进7

红方以往多走马八进七活通左路子力，以图平衡出子速度，现在平车捉马，是稳健的布阵方法。

7. 炮八进一	马7进5	8. 相七进五	象3进5
9. 马八进七	炮2进1		

升炮保持对红车的牵制，有一定的反击力，是抢夺主动的着法。

10. 马七进六	车8进1		

红方如车四平二，车1进1，以后再走车8进1联车，红方也难占便宜。

11. 马六进七　车8平4　　12. 车四进一　炮8平9
13. 马三进四　士4进5　　14. 车四平二　炮2退1
15. 仕六进五　车4进7　　16. 车九平七　车1平4
17. 兵七进一　前车平2　　18. 炮八平七　车4进5
19. 马四进三　马3退2　　20. 车二进一　炮9平6
21. 兵五进一　车4进1

进车阻挡红炮右移，很有见识。

22. 兵五进一　车2退2　　23. 炮七退一　卒5进1

红方可炮七进一，比较有利于移动。

24. 马七退五　车4平3　　25. 兵七进一　炮6平7
26. 车二平四　炮2退1　　27. 车四退二　炮2平3
28. 马五退七　马2进1　　29. 车四平六　车2进1
30. 炮七退一　车2退3　　31. 相三进一　车2进4

红方应马七进八，先化解黑方车炮的威胁。以下黑方如车3进2，马八进七，马1退3，车七进一，马3进4，兵七平六，红方足可应付。

32. 炮七进一　车2退1
33. 马三退五（图170）　车2平3

红方退马抢攻弃炮，不料黑方可以退炮防守，使红方的攻击计划形成泡影。不如车六退四保炮，胜负一时难以预料。

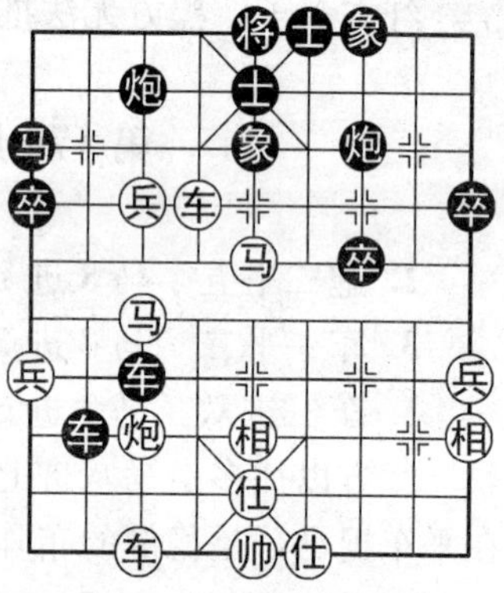

34. 车七平六　炮7退1
35. 兵七进一　炮3进4
36. 相五进七　后车平5
37. 前车退一　车3退2　　38. 兵七平八　马1退2
39. 前车进四　士5退4　　40. 马五退七　车5平3

红方无法对抗黑方的反击，黑方胜。

图170

第 171 局　王嘉良胜杨官璘

1. 炮二平五　马 8 进 7
2. 马二进三　马 2 进 3
3. 车一平二　车 9 平 8
4. 兵七进一　卒 7 进 1
5. 车二进六　马 7 进 6
6. 马八进七　象 3 进 5
7. 车二平四　马 6 进 7
8. 马七进六　炮 8 平 7

如士 4 进 5，炮五平六，炮 2 进 3，马六进七，车 1 平 4，仕六进五，炮 2 进 1，相七进五，炮 8 平 7，车九平七，车 4 进 6，炮八退一，炮 2 平 5，马三进五，车 4 平 5，马七进九，红方大占优势。

9. 炮五平六　士 4 进 5

红方应马六进五吃中卒，以下黑方如马 7 进 5，相七进五，马 3 进 5，车四平五，卒 7 进 1，车五平三，车 8 进 6，相五进三，车 8 平 7，相三进五，炮 2 平 1，红方多兵，黑方子力活跃，双方各有千秋。此刻黑方上士过于平稳。应车 8 进 5，炮八进二，卒 3 进 1，马六进四，车 8 退 4，马四进六，卒 3 进 1，马六进八，车 1 进 2。黑方先弃后取，形势占优。

10. 相七进五　炮 2 进 1
11. 马六进七　车 1 平 4
12. 仕六进五　马 7 退 8
13. 车四平三　卒 7 进 1

在对峙的情况下，弃卒的意图是让红方退车吃卒，然后可走炮 7 进 5，炮六平三，车 4 进 6 夺取中兵，以此抢夺主动。

14. 相五进三　车 4 进 4
15. 炮八进二　车 8 进 2
16. 相三退五　炮 7 进 5

红方可相三进五或车九平七，不让黑方兑子简化局势，比较合适。

17. 车三退四　车 8 平 7

平车兑车减少变化，稳健。

18. 车三进五　马 8 退 7
19. 马七退六　车 4 平 8
20. 车九平七　马 7 进 6
21. 马六进四　车 8 平 6
22. 炮六进四（图 171）　炮 2 退 3

黑方退炮底路，企图牵制红方车兵，但由于右马很难跃出，形成受困之势，颇为不利。此时可炮2平3打车，车七平六，车6平2，炮八退四，卒9进1，形成平稳之势。

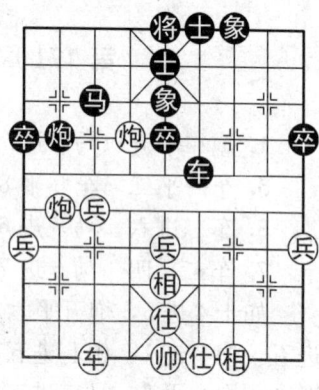

图171

23. 兵七进一　　炮2平3
24. 炮八平七　　马3退1
25. 炮七进五　　马1退3
26. 兵七进一　　马3进2
27. 炮六平九　　马2进3

红方以车炮多兵的局势和黑方的车马展开了残局较量，形势比较好。

28. 炮九进三　　马3进2
29. 车七进三　　车6平2
30. 兵七平六　　马2退3
31. 兵九进一　　卒5进1
32. 车七进一　　将5平4
33. 兵六平七　　车2退2
34. 炮九退四　　车2进2
35. 相五退七　　将4平5
36. 相三进五　　卒9进1
37. 帅五平六　　士5进4
38. 炮九进四　　士6进5
39. 仕五进六　　车2退3
40. 炮九平三　　车2平3
41. 炮三退八　　车3进2
42. 兵九进一　　车3平6
43. 炮三平五　　车6进6
44. 炮五退一　　车6平9
45. 兵九平八　　马3退5
46. 兵五进一　　马5进7

如卒5进1，车七平五，马5进7，车五进三，马7进6，车五退四，马6进7，炮五平三，黑方防守空虚，难以应付。

47. 兵五进一　　马7进6
48. 炮五平三　　马6进8
49. 炮三平五　　马8退6
50. 仕六退五　　马6退5

红方弃兵的目的是避开黑方用马兑炮，以免形成和势。黑方如马6进5，车七退三，马5退7，兵五进一，黑方难以应付。

51. 车七退一　　车9平8
52. 车七平三　　将5平4
53. 仕五进四　　马5退6
54. 车三平六　　车8平6

55. 兵八进一　将4平5　　　56. 兵八平七　车6退2
57. 兵七平六　将5平6　　　58. 兵六平五　象5进7
59. 车六平二　车6进2　　　60. 车二进六　将6进1
61. 车二平一　马6进5

红方如车二退四，马6进5，车二平三，马5进4，黑方有反击的机会，红方不易取胜。

62. 车一退四　马5进4

应马5进6，才能形成和势。以下红方如车一进一，则马6进4，车一平四，车6退6，兵五平四，马4进5，帅六平五，红方双兵不能取胜。

63. 车一平三　马4进3　　　64. 车三退五　车6退3
65. 炮五进一　车6平4　　　66. 炮五平六　马3进1

应冷静地走车4平9，等待机会，仍有谋和的希望。

67. 兵五进一　将6退1　　　68. 车三进九　将6进1
69. 车三退五　将6退1　　　70. 车三进五　将6进1
71. 车三退七　车4平6　　　72. 炮六平九　马1退3
73. 炮九进七　士5进6　　　74. 炮九平六

红方平炮攻守兼备。以下黑方退将之后，再走兵五进一，红胜。

第172局　李智屏胜傅光明

1. 炮二平五　马8进7　　　2. 马二进三　车9平8
3. 车一平二　马2进3　　　4. 兵七进一　卒7进1
5. 车二进六　马7进6　　　6. 马八进七　象3进5
7. 车二平四　马6进7

红方平车捉马，至今仍然有人应用，但不同的战术变化，有不同的效力。

8. 马七进六　士4进5　　　9. 炮五平六　炮8平6
10. 相七进五　马7退8　　　11. 车四平三　马8退9
12. 车三平四　卒7进1

红方如车三平一吃边卒,卒7进1,相五进三,炮2进3,马六进七,炮2平7,相三进五,车1平4,仕六进五,炮7退2,各有千秋。

13. 相五进三　炮2进3
14. 马六进七　炮2平7
15. 相三进五　炮7进1（图172）

黑方进炮避捉是防守观念不强的应法。不如车1平2捉炮,然后再走炮7退4,局势比较稳健,红方很难有突破的机会。

16. 炮八进五　炮7退4

红方及时进炮夺取中象,紧凑有

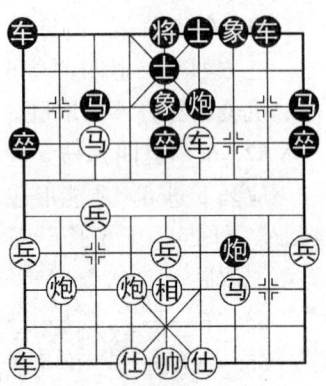

图172

力。此刻黑方退炮防守不如先车1平4捉炮,然后再退炮保中象,这样可以牵制红方子力,以免遭受攻击。

17. 车九平八　车8进6　　18. 马三进四　车8平6
19. 马四进六　车6退3　　20. 马六进四　车1平4
21. 仕四进五　马9进7

不如马9退7保中象,下一步有炮7进1的反击手段,比较有利。

22. 炮八平九　车4平3　　23. 兵五进一　马3退1
24. 炮六平七　马1进3

黑方退马进马,劳而无功,反而使红方可以从容地展开攻势。

25. 车八进三　马7进6　　26. 相五进三　车3平2
27. 车八进六　马3退2　　28. 炮九进二　马2进3
29. 马七进九　马3退1　　30. 马九进七　将5平4
31. 炮九退三　炮7退1

红方退炮打卒,不但取得了多兵的好处,而且增加了一定的攻击力,一举两得。

32. 马七退六　炮7平6　　　33. 马四进二　后炮平9
34. 兵七进一　炮9进5　　　35. 炮七平五　士5进4

上士于防守不利，不如炮9平5保住中卒，局势虽然被动，但仍可支撑。

36. 炮九平五　炮9平2　　　37. 仕五进四　马6退5
38. 兵五进一　炮2退5　　　39. 兵五进一　炮2平5
40. 兵七进一　炮5进2　　　41. 炮五平九　马1退3
42. 兵七进一　将4平5　　　43. 马二进一　炮6退1
44. 马一退三　将5平4　　　45. 炮九平八　马3进1
46. 兵七平六　士6进5　　　47. 兵六平五

红方此时有兵五进一吃士及炮八平六的攻击手段，黑方难以应对，红胜定。

第173局　王平胜李明

1. 炮二平五　马8进7　　　2. 马二进三　车9平8
3. 车一平二　卒7进1　　　4. 车二进六　马2进3
5. 兵七进一　马7进6　　　6. 马八进七　卒7进1
7. 车二平四　马6进8　　　8. 兵三进一　马8进7

红方如马七进六，卒7进1，车四平二，马8进7，兵七进一，卒3进1，炮八平七，炮2进1，车二退二，卒3进1，炮七进五，卒3平4，炮五进四，将5进1，车九平八，车1进2，炮七退二，车1平6，仕六进五，炮2退1，红方难有取势的机会。

9. 炮五进四　马3进5　　　10. 车四平五　士6进5
11. 炮八平三　炮8进7　　　12. 马七进六　炮2平6

红方进七路马过早，不如先防守，待九路车出动后再定策略。

13. 车九进二　车1进2

如车1平2，马六进四，炮6进7，车五平二，双方对抢先手。

14. 马六进七　车1平4　　　15. 仕六进五　车8进8
16. 车九平六　车4平2

如车8平5，帅五进一，车4进5，炮三进七，红方形势好。这种形势，黑方不能兑车，因兑车之后，车双炮少卒，很难有进取的机会。

17. 炮三进七　车2进6
18. 帅五平六　将5平6（图173）
19. 车六进七　士5退4

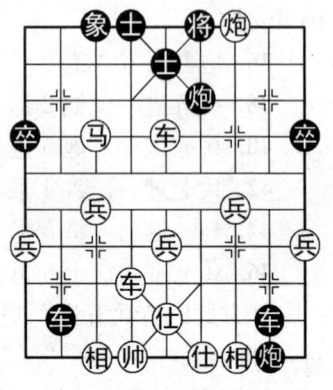

图173

红方进车杀士，是难以预料的攻击方法，也是迫不得已的走法。如车六退一，车2进1，车六平七，炮8平6，红方仍难应付。

20. 马七进六　将6进1

应士4进5，车五进二，车2退7，帅六平五，以下黑方用车吃马后，黑方多一炮，比较好走。

21. 车五平三　车8退7
22. 炮三平七　车2退7
23. 马六退五　炮6平5
24. 车三平四　将6平5
25. 马五进七　炮5平4
26. 车四进一　车2平4
27. 炮七平九　车8进2
28. 车四平三　车8平6

如车8平3，车三进一，将5进1，车三平六，车3退1，车六进一，红方胜势。

29. 车三进一　车6退2
30. 炮九退一　车4平1
31. 车三平四　将5平6
32. 马七进九

红方多兵，黑方多子但难以防守，红胜定。

第174局　尚威负邱东

1. 炮二平五　马8进7
2. 马二进三　车9平8
3. 车一平二　马2进3
4. 兵七进一　卒7进1
5. 车二进六　马7进6
6. 车二平四　马6进4

红方较为常走的着法是马八进七，象3进5，车二平四，马6

进7，炮八平九，红方主动。

7．炮八进二　马4进5　　8．相七进五　炮8进6

可炮8平9，局势较为平稳。

9．马八进七　车8进7　　10．马三退五　马3退5

红方退中马准备左移，尽力加强防守。如车九进一，象3进5，兵三进一，士4进5，马三进四，卒7进1，马四进六，车1平4，马六进七，车4进2，马七进八，炮8平2，黑方有弃子争夺攻势的手段，红方并不合适。

11．车四进二　车1进2　　12．炮八进二　卒5进1

红方如炮八平九打死车，炮2退1，车四平五，士6进5，炮九进三，士5进4，黑方有攻势，红方反而不合算。

13．马七进六　炮2退1　　14．车四退四　车1平2

15．炮八进二　车2退1

红方兑炮是无奈之举。如炮八平一，车8退4，炮一进三，马5进6，黑方占优。

16．马六进七　车2进2

17．兵七进一　马5进7

18．马五进七（图174）　马7进5

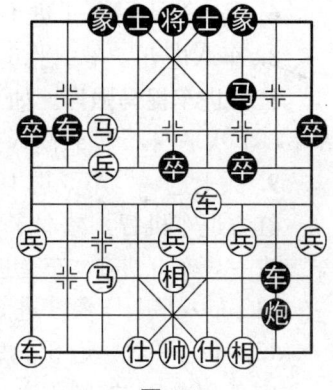

图174

红方进马七路准备加强左路的攻势，但忽略了黑方车炮的攻击力。应车九进二看守要道。

19．前马退五　士6进5

20．车四进二　炮8进1

21．仕六进五　车8平5

22．兵七平八　车2退1

23．车九平七　车5平7

红方平车保马是被迫的应法。如马七进六，车5退1，车四平五，车2平6，马六退四，车5退1，红方更难应付。

24．车四平五　车2平8

25．车五平三　车7进2　　26．车三进三　士5退6

27. 马五进六　车8平4　　28. 车三平二　炮8平9
29. 车二退七　车4平6　　30. 仕五进四　车6进4
31. 车七进一　车7退1　　32. 仕四进五　车6平7
33. 车七平六　前车平6

黑方双车炮攻势紧凑有力，黑方胜定。

第175局　赵国荣胜刘星

1. 炮二平五　马8进7　　2. 马二进三　车9平8
3. 车一平二　卒7进1　　4. 车二进六　马2进3
5. 炮八平六　马7进6

进河口马对过河车展开反击，是一种流行的变化。此时如车1平2，马八进七，炮2平1，兵七进一，炮8平9，车二平三，炮9退1，马七进六，炮9平7，车三平四，士4进5，形成另一路变例。

6. 马八进七　车1进1　　7. 车九平八　车8进1
8. 车八进五　车1平6

红方进车捉马强悍。如车八进四，炮8平5，车二进二，车1平8，车八平四，车8平4，仕四进五，车4进3，形成对峙之势。

9. 兵七进一　卒3进1　　10. 车八退一　卒3进1

红方退车机智，减弱了黑方的反击。如车八平七，象3进5，车二进一，车8进1，车七进二，车6平4，黑方足可周旋。

11. 车八平七　象3进5　　12. 马七进六　马6进4
13. 车七平六　炮8平9　　14. 车二平一　车8进7

应车8进5，控制要道并威胁红方右马，形势比较乐观。

15. 车六平七　炮2进7　　16. 车七平八　炮2平1
17. 车八退四　车8平1　　18. 仕四进五　车6进7
19. 炮五进四　马3进5　（图175）

黑方双车炮虽然大有直捣黄龙之势，但是无法下手，难以发挥威力。而红方借助黑方主力都在外部作战之机，乘势运炮打卒，是较佳的选择。现如士 6 进 5，炮五退二，红方优势。

20. 车一平五　士 6 进 5
21. 兵一进一　炮 9 平 7
22. 车五平三　炮 7 平 8
23. 炮六平八　象 7 进 9

红方在子力布置妥当之后开始反击。黑方主要兵力在外，已无法做出有效防范。

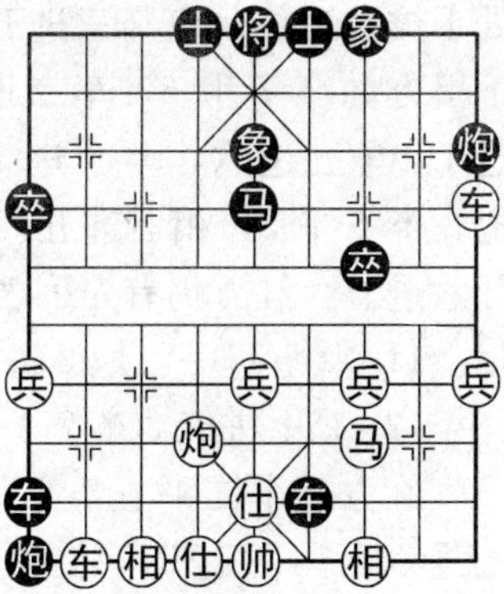

24. 车三平二　炮 8 平 6
25. 炮八进七　象 5 退 3　　**26.** 车二平七　将 5 平 6
27. 车七进三　将 6 进 1　　**28.** 炮八退八　车 6 退 2

图 175

红方为了防备黑方炮车在中路的杀着，先退炮打车，正确。至此，黑方已失去反击的希望。

29. 炮八进七　将 6 退 1　　**30.** 车七退三　炮 6 平 4
31. 车七平二　炮 4 退 1　　**32.** 车二进三　将 6 进 1
33. 车二退一

红胜。

第 176 局　喻之青负柳大华

1. 炮二平五　马 8 进 7　　**2.** 马二进三　车 9 平 8
3. 车一平二　马 2 进 3　　**4.** 兵七进一　卒 7 进 1
5. 车二进六　马 7 进 6　　**6.** 马八进七　车 1 进 1

升右车有意避开流行的走法，是比较少见的、具有战略性的应对方式。

7. 兵五进一　卒 7 进 1　　**8.** 车二退一　马 6 进 7
9. 兵五进一　车 1 平 7
10. 炮五退一（图 176）　士 6 进 5

红方退一步中炮，与前面的布阵不太协调，是错误走法，由此处于被动地位。应马三进五为好。以下黑方如卒7平6，车二退一，卒6进1，马五进六，卒6进1，马六进七，卒6平5，相七进五，卒5进1，仕六进五，红方仍有先手之利。

11. 兵五进一　炮2进1
12. 马七进五　卒7平6

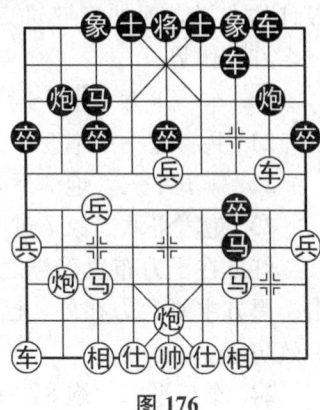

图176

红方如车二平五，卒7平6，马七进六，马7退5，马三进四，马5进6，炮五平四，炮8进7，黑方占优。

13. 车二退二　卒6平5
14. 马五退四　马7退6
15. 相七进五　炮8平7

平炮打相捉车，红方阵营失控，完全处于被动的防守之中。

16. 车二退三　车8进9
17. 马四退二　炮2平5
18. 炮八进六　士5退6
19. 炮八退四　卒5进1
20. 马三进四　卒5进1

红方如马三进五，马6进5，炮五进二，炮7平5，炮五进一，车7进8，马二进一，车7退2，红方必丢一子，形势不利。

21. 炮五进五　马3进5
22. 车九进二　马5进6
23. 炮八平四　炮7平5
24. 炮四平五　士6进5

黑方反击有力，红方防不胜防，看到大势已去，并又要失子，只好认负。

第177局　张惠民和蒋志梁

1. 炮二平五　马8进7
2. 马二进三　车9平8
3. 车一平二　马2进3
4. 兵七进一　卒7进1
5. 车二进六　车1进1
6. 炮八平七　车1平4
7. 炮七进四　马7进6

如象3进1防止红炮打象，马八进七，车4进2，兵七进一，象1进3，车九平八，车4平3，车八进七，象3退5，马七进六，红方仍持先手。此时黑方不顾底象被捉，而上河口马反击，意图挑起复杂变化，创造更多的反攻机会。

8. 马八进七　卒7进1　　　　9. 车二平四　卒7进1

红方可走车二退一，保持对车炮的牵制，较为稳健。以下黑方如卒7进1，马三退五，马6退7，车二进一，红方等待走成车九平八出动左车捉炮，将对黑方产生一定的压力，形势令人满意。

10. 车四退一　卒7进1

红方如马三退五，马6进8，黑方可以抢夺攻势。

11. 车九平八　炮8平7　　　12. 相三进一　车4进7
13. 炮七进三　士4进5　　　14. 兵七进一　卒7进1
15. 仕六进五　车8进7

可车8进8抢夺攻势，比较好一些。

16. 相一进三　炮7平9　　　17. 车四退三　车8退1
18. 车四进二　车8进1　　　19. 车四平六　炮9进4

红方平车兑车，使黑方获得了进攻机会。不如车四退二兑子。

20. 相三退一　车8平9
21. 车六退三（图177）　车9平5

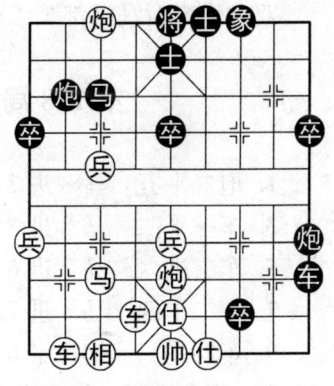

图177

黑方车炮卒已构成很大的攻杀力，但车9平5杀中炮失误，明明知道红方可用换车的方法解救危机，为什么把有生的战斗力白白换掉呢？应车9平8要杀。以下红方如仕五退六，炮9进3，帅五进一，车8平6，炮五进四，马3进5，车六进五，炮9退1，帅五退一，炮2平8，仕四进五，车6进2，帅五平四，炮8进7，黑胜。

22. 车六进八　将5平4　　　23. 相七进五　卒7平6
24. 仕五退六　马3进2　　　25. 车八进四　炮2进3

红方面对黑方有炮 2 平 8 的攻势，进车防止黑炮左移，是保持不败的好着。

26. 马七进八	象 7 进 5	27. 兵七平八	象 5 退 3
28. 兵九进一	卒 9 进 1	29. 兵八平七	卒 9 进 1
30. 马八进九	将 4 平 5	31. 兵七平六	卒 9 平 8
32. 仕四进五	炮 9 退 1	33. 马九进七	炮 9 平 1

红方不能走兵九进一，因黑方可走炮 9 退 1，兵六进一，卒 5 进 1，黑方反而占优。

34. 马七退五	炮 1 进 4	35. 相五退七	卒 8 平 7
36. 马五退六	卒 7 进 1	37. 马六退八	卒 7 平 6
38. 兵五进一	卒 6 平 5	39. 马八退七	炮 1 平 2
40. 仕五进四	士 5 退 4	41. 马七进九	炮 2 平 1
42. 兵五进一	士 6 进 5	43. 马九退七	炮 1 平 2
44. 兵五平四	将 5 平 6	45. 兵六平五	卒 5 平 6
46. 马七进六	炮 2 平 1	47. 马六退八	炮 1 平 2
48. 仕四退五	士 5 进 4	49. 兵四进一	士 4 进 5
50. 马八进七	炮 2 退 3		

双方炮卒对马兵都难以成势，终成和局。

第 178 局　董旭彬负傅光明

1. 炮二平五	马 8 进 7	2. 马二进三	车 9 平 8
3. 车一平二	马 2 进 3	4. 兵七进一	卒 7 进 1
5. 车二进六	马 7 进 6	6. 马八进七	象 3 进 5
7. 车二平四	马 6 进 7	8. 马七进六	炮 8 平 7
9. 车四平三	炮 7 平 6	10. 炮五平六	士 4 进 5
11. 相七进五	炮 2 进 1	12. 马六进七	车 1 平 4
13. 仕六进五	车 4 进 6	14. 炮八平七	车 8 进 5

红方可车九平七，比较稳妥一些。

| 15. 炮七退一 | 车 4 平 2 |

应车4平3捉炮。车九平八,马3退1,待红方七路炮避开之后,再走车8平6,局势令人满意。

16. 车九平七　车8平4　　**17.** 炮七平六　车4平6

红方平炮打车并无效力。不如马七退六吃车,炮2平7,兵七进一,车2退1,马六退七,车2退2,马七进六,车2进2,兵七进一,马3退2,炮七进三,红方比较好走。

18. 兵七进一　车2进2　　**19.** 后炮平七　车6退1

20. 炮六退一　车2退2

红方应炮七进三较稳。

21. 马七进五 (图178)　　象7进5

红方进马吃中象失算,应炮七平九为好。黑方如车2进2,炮六进二,马7进5,相三进五,车2平1,马七进五,象7进5,兵七进一,炮2平4,车七进二,双方仍有争斗,各有千秋。

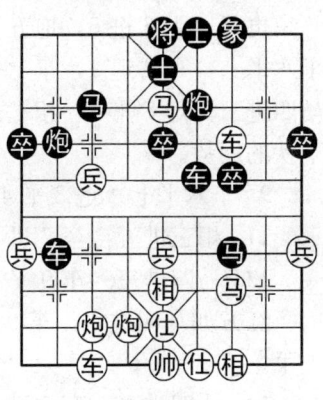

图178

22. 兵七进一　车6平3

23. 兵七平八　车2平3

双车必得一子。以下只要牵制住红炮的攻势,就可以显示出黑方的子力优势,红方难以抵挡。

24. 车七平六　前车进2　　**25.** 炮六进三　后车平6

26. 兵八进一　马3进4　　**27.** 炮六平二　炮6平8

28. 车三平五　马4进6　　**29.** 炮二退三　车3退2

30. 车六进二　马6进7

双马车攻击有力,红方又失一子,败局已定。

31. 车五进一　车6退2　　**32.** 车五退一　车3平5

33. 车五平七　士5退4　　**34.** 炮二进五　士6进5

35. 炮二平九　车5平1　　**36.** 相五退七　前马进5

37. 仕四进五　炮8进7　　**38.** 相三进一　马7进8

车马炮已构成杀势,黑胜。

第179局　柳大华胜刘殿中

1. 炮八平五　马2进3　　2. 马八进七　马8进7
3. 兵三进一　卒3进1　　4. 马二进三　象7进5
5. 车九平八　车1平2　　6. 车八进六　马3进4
7. 车八平六　马4进3　　8. 马三进四　炮2平3

也可以士6进5，炮五平四，炮2平4，相三进五，马3退2，车六平七，马2退1，车七平九，卒3进1，相五进七，炮8进3，马四进三，炮8平3，相七进五，炮3退4；车一平二，形成各有千秋的局势。

9. 车六平七　炮3平4　　10. 炮五平四　士6进5
11. 相三进五　卒7进1　　12. 兵三进一　车2进5
13. 马四进三　车9平6

红方如马四进六，车9平6，马六退七，车6进7，黑方反占先手。

14. 仕四进五　车6进6　　15. 车一平三　车2平4
16. 炮二退一　车6平9

应车4退1牵制过河兵，形势仍然不坏。以下红方如炮二平四，车6平9，兵三平四，车9进2，炮四退一，炮8进5，黑方有较强的反击力。

17. 兵三平四　车4平9　　18. 车七平六　炮8进1
19. 兵四平五　前车进3　　20. 炮二退一　卒3进1

红方退炮攻中有守，正确。如车三平一，车9进4，仕五退四，车9退1，炮二进二，车9平7，黑方好走。

21. 炮四退二　前车退2　　22. 前兵进一　炮8平5
23. 炮二进七（图179）　马3进5

红方及时进炮打象争先，并伏下平边路打双车的凶着，黑方难应付。此刻黑方只好进马吃相，作一拼搏，但子力不能接应，一时难有威胁，形势仍然不好。

24. 相七进五　炮5进4
25. 仕五进四　前车平7
26. 车三进二　炮5平7
27. 马七退五　炮7平8
28. 马五进四　炮8进2
29. 帅五进一　炮8退6
30. 马三进五　炮8平5
31. 马四进五　象3进5
32. 炮二平五　士5退6
33. 炮五平四　士4进5
34. 车六平五　将5平4
35. 车五平六　车9平4
36. 车六退二　卒3平4
37. 前炮退一　炮4平5
38. 帅五平六　马7进5
39. 马五进七

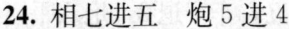

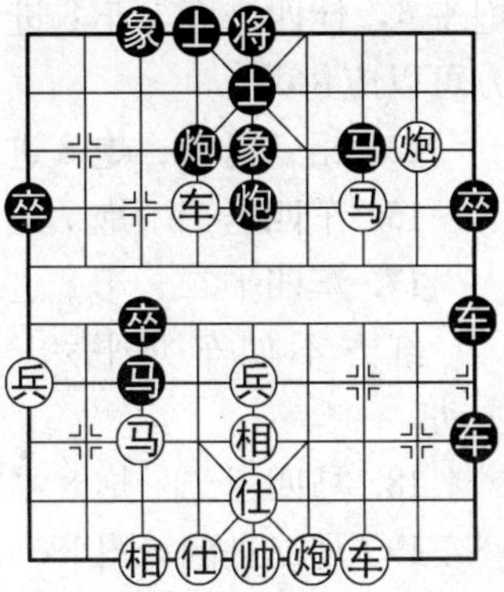

图179

红方多子有攻势，黑方已难防守，红胜。

第180局　孙志伟负刘殿中

1. 炮二平五　马8进7
2. 马二进三　卒7进1
3. 车一平二　车9平8
4. 车二进六　马2进3
5. 兵七进一　马7进6
6. 马八进七　象3进5
7. 炮八进一　卒7进1
8. 车二平四　马6进7
9. 炮五平四　炮2进2

以往多走士4进5，车四平二，双方各有攻守。现在黑方进炮河口，是创新的走法。

10. 相七进五　炮2平7

红方如果用炮打士，后防子力难以配合作战。此时红方可仕六进五，炮2平7，车九平八，以下根据黑方的应着，可走车四进二等，变化较激烈。

11. 相五进三　车1平2　　12. 炮八平三　炮7进2

红方炮打7路马过早，应车九平八，炮8平7，车四平三，后炮平6，仕四进五，车8进8，相三退五，车8退2，炮八平六，红方可以应付。

13. 相三退五　炮8进6
14. 车九进一　士4进5
15. 车四退三　炮7退4
16. 马三进四　车2进4
17. 车四平二　车8进6

红方不如车九平六，比较积极主动。

18. 马四退二　炮8平2
19. 马二进四（图180）　炮7进6

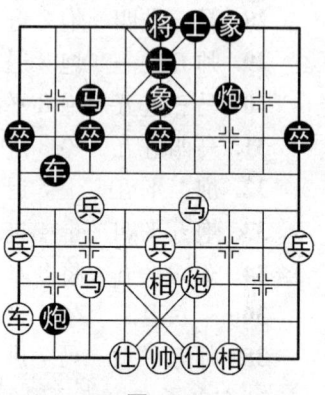

图 180

红方进河口马反而被黑方所利用。应车九退一，炮7进4，车九平八，炮2退2，炮四进一，这样走虽然和实战着法相差一步，但效果却不一样。

20. 车九退一　炮2平6
21. 马四退二　炮7退2
22. 车九进一　炮6平2
23. 兵一进一　炮2退1
24. 车九平八　卒3进1
25. 兵七进一　车2平3
26. 马七进六　炮2平4
27. 马二进三　车3进1

红方退马失势，被黑方进车捉去一子。应仕六进五，车3平8，马二退三，车8进4，马三进四，炮7平5，马六进四。局势虽然落后，但不致于失子形成败势。

28. 马六退四　炮7平5
29. 相五退七　车3进2
30. 炮四平一　车3平7
31. 马四进二　炮4退1

黑方胜。